El mar de los monstruos

Rick Riordan

El mar de los monstruos

Percy Jackson y los
dioses del Olimpo
— Libro Segundo —

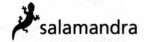salamandra

Traducción del inglés de
Santiago del Rey

Título original: *Percy Jackson and the Olympians II: The Sea of Monsters*

Ilustración de la cubierta: John Rocco

Copyright © Rick Riordan, 2006
Publicado por acuerdo con Nancy Gallt Literary Agency
Copyright de la edición en castellano © Ediciones Salamandra, 2008

Publicaciones y Ediciones Salamandra, S.A.
Almogàvers, 56, 7º 2ª - 08018 Barcelona - Tel. 93 215 11 99
www.salamandra.info

ISBN: 978-84-9838-280-8
Depósito legal: B-2.538-2012

1ª edición, marzo de 2010
11ª edición, abril de 2013
Printed in Spain

Impresión: Romanyà-Valls, Pl. Verdaguer, 1
Capellades, Barcelona

a Patrick John Riordan,
el mejor narrador de
historias de la familia

Contenido

1. Mi mejor amigo se prueba un vestido de novia . . . 11
2. Partido de balón prisionero con unos caníbales . . . 17
3. Tomamos el taxi del eterno tormento 32
4. Tyson juega con fuego 43
5. Me asignan un nuevo compañero de cabaña 52
6. Las palomas demonio nos atacan 67
7. Acepto regalos de un extraño 83
8. Navegamos a bordo del *Princesa Andrómeda* . . . 102
9. Asisto a la peor reunión de familia
   de mi vida 114
10. Los confederados muertos nos llevan
    en autostop 125
11. Clarisse lo hace saltar todo por los aires 137
12. Nos alojamos en el balneario C. C. de salud
    y belleza 152
13. Annabeth intenta volver a nado 171
14. Nos encontramos con las ovejas asesinas 185
15. Nadie consigue el Vellocino de Oro 196
16. Nos vamos a pique 204
17. Nos llevamos una sorpresa en Miami Beach 210
18. La invasión de los ponis 219
19. La carrera de carros termina con
    fuegos artificiales 230
20. La magia del vellocino funciona
    demasiado bien 243

Agradecimientos 253

1

Mi mejor amigo se prueba un vestido de novia

Mi pesadilla empezaba así:

Estaba en una calle desierta de un pueblecito de la costa, en mitad de la noche, y se había desatado un temporal. El viento y la lluvia azotaban las palmeras de la acera. Una serie de edificios rosa y amarillo, con las ventanas protegidas con tablones, se alineaban a lo largo de la calle. A sólo una manzana, más allá de un seto de hibisco, el océano se agitaba con estruendo.

«Florida», pensé, aunque no estaba muy seguro de cómo lo sabía. Nunca había estado en Florida.

Luego oí un golpeteo de pezuñas sobre el pavimento. Me di la vuelta y vi a mi amigo Grover corriendo para salvar el pellejo.

Sí, he dicho «pezuñas».

Grover es un sátiro. De cintura para arriba, parece el típico adolescente desgarbado con una pelusilla de chivo y un serio problema de acné. Camina con una extraña cojera, pero nunca adivinarías que hay algo en él que no es humano, a menos que lo sorprendieras sin pantalones (cosa que no te recomiendo). Unos tejanos holgados y unos zapatos con relleno disimulan el hecho de que tiene pezuñas y unos peludos cuartos traseros.

Grover había sido mi mejor amigo en sexto curso y había participado conmigo y una chica llamada Annabeth en nuestra aventura para salvar el mundo. Pero no lo había visto desde el mes de julio, cuando emprendió solo una peligrosa búsqueda de la que ningún sátiro había regresado vivo.

El caso es que, en mi sueño, Grover venía huyendo con la cola entre las patas y los zapatos en las manos, como hace siempre que necesita moverse deprisa. Pasó al galope frente a las tiendas para turistas y los locales de alquiler de tablas de surf, mientras el viento doblaba las palmeras casi hasta el suelo.

Grover estaba aterrorizado por algo que había dejado atrás. Debía de venir de la playa, porque tenía el pelaje cubierto de arena húmeda. Había conseguido escapar y ahora trataba de alejarse de algo.

Un rugido estremecedor resonó por encima del fragor de la tormenta. Detrás de Grover, en el otro extremo de la manzana, surgió una figura indefinida que aplastó una farola, que acabó estallando en una lluvia de chispas.

Grover dio un traspié y gimió de puro terror mientras murmuraba: «Tengo que escapar. ¡Tengo que avisarles!»

Yo no lograba distinguir quién o qué lo perseguía, pero oía a aquella cosa refunfuñar y soltar maldiciones. El suelo temblaba a medida que se aproximaba. Grover dobló a toda prisa una esquina y titubeó; se había metido en un patio sin salida, lleno de tiendas, y ya no tenía tiempo de retroceder. La puerta más cercana se había abierto con los embates del temporal. El letrero que coronaba el escaparate, ahora sumido en la oscuridad, ponía: «VESTIDOS DE NOVIA ST. AUGUSTINE.»

Grover entró corriendo y se ocultó tras un perchero repleto de vestidos de novia.

La sombra del monstruo pasó por delante de la tienda. Yo incluso podía olerlo. Era una combinación repugnante de lana mojada y carne podrida, con ese agrio olor corporal que sólo los monstruos son capaces de despedir; algo así como una mofeta que sólo se alimentara de comida mexicana.

Grover temblaba tras los vestidos de novia y la sombra pasó de largo.

Ya no se oía más que la lluvia. Grover respiró hondo. Quizá aquella cosa se había ido.

Entonces centelleó un relámpago y explotó la fachada entera de la tienda, mientras una voz monstruosa bramaba: «¡¡¡Míííía!!!»

Me senté en la cama de golpe, tiritando.

No había tormenta ni ningún monstruo. La luz de la mañana se colaba por la ventana de mi dormitorio.

Me pareció atisbar una sombra a través del cristal: una forma humana. Enseguida oí que golpeaban mi puerta y a mi madre llamándome:

—Percy, vas a llegar tarde. —La sombra de la ventana desapareció.

Tenía que ser mi imaginación. Era la ventana de un quinto piso, con una salida de incendios antiquísima y desvencijada... Era imposible que hubiera nadie ahí fuera.

—Vamos, cariño —insistió mi madre—. Es el último día de colegio. ¡Deberías estar entusiasmado! ¡Casi lo has conseguido!

—Voy —logré decir.

Palpé bajo la almohada y para tranquilizarme agarré el bolígrafo con el que dormía siempre. Lo saqué de su escondite y examiné una vez más la inscripción en griego antiguo que tenía grabada a un lado: *Anaklusmos*. Contracorriente.

Pensé en quitarle la tapa, pero algo me detuvo. ¡Hacía tanto tiempo que no recurría a *Contracorriente*...!

Además, mi madre, el día que destrocé su vitrina manejando una jabalina torpemente, me hizo prometer que no volvería a usar armas mortíferas en el apartamento. Deposité a *Anaklusmos* en la mesilla y me arrastré fuera de la cama.

Me vestí lo más rápido que pude. Procuraba no pensar en mi pesadilla, ni en monstruos, ni en la sombra de la ventana.

«Tengo que escapar. ¡Tengo que avisarles!»

¿Qué había querido decir Grover?

Con tres dedos formé una garra sobre mi corazón y la moví hacia fuera, como empujando: un gesto para ahuyentar males que me había enseñado Grover hacía mucho tiempo.

Aquel sueño no podía ser real.

Último día de colegio. Mi madre tenía razón, debería sentirme entusiasmado; por primera vez en mi vida, casi había logrado pasar un año entero sin que me expulsaran, sin accidentes extraños, sin peleas en clase, sin profesores que se convirtiesen de repente en monstruos decididos a acabar conmigo con una comida envenenada o me dieran tareas para casa con carga explosiva. Al día siguiente me iría hacia mi lugar preferido de este mundo: el Campamento Mestizo.

Un día más y ya estaba. Ni siquiera yo era capaz de estropearlo.

Como de costumbre, no tenía ni idea de lo equivocado que estaba.

Mi madre había preparado gofres azules y huevos azules para desayunar. Ella es así, celebra las ocasiones especiales preparando comida de color azul. Supongo que es su manera de decir que todo es posible: Percy casi termina séptimo curso, los gofres pueden ser azules... Pequeños milagros por el estilo.

Desayuné en la cocina mientras ella lavaba los platos. Iba vestida con su uniforme de trabajo: la falda azul con estrellas y la blusa a rayas rojas y blancas que se ponía para vender golosinas en Sweet on America, la tienda de caramelos donde trabajaba. Llevaba su largo pelo castaño recogido en una cola de caballo.

Los gofres estaban muy buenos, pero me temo que no los engullía como de costumbre, porque mi madre me miró y frunció el ceño.

—¿Te encuentras bien, Percy?

—Sí... perfecto.

Ella siempre se daba cuenta cuando algo me preocupaba. Se secó las manos y se sentó frente a mí.

—¿Es el colegio, o es...?

No hizo falta que terminara la frase, yo sabía muy bien lo que me estaba preguntando.

—Creo que Grover está metido en un aprieto —dije. Y le conté el sueño que había tenido.

Ella apretó los labios. No solíamos hablar de ese otro aspecto de mi vida. Procurábamos vivir del modo más normal posible, pero mi madre estaba al corriente de la situación de Grover.

—Yo no me preocuparía, cariño —dijo—. Grover ya es un sátiro mayor; si hubiese algún problema, estoy segura de que nos habrían avisado desde el campamento... —Me pareció que tensaba los hombros al pronunciar esta última palabra.

—¿Qué ocurre? —pregunté.

—Nada. ¿Sabes qué vamos a hacer? Esta tarde iremos a celebrar el fin de curso. Os llevaré a Tyson y a ti al Rockefeller Center, a esa tienda de monopatines que os gusta tanto.

Uf, eso sí que era una tentación. Nosotros siempre íbamos muy justos de dinero. Entre las clases nocturnas de mi madre y mi matrícula en la escuela privada, no podíamos permitirnos ningún extra, como por ejemplo un monopatín. Pero algo en su voz me inquietaba.

—Un momento —dije—. Creía que esta tarde íbamos a preparar mi equipaje para el campamento.

Ella empezó a estrujar el trapo que tenía entre las manos.

—Ay, cariño, es que... anoche recibí un mensaje de Quirón.

El corazón se me encogió. Quirón era el director de actividades del Campamento Mestizo, y no se habría puesto en contacto con nosotros a menos que ocurriese algo muy grave.

—¿Qué te dijo?

—Considera que... ir al campamento ahora mismo podría ser peligroso para ti. Quizá tengamos que aplazarlo.

—¿Aplazarlo? ¿Pero cómo va a ser peligroso, mamá? ¡Yo soy un mestizo! Es el único lugar del mundo seguro para alguien como yo.

—Normalmente sí, cariño. Pero con los problemas que ahora tenemos...

—¿Qué problemas?

—Lo siento, Percy. Lo siento mucho. Iba a contártelo esta tarde, pero ahora no puedo explicártelo del todo. Ni siquiera estoy segura de que Quirón fuese capaz de hacerlo. Ha ocurrido todo tan de repente...

Me quedé atónito. ¿Cómo era posible que no pudiera ir al campamento? Quería hacerle un millón de preguntas, pero justo en ese momento el reloj de la cocina dio la media.

Mi madre casi pareció aliviada.

—Las siete y media, cariño. Tienes que irte... Tyson debe de estar esperándote.

—Pero...

—Hablaremos esta tarde, Percy. Ahora vete a la escuela.

Era lo último que me apetecía hacer, pero mi madre tenía una expresión de fragilidad, una especie de aviso escrito en su mirada. Si la presionaba demasiado, se echaría a llorar. Además, lo que decía de mi amigo Tyson era cierto: no tenía que hacerle esperar en la estación del metro, eso lo disgustaba mucho, le daba miedo andar solo por lugares subterráneos.

Recogí mis cosas y me dispuse a marcharme, pero todavía me detuve en el umbral.

—Mamá... ese problema del campamento, ¿podría tener algo que ver con mi sueño sobre Grover?

No me miró a los ojos.

—Ya hablaremos luego, cariño. Te lo explicaré todo... al menos, todo lo que pueda.

Me despedí de ella a regañadientes. Corrí escaleras abajo para pillar a tiempo el tren n.º 2.

No podía saberlo en aquel momento, pero no me sería posible mantener una charla con mi madre aquella tarde. De hecho, ya no volvería a casa durante mucho, mucho tiempo.

Al salir a la calle, miré el edificio de piedra rojiza de enfrente. Por un segundo vi una sombra oscura, una silueta humana dibujándose contra la pared, una sombra que no parecía pertenecer a nadie.

Luego empezó a ondularse y se desvaneció.

2

Partido de balón prisionero con unos caníbales

El día empezó de un modo normal, o por lo menos tan normal como puede serlo en la Escuela Preparatoria Meriwether.

Ya sabes, esa escuela «progresista» del centro de Manhattan, lo que significa que nos sentamos en grandes pufs, no en pupitres, que no nos ponen notas y que los profesores llevan tejanos y camisetas de rock, lo cual me parece genial.

Yo padezco THDA, Trastorno Hiperactivo por Déficit de Atención, y además soy disléxico, como la mayoría de los mestizos. Por eso nunca me ha ido demasiado bien en los colegios normales, incluso antes de que acabara expulsado. Lo único que Meriwether tenía de malo era que los profesores siempre se concentraban en el lado más brillante y positivo de las cosas. Mientras que los alumnos... bueno, no siempre resultaban tan brillantes.

Pongamos por caso la primera clase de aquel día, la de Inglés. Todo el colegio había leído ese libro titulado *El señor de las moscas*, en el que un grupo de chicos quedan atrapados en una isla y acaban chalados. Así pues, como examen final, los profesores nos enviaron al patio de recreo y nos tuvieron allí una hora sin la supervisión de ningún adulto para ver qué pasaba. Y lo que pasó fue que se armó un concurso de collejas entre los alumnos de séptimo y octavo curso, además de dos peleas a pedradas y un partido de baloncesto con placajes de rugby. El matón del colegio, Matt Sloan, dirigió la mayor parte de las actividades bélicas.

Sloan no era grandullón ni muy fuerte, pero actuaba como si lo fuera. Tenía ojos de perro rabioso y un pelo oscuro y desgreñado; siempre llevaba ropa cara, aunque muy descuidada, como si quisiera demostrar a todo el mundo que el dinero de su familia le traía sin cuidado. Tenía mellado uno de sus incisivos desde el día que condujo sin permiso el Porsche de su padre para dar una vuelta y chocó con una señal de «ATENCIÓN: NIÑOS - REDUZCA LA VELOCIDAD».

El caso es que Sloan estaba repartiendo tortas a diestro y siniestro cuando cometió el error de intentar darle una a mi amigo Tyson.

Tyson era el único chaval sin techo de la Escuela Preparatoria Meriwether. Por lo que mi madre y yo habíamos deducido, sus padres lo habían abandonado cuando era muy pequeño, seguramente por ser... tan diferente. Medía uno noventa y tenía la complexión del Abominable Hombre de las Nieves, pero lloraba continuamente y casi todo le daba miedo, incluso su propio reflejo. Tenía la cara como deformada y con un aspecto brutal. No sabría decir de qué color eran sus ojos, porque nunca me animé a mirarlo más arriba de sus dientes torcidos. Aunque su voz era grave, hablaba de un modo más bien raro, como un chaval mucho más pequeño, supongo que porque nunca había ido al colegio antes de entrar en el Meriwether. Llevaba unos tejanos andrajosos, unas mugrientas zapatillas del número 50 y una camisa a cuadros escoceses con varios agujeros. Olía como huelen los callejones de Nueva York, porque vivía en uno de ellos, junto a la calle Setenta y dos, en la caja de cartón de un frigorífico.

La Escuela Meriwether lo había adoptado a resultas de un proyecto de servicios comunitarios para que los alumnos pudieran sentirse satisfechos de sí mismos. Por desgracia, la mayoría no soportaba a Tyson. En cuanto descubrían que era un blandengue, un blandengue enorme, pese a su fuerza descomunal y su mirada espeluznante, se divertían metiéndose con él. Yo era prácticamente su único amigo, lo cual significaba que él era mi único amigo.

Mi madre había protestado un millón de veces en el colegio y los había acusado de no estar haciendo lo bastante para ayudarlo. También había llamado a los servicios sociales, pero al final nunca pasaba nada. Los asistentes sociales alegaban que Tyson no existía. Juraban y perjuraban que habían ido al callejón que les habíamos indicado y que nunca lo encontraban allí. Cómo puede ser posible no encontrar a un chaval gigante que vive en la caja de un frigorífico, eso no lo entiendo.

El caso es que Matt Sloan se deslizó por detrás de él y trató de darle una colleja. A Tyson le entró pánico y lo apartó con un empujón más fuerte de la cuenta. Sloan salió volando y acabó enredado en el columpio que había cinco metros más allá.

—¡Maldito monstruo! —gritó—. ¿Por qué no vuelves a tu caja de cartón?

Tyson empezó a sollozar. Se sentó al pie de las barras para trepar (con tanta fuerza que dobló una) y ocultó la cara entre las manos.

—¡Retira eso, Sloan! —le espeté.

Él me miró con desdén.

—¿Por qué me das la lata, Jackson? Quizá tendrías amigos si no te pasaras la vida defendiendo a ese monstruo.

Apreté los puños. Esperaba no tener la cara tan roja como la sentía.

—No es un monstruo. Sólo es...

Traté de dar con la réplica adecuada, pero Sloan no me escuchaba. Él y sus horribles amigotes estaban muy ocupados riéndose a carcajadas. Me pregunté si sería cosa de mi imaginación o si realmente Sloan tenía a su alrededor más gorilas de lo normal. Me había acostumbrado a verlo rodeado de dos o tres, pero aquel día había más de media docena y estaba seguro de que no los conocía de nada.

—¡Espera a la clase de Deportes y verás, Jackson! —gritó Sloan—. Considérate hombre muerto.

Cuando terminó la hora, nuestro profesor de Inglés, el señor De Milo, salió a inspeccionar los resultados de la carnicería. Sentenció que habíamos entendido *El señor de las moscas* a la perfección. Estábamos todos aprobados. Y nunca, dijo, nunca debíamos convertirnos en personas violentas. Matt Sloan asintió con seriedad y luego me lanzó una sonrisa burlona con su diente mellado.

Para que dejara de sollozar, tuve que prometerle a Tyson que a la hora del almuerzo le compraría un sándwich extra de mantequilla de cacahuete.

—¿Soy... un monstruo? —me preguntó.

—No —lo tranquilicé, apretando los dientes—. El único monstruo que hay aquí es Matt Sloan.

Tyson se sorbió los mocos.

—Eres un buen amigo. Te echaré de menos el año que viene... si es que puedo...

Le tembló la voz. Me di cuenta de que no estaba seguro de que volvieran a admitirlo en el proyecto de servicios comunitarios. Me pregunté si el director se habría molestado en hablar con él del asunto.

—No te preocupes, grandullón —acerté a decir—. Todo irá bien.

Tyson me miró con una expresión tan agradecida que me sentí como un tremendo mentiroso. ¿Cómo podía prometerle a un chaval como él que todo iría bien?

El siguiente examen era de Ciencias. La señora Tesla nos dijo que teníamos que ir combinando productos químicos hasta que consiguiéramos que explotase algo. Tyson era mi compañero de laboratorio. Sus manos eran demasiado grandes para los diminutos frascos que se suponía debíamos usar y, de modo accidental, derribó una bandeja entera de productos químicos sobre la mesa y desencadenó en la papelera un gran hongo de gases anaranjados.

En cuanto la señora Tesla hubo evacuado el laboratorio y avisado a la brigada de residuos peligrosos, nos elogió a Tyson y a mí por nuestras dotes innatas para la química. Habíamos sido los primeros en superar su examen en menos de treinta segundos.

Me alegraba que aquella mañana estuviese resultando tan ajetreada, porque eso me impedía pensar en mis propios problemas. No soportaba la idea de que se hubieran complicado las cosas en el campamento, ni mucho menos deseaba recordar siquiera la pesadilla de aquella noche. Tenía la horrible sensación de que Grover corría un serio peligro.

En Sociales, mientras dibujábamos mapas de latitud-longitud, abrí mi cuaderno de anillas y miré la foto que guardaba dentro: mi amiga Annabeth, de vacaciones en Washington D.C. Iba con vaqueros y una cazadora tejana sobre una camiseta naranja del Campamento Mestizo, llevaba su pelo rubio recogido con un pañuelo y posaba de pie frente al Lincoln Memorial, con los brazos cruzados y el aire de estar muy satisfecha consigo misma, como si ella en persona hubiera diseñado el monumento. Ya sabes, Annabeth quiere ser arquitecto cuando sea mayor y por eso se pasa la vida visitando monumentos famosos y cosas por el estilo. Es un poquito rara en este sentido. Me había enviado la fotografía por e-mail después de las vacaciones de Pascua, y yo la miraba de vez en cuando para recordarme que Annabeth era real y que el Campamento Mestizo no era un producto de mi imaginación.

Ojalá hubiese estado conmigo en aquel momento; ella habría sabido qué significaba mi sueño. Nunca lo reconocería en su presencia, pero, a decir verdad, ella era más lista que yo, por muy irritante que resultara a veces.

Estaba a punto de cerrar el cuaderno, cuando Matt Sloan alargó el brazo y arrancó la foto de las anillas.

—¡Eh! —protesté.

Sloan le echó un vistazo a la foto y abrió los ojos como platos.

—Ni hablar, Jackson. ¿Quién es? ¿No será tu...?

—Dámela. —Las orejas me ardían.

Sloan pasó la foto a sus espantosos compinches, que empezaron a soltar risitas y romperla en pedacitos para convertirlos en proyectiles. Debían de ser alumnos nuevos que estaban de visita, porque todos llevaban aquellas estúpidas placas de identificación («Hola, me llamo...») que daban en la oficina de inscripción. Y debían de tener también un extraño sentido del humor, porque habían escrito en ellas nombres extrañísimos como «Chupatuétanos», «Devoracráneos» y «Quebrantahuesos». Ningún ser humano tiene nombres así.

—Estos colegas se trasladan aquí el año que viene —dijo Sloan con aire fanfarrón, como si saberlo hubiese de aterrorizarme—. Apostaría a que ellos sí pueden pagarse la matrícula, a diferencia del tarado de tu amigo.

—No es ningún tarado. —Tuve que hacer un esfuerzo para no darle un puñetazo en la cara.

—Eres un auténtico pringado, Jackson. Por suerte para ti, en la próxima clase voy a acabar con todos tus sufrimientos.

Sus enormes compinches masticaron mi foto. Yo deseaba pulverizarlos, pero tenía órdenes estrictas de Quirón de no desahogar mi cólera ante simples mortales, por detestables que me resultasen. Tenía que reservar mis fuerzas para los monstruos.

Aun así, no pude dejar de pensar: «Si supiera Sloan quién soy realmente...»

Sonó el timbre.

Mientras Tyson y yo salíamos de la clase, una voz femenina me llamó en un susurro:

—¡Percy!

Miré alrededor y escudriñé la zona de las taquillas, pero no había nadie que me prestara atención. Por lo visto, las chicas del Meriwether no se habrían dejado pillar ni muertas pronunciando mi nombre.

Antes de que pudiera considerar si no habrían sido imaginaciones mías, un montón de chicos cruzaron el pasillo y nos arrastraron a Tyson y a mí hacia el gimnasio. Era la hora de Deportes. Nuestro entrenador nos había prometido un partido de balón prisionero, en plan batalla campal. Y Matt Sloan había prometido matarme.

El uniforme de gimnasia del Meriwether consiste en unos pantalones cortos azul celeste y unas camisetas desteñidas de colores variopintos. Por suerte, la mayor parte de los ejercicios atléticos los hacíamos de puertas adentro, de manera que no teníamos que trotar por el barrio de Tribeca con el aspecto de una manada de niños hippies.

Me cambié en los vestuarios lo más deprisa que pude porque no quería tropezarme con Sloan. Estaba a punto de salir cuando me llamó Tyson:

—¿Percy? —Todavía no se había cambiado. Estaba junto a la puerta de la sala de pesas con el uniforme en la mano—. ¿Te importaría...?

—Ah, sí. —Procuré reprimir el tono de fastidio—. Claro, hombre.

Tyson se metió en la sala de pesas y yo monté guardia en la puerta mientras se cambiaba. Me sentía algo extraño haciendo aquello, pero Tyson me lo pedía casi todos los días. Imagino que era porque tiene el cuerpo totalmente lampiño, así como unas extrañas cicatrices en la espalda sobre las cuales nunca me he atrevido a preguntarle.

En todo caso, yo ya había aprendido que si se burlaban de él cuando se estaba cambiando, podía disgustarse mucho y empezar a arrancar las puertas de las taquillas.

Cuando entramos en el gimnasio, el entrenador Nunley estaba sentado ante su escritorio leyendo la revista *Sports Illustrated*. Nunley debía de tener un millón de años. Era un tipo con gafas bifocales, sin dientes y con un grasiento mechón de pelo gris. Me recordaba al Oráculo del Campamento Mestizo —una momia apergaminada—, sólo que el entrenador Nunley se movía mucho menos y no despedía oleadas de humo verde. Bueno, al menos yo no lo había visto.

Matt Sloan se acercó y le dijo:

—Entrenador, ¿puedo ser yo el capitán?

—¿Cómo? —Nunley levantó la vista y musitó—: Hum, está bien.

Sloan sonrió satisfecho y se encargó de formar los equipos. A mí me nombró capitán del equipo contrario, pero no tenía ninguna importancia a quiénes eligiese yo, porque todos los tipos cachas y los chicos más populares se pasaron al bando de Sloan. Y lo mismo hizo el grupo de visitantes.

En mi equipo estaban Tyson, Corey Bailer —el flipado de la informática—, Raj Mandali —un verdadero prodigio del cálculo— y media docena de chavales a los que Sloan y su banda se dedicaban a hostigar habitualmente. En condiciones normales, habría tenido suficiente con la ayuda de Tyson, pues él solo ya valía por medio equipo, pero los visitantes eran casi tan altos y fuertes como él, al menos en apariencia, y había seis de ellos en el otro bando.

Sloan volcó una cesta llena de pelotas en medio del gimnasio.

—Miedo —susurró Tyson—. Huelen raro.

Yo lo miré.

—¿Quién huele raro?

—Ellos. —Tyson señaló a los nuevos amigos de Sloan—. Huelen raro.

Los visitantes hacían crujir los nudillos y nos miraban como si hubiera llegado la hora de la masacre. Volví a preguntarme de dónde habrían salido aquellos tipos. Tenía que ser de algún sitio donde alimentaran a sus alumnos con carne cruda y los apalearan con bates de béisbol.

Entonces Sloan tocó el silbato del entrenador y empezó el partido. Su equipo se abalanzó hacia la línea central. En el mío, en cambio, Raj Mandali gritó algo en urdu —seguramente: «¡Necesito mi orinal!»— y echó a correr hacia la salida. Corey Bailer se alejó a rastras y trató de esconderse detrás de las colchonetas apoyadas contra la pared. Los demás hacían lo posible para no encogerse de miedo y convertirse en blancos seguros.

—Tyson —dije—. Vamos a...

Recibí un pelotazo en la barriga y caí sentado en medio del gimnasio. Nuestros oponentes estallaron en carcajadas.

Veía borroso. Me sentía como si un gorila acabara de darme un masaje en la boca del estómago. No podía creer que alguien fuera capaz de lanzar una pelota con tanta potencia.

—¡Agáchate, Percy! —gritó Tyson.

Rodé por el suelo justo cuando otra bola pasaba rozándome la oreja a la velocidad del sonido.

¡Buuuuuum!

La pelota rebotó en la colchoneta de la pared y Corey Bailer soltó un aullido.

—¡Eh! —grité a los del equipo contrario—. ¡Por poco matáis a alguien!

Uno de los visitantes, el llamado Quebrantahuesos, me dirigió una sonrisa malvada. Lo había visto antes, pero ahora parecía todavía más descomunal, incluso más que Tyson. Los bíceps le abultaban bajo la camiseta.

—¡Ésa es la intención, Perseus Jackson!

Bastó que dijera mi nombre de aquella manera para que un escalofrío me recorriera de arriba abajo. Nadie me llamaba Perseus, salvo los que conocían mi verdadera identidad. Amigos... o enemigos.

¿Qué había dicho Tyson? «Huelen raro.»

Monstruos.

Todos los que rodeaban a Matt Sloan estaban aumentando de tamaño. Ya no eran chavales, se habían convertido en gigantes de dos metros y medio con ojos de locura, dientes afilados y unos brazos peludos tatuados con serpientes, chicas bailando el hula hop y corazones de enamorado.

Matt Sloan soltó la pelota.

—¡Uau! ¡Vosotros no sois de Detroit! ¿Quién...?

Los demás chavales de mi equipo empezaron a chillar y retroceder hacia la salida, pero el gigante Chupatuétanos lanzó una pelota con mortífera precisión. Pasó rozando a Raj Mandali, que ya estaba a punto de salir, y dio de lleno en la puerta, cerrándola como por arte de magia. Raj y los otros empezaron a aporrearla desesperados, pero la puerta no se movía.

—¡Dejadlos marchar! —grité a los gigantes.

El llamado Quebrantahuesos me soltó un gruñido. En el bíceps tenía un tatuaje que rezaba: «Me gustan mis Ricuras.»

—¿Cómo? ¿Y dejar escapar unos bocados tan sabrosos? ¡No, hijo del dios del mar! Nosotros los lestrigones no sólo estamos aquí para darte muerte. ¡Queremos nuestro almuerzo!

Hizo un gesto con la mano y apareció otro montón de pelotas en el centro del gimnasio. Pero aquéllas no eran de goma. Eran de bronce, del tamaño de una bala de cañón, y tenían agujeros que escupían fuego. Debían de estar al rojo vivo, pero los gigantes las agarraban con las manos como si nada.

—¡Entrenador! —grité.

Nunley levantó la vista adormilado, pero si llegó a ver algo fuera de lo normal en aquel partido de balón prisionero, no lo demostró. Ése es el problema de los mortales. Una fuerza mágica, la niebla, difumina ante sus ojos la verdadera apariencia de los monstruos y los dioses, de manera que tienden a ver solamente lo que son capaces de comprender. Quizá el entrenador vio a varios chavales de octavo aporreando, como de costumbre, a los más pequeños. Quizá los demás vieron a los gorilas de Sloan a punto de lanzar cócteles Molotov (tampoco habría sido la primera vez). En todo caso, seguro que nadie se había dado cuenta de que nos enfrentábamos con auténticos monstruos devoradores-de-hombres sedientos de sangre.

—Hummm... sí —murmuró entre dientes el entrenador—. Jugad limpio.

Y volvió a concentrarse en su revista.

El gigante Devoracráneos lanzó una pelota. Yo me eché a un lado para esquivar aquel ardiente cometa, que me pasó junto al hombro a toda velocidad.

—¡Corey! —chillé.

Tyson lo sacó de detrás de las colchonetas un segundo antes de que la bola estallara en ellas y las convirtiera en un montón de jirones humeantes.

—¡Rápido! —dije a mis compañeros—. ¡Por la otra salida!

Echaron a correr hacia los vestuarios, pero Quebrantahuesos hizo otro gesto con la mano y también aquella puerta se cerró de golpe.

—Nadie saldrá de aquí hasta que tú quedes eliminado —rugió—. Y no estarás eliminado hasta que te hayamos devorado.

Me arrojó su bola de fuego. Mis compañeros de equipo se dispersaron segundos antes de que el proyectil abriera un cráter en el suelo.

Iba a echar mano de *Contracorriente*, que siempre guardaba en el bolsillo, cuando me di cuenta de que llevaba puestos los pantalones de deporte, que no tenían bolsillos. *Contracorriente* se había quedado en mis tejanos, en la taquilla del vestuario. Y la puerta del vestuario estaba cerrada a cal y canto. Me encontraba completamente indefenso.

Y ahora, otra bola de fuego venía hacia mí a la velocidad del rayo. Tyson me apartó de un empujón, pero la explosión me alcanzó y me lanzó por los aires. De repente, me encontré en el suelo del gimnasio, aturdido por el humo y con la camiseta llena de agujeros chisporroteantes. Al otro lado de la línea central, dos gigantes hambrientos me miraban desde lo alto.

—¡Carne! —bramaron—. ¡Filete de héroe para almorzar!

Los dos se dispusieron a rematarme.

—¡Percy necesita ayuda! —gritó Tyson, y se interpuso entre nosotros de un salto, justo cuando me lanzaban sus bolas.

—¡Tyson! —chillé, pero ya era tarde.

Las bolas se estrellaron contra… No, él las atrapó al vuelo. El torpe de Tyson, el que volcaba el material de laboratorio y destrozaba las estructuras del parque infantil todos los días, se las había arreglado para atrapar aquellas dos bolas de metal al rojo vivo que volaban hacia él a un trillón de kilómetros por hora. Y no sólo eso, sino que se las lanzó de vuelta a sus atónitos propietarios.

—¡¡Nooooo!! —chillaron, pero las esferas de bronce les explotaban en el pecho.

Los gigantes se desintegraron en dos columnas de fuego gemelas: un signo inequívoco de que eran monstruos de verdad. Porque los monstruos no mueren, sólo se disipan en humo y polvo, lo cual ahorra un montón de problemas a los héroes, que no tienen que ponerse a limpiar después de una pelea.

—¡Mis hermanitos! —gimió Quebrantahuesos el Caníbal. Flexionó los músculos y sus tatuajes se contorsionaron—. ¡Pagarás cara su destrucción!

—¡Tyson! —grité—. ¡Cuidado!

Otro cometa se precipitaba ya hacia nosotros y Tyson apenas tuvo tiempo de desviarlo de un golpe. Salió disparado como un cohete, pasó por encima de la cabeza del entrenador y aterrizó en las gradas provocando una tremenda explosión.

¡¡BUUUUUUM!!

Los chavales corrían en todas direcciones gritando y tratando de esquivar los cráteres, que aún humeaban y echaban chispas; otros aporreaban la puerta y pedían socorro. El propio Sloan estaba petrificado en mitad de la pista, mirando incrédulo aquellas bolas mortíferas que volaban a su alrededor.

El entrenador Nunley seguía sin enterarse de nada. Dio unos golpecitos a sus audífonos, como si las explosiones le hubieran provocado alguna interferencia, pero continuó absorto en la revista.

Todo el colegio debía de haber oído aquel estruendo. El director o tal vez la policía vendría en nuestra ayuda.

—¡La victoria será nuestra! —rugió Quebrantahuesos el Caníbal—. ¡Nos vamos a dar un festín con tus huesos!

Quería decirle que se estaba tomando demasiado en serio aquel partido de balón prisionero, pero antes de que pudiese hacerlo me disparó otra bola. Los otros tres gigantes siguieron su ejemplo.

Sabía que estábamos perdidos. Tyson no podría desviar todas aquellas bolas a la vez. Además, debía de tener graves quemaduras en las manos desde que había detenido aquella primera volea. Y sin la ayuda de mi espada...

Y entonces se me ocurrió una idea desesperada.

Corrí en dirección a los vestuarios.

—¡Salid de ahí! —alerté a mis compañeros—. ¡Apartaos de la puerta!

Las explosiones se sucedían a mi espalda. Tyson había bateado dos bolas, devolviéndoselas a sus propietarios para convertirlos en cenizas. Ya sólo quedaban en pie dos gigantes.

Una tercera bola se dirigía a toda velocidad hacia mí. Me obligué a aguardar unos segundos y me eché a un lado. La esfera ardiente derribó la puerta del vestuario.

Ya me imaginaba que los gases acumulados en las taquillas de la mayoría de los alumnos bastaban para provocar una explosión. Así que tampoco me sorprendió que la bola llameante desencadenara un estallido monumental.

¡¡BRAAAAAAAM!!

La pared se vino abajo y las puertas de las taquillas —así como los calcetines, los suspensorios y otros adminículos personales igual de chungos— llovieron sobre el gimnasio.

Me volví justo a tiempo para ver cómo Tyson golpeaba en la cara a Devoracráneos. El gigante se desplomó. Pero el único que quedaba, Quebrantahuesos, se había reservado astutamente una bola a la espera de la ocasión propicia. Y la lanzó en el momento preciso que Tyson se volvía hacia él.

—¡No! —chillé.

La bola le dio de lleno en el pecho. Impulsado por el impacto, Tyson cruzó la pista entera y fue a estrellarse contra la pared trasera, que se agrietó e incluso se desmoronó en parte, abriendo un agujero por el que se veía la calle Church. Yo no entendía cómo aún seguía vivo, pero él sólo parecía aturdido. La bola de bronce humeaba a sus pies. Tyson trató de recogerla, pero cayó atontado sobre un montón de ladrillos carbonizados.

—¡Bueno! —dijo Quebrantahuesos relamiéndose—. Soy el único en pie. Voy a tener carne de sobra. Hasta para llevar una bolsita a mis Ricuras...

Recogió otra bola y apuntó a Tyson.

—¡Espera! —grité—. ¡Es a mí a quien buscas!

El gigante sonrió con crueldad.

—¿Quieres morir tú primero, joven héroe?

Tenía que hacer algo. *Contracorriente* debía de estar por allí, en alguna parte...

Entonces divisé mis tejanos en un montón humeante de ropa, justo a los pies del gigante. Si conseguía llegar hasta ellos... Sabía que era inútil, pero decidí ir a la carga.

El gigante se echó a reír.

—Se acerca mi almuerzo. —Levantó el brazo para lanzarme el proyectil, y yo me preparé para morir.

De repente, el cuerpo del gigante se puso todo rígido y su expresión pasó del regodeo al asombro. En el punto exacto donde debía de tener el ombligo se le desgarró la camiseta y apareció algo parecido a un cuerno. No, un cuerno no: era la punta reluciente de una hoja de metal.

La bola se le cayó de la mano. El monstruo bajó la mirada y observó el cuchillo que le había traspasado desde la espalda.

—Uf —murmuró, y estalló en una llameante nube verde. Un gran disgusto, supongo, para sus Ricuras...

De pie, entre el humo que se iba disipando, vi a mi amiga Annabeth. Tenía la cara mugrienta y arañada; llevaba al hombro una mochila andrajosa y la gorra de béisbol metida en un bolsillo. En la mano sostenía un cuchillo de bronce. Aún brillaba en sus ojos grises una mirada enloquecida, como si hubiera recorrido mil kilómetros perseguida por una manada de fantasmas.

Matt Sloan, que había permanecido mudo de asombro todo el tiempo, pareció recobrar por fin el juicio. Miró parpadeando a Annabeth, como si la recordase vagamente por la fotografía de mi cuaderno.

—Ésta es la chica... La chica...

Annabeth lo tumbó de un puñetazo en la nariz.

—Déjame en paz, amigo.

El gimnasio estaba en llamas mientras los chavales seguían gritando y corriendo en todas direcciones. Oí el aullido de las sirenas y una voz confusa por megafonía. Por las ventanillas de las puertas de emergencia divisé al director, el señor Bonsái, que luchaba furiosamente con la cerradura rodeado por un montón de profesores agolpados a su espalda.

—Annabeth... —balbuceé—. ¿Cuánto tiempo llevas...?

—Prácticamente toda la mañana —respondió mientras envainaba su cuchillo de bronce—. He intentado encontrar una ocasión para hablar contigo, pero nunca estabas solo.

—La sombra que he visto esta mañana... —La cara me ardía—. Ay, dioses. ¿Estabas mirando por la ventana de mi habitación?

—¡No hay tiempo para explicaciones! —me espetó, aunque también ella parecía algo ruborizada—. Simplemente no quería...

—¡Allí! —gritó una mujer.

Las puertas se abrieron con un estallido y todos los adultos entraron de golpe.

—Te espero fuera —dijo Annabeth—. Y a él también. —Señaló a Tyson, que seguía sentado con aire aturdido junto a la pared, y le lanzó una mirada de repugnancia que no acabé de entender—. Será mejor que lo traigas.

—¡Qué dices! —me asombré.

—¡No hay tiempo! —dijo—. ¡Date prisa!

Se puso su gorra de béisbol de los Yankees, un regalo mágico de su madre, y se desvaneció en el acto.

Con lo cual me quedé solo en medio del gimnasio en llamas, justamente cuando el director aparecía, escoltado por la mitad del profesorado y un par de policías.

—¿Percy Jackson? —dijo el señor Bonsái—. ¿Qué...? ¿Cómo...?

Junto a la pared agujereada, Tyson soltó un quejido y ̶oró entre un montón de ladrillos carbonizados.

̶ cabeza duele.

̶ Sloan se acercó también. Me miró con una expre-
̶error.

̶a sido Percy, señor Bonsái! Ha incendiado el edifi-
̶o. El entrenador Nunley se lo contará. Él lo ha
̶.

̶trenador había seguido leyendo su revista todo el
̶ero —menuda suerte la mía— eligió aquel mo-
̶ra levantar la vista, al oír que Sloan pronuncia-
̶bre.

̶? Hummm... sí.

̶emás adultos se volvieron hacia mí. Sabía que
̶ creerían, incluso en caso de que pudiera contar-
̶lad.

̶ces saqué a *Contracorriente* de mis tejanos des-

—Vamos —le dije a Tyson. Y salté a la calle por el agujero de la pared.

3

Tomamos el taxi del eterno tormento

Annabeth nos esperaba en un callejón de la calle Church. Tiró de Tyson y de mí justo cuando pasaba aullando el camión de los bomberos en dirección a la Escuela Meriwether.

—¿Dónde lo encontraste? —preguntó, señalando a Tyson.

En otras circunstancias me habría alegrado mucho de verla. El verano anterior habíamos acabado haciendo las paces, pese a que su madre fuese Atenea y no se llevara demasiado bien con mi padre. Y yo seguramente la había echado de menos bastante más de lo que estaba dispuesto a reconocer.

Pero en aquel momento acababa de atacarme un grupo de gigantes caníbales; Tyson me había salvado la vida tres o cuatro veces, y todo lo que se le ocurría a Annabeth era mirarlo con fiereza, como si él fuese el problema.

—Es amigo mío —le dije.

—¿Es un sin techo?

—¿Qué tiene eso que ver? Puede oírte, ¿sabes? ¿Por qué no se lo preguntas a él?

Ella pareció sorprendida.

—¿Sabe hablar?

—Hablo —reconoció Tyson—. Tú eres preciosa.

—¡Puaj! ¡Asqueroso! —exclamó apartándose de él.

No podía creer que se comportara de un modo tan grosero. Le miré las manos a Tyson, esperando ver un montón de quemaduras a causa de aquellas bolas ardientes, pero no, las tenía en perfecto estado: mugrientas, eso sí, y con cicatrices y unas uñas sucias del tamaño de patatas fritas. Pero ése era su aspecto habitual.

—Tyson —dije con incredulidad—. No tienes las manos quemadas.

—Claro que no —dijo Annabeth entre dientes—. Me sorprende que los lestrigones hayan tenido las agallas de atacarte estando con él.

Tyson parecía fascinado por el pelo rubio de Annabeth. Intentó tocarlo, pero ella le apartó la mano con brusquedad.

—Annabeth —dije—, ¿de qué estás hablando? ¿Lestri... qué?

—Lestrigones. Esos monstruos del gimnasio. Son una raza de gigantes caníbales que vive en el extremo norte más remoto. Ulises se tropezó una vez con ellos, pero yo nunca los había visto bajar tan al sur como para llegar a Nueva York...

—Lestri... lo que sea, no consigo decirlo. ¿No tienen algún nombre más normal?

Ella reflexionó un momento.

—Canadienses —decidió por fin—. Y ahora, vamos. Hemos de salir de aquí.

—La policía debe de estar buscándome.

—Ése es el menor de nuestros problemas —dijo—. ¿Has tenido sueños últimamente?

—Sueños... ¿sobre Grover?

Su cara palideció.

—¿Grover? No. ¿Qué pasa con Grover?

Le conté mi pesadilla.

—¿Por qué me lo preguntas? ¿Sobre qué has soñado tú?

La expresión de sus ojos era sombría y turbulenta, como si tuviera la mente a cien mil kilómetros por hora.

—El campamento —dijo por fin—. Hay graves problemas en el campamento.

—¡Mi madre me ha dicho lo mismo! ¿Pero qué clase de problemas?

—No lo sé con exactitud, pero algo no va bien. Tenemos que llegar allí cuanto antes. Desde que salí de Virginia me han perseguido monstruos intentando detenerme. ¿Tú has sufrido muchos ataques?

Meneé la cabeza.

—Ninguno en todo el año... hasta hoy.

—¿Ninguno? ¿Pero cómo...? —Se volvió hacia Tyson—. Ah.

—¿Qué significa «ah»?

Tyson levantó la mano, como si aún estuviera en clase.

—Los canadienses del gimnasio llamaban a Percy de un modo raro... ¿Hijo del dios del mar?

Annabeth y yo nos miramos.

No sabía cómo explicárselo, pero sentí que Tyson se merecía la verdad después de haber arriesgado la vida.

—Grandullón —dije—, ¿has oído hablar de esas viejas historias sobre los dioses griegos? Zeus, Poseidón, Atenea...

—Sí.

—Bueno, pues esos dioses siguen vivos. Es como si se desplazaran siguiendo el curso de la civilización occidental y vivieran en los países más poderosos, de modo que ahora se encuentran en Estados Unidos. Y a veces tienen hijos con los mortales, hijos que nosotros llamamos «mestizos».

—Vale —dijo Tyson, como esperando que llegara a lo importante.

—Bueno, pues Annabeth y yo somos mestizos —dije—. Somos como... héroes en fase de entrenamiento. Y siempre que los monstruos encuentran nuestro rastro, nos atacan. Por eso aparecieron esos gigantes en el gimnasio. Monstruos.

—Vale.

Lo miré fijamente. No parecía sorprendido ni desconcertado, lo que me sorprendió y desconcertó a mí.

—Entonces... ¿me crees?

Tyson asintió.

—Pero ¿tú eres... el hijo del dios del mar?

—Sí —reconocí—. Mi padre es Poseidón.

Él frunció el ceño. Ahora sí parecía desconcertado.

—Pero entonces...

Se oyó el aullido de una sirena y un coche de policía pasó a toda velocidad por delante del callejón.

—No hay tiempo para esto ahora —dijo Annabeth—. Hablaremos en el taxi.

—¿Un taxi hasta el campamento? —dije—. ¿Sabes lo que nos puede costar?

—Tú confía en mí.

Titubeé.

—¿Y Tyson?

Por un momento imaginé que llevaba a mi gigantesco amigo al Campamento Mestizo. Si ya se volvía loco en un territorio normal con los abusones de costumbre, ¿cómo iba a reaccionar en un campamento de semidioses? Por otro lado, la policía debía de estar buscándonos a los dos.

—No podemos dejarlo aquí —decidí—. Se vería metido en un buen aprieto.

—Ya. —Annabeth adoptó una expresión sombría—. Tenemos que llevárnoslo, no hay duda. Venga, vamos.

No me gustó su manera de decirlo, como si Tyson fuera una enfermedad maligna que requiriera hospitalización urgente. Aun así, la seguí hasta el final del callejón. Los tres nos fuimos deslizando a hurtadillas por los callejones del centro, mientras una gran columna de humo se elevaba a nuestras espaldas desde el gimnasio de la escuela.

—Un momento. —Annabeth se detuvo en la esquina de las calles Thomas y Trimble, y rebuscó en su mochila—. Espero que aún me quede alguna.

Su aspecto era incluso peor de lo que me había parecido al principio. Tenía un corte en la barbilla y un montón de ramitas y hierbas enredadas en su cola de caballo, como si llevara varias noches durmiendo a la intemperie. Los desgarrones del dobladillo de sus vaqueros se parecían sospechosamente a las marcas de unas garras.

—¿Qué estás buscando? —pregunté.

Sonaban sirenas por todas partes. Supuse que no tardarían en pasar más policías por allí delante, en busca de unos delincuentes juveniles especializados en bombardear gimnasios. Seguro que Matt Sloan ya había hecho una declaración completa, y probablemente había tergiversado tanto las cosas que ahora los caníbales sedientos de sangre éramos Tyson y yo.

—He encontrado una, loados sean los dioses.

Annabeth sacó de la mochila una moneda de oro. Era un dracma, la moneda oficial del monte Olimpo, con un retrato de Zeus en una cara y el Empire State en la otra.

—Annabeth —le dije—, ningún taxista de Nueva York va aceptar esa moneda.

—*Stêthi* —gritó ella en griego antiguo—. *¡Ô hárma diabolês!*

Como siempre, en cuanto se puso a hablar en la lengua del Olimpo, yo la entendí sin dificultades. Había dicho: «Detente, Carro de la Condenación.»

Fuera cual fuese su plan, aquello no me inspiraba mucho entusiasmo precisamente.

Annabeth arrojó la moneda a la calle. Pero en lugar de tintinear como es debido, el dracma se sumergió en el asfalto y desapareció.

Durante unos segundos no ocurrió nada.

Luego, poco a poco, en el mismo punto donde había caído la moneda, el asfalto se oscureció y se fue derritiendo, hasta convertirse en un charco del tamaño de una plaza de parking... un charco lleno de un líquido burbujeante y rojo como la sangre. De allí fue emergiendo un coche.

Era un taxi, de acuerdo, pero a diferencia de cualquier otro taxi de Nueva York no era amarillo, sino de un gris ahumado. Quiero decir: parecía como si estuviese formado por humo, como si pudieras atravesarlo. Tenía unas palabras escritas en la puerta —algo como HREMNAS SIGRS—, pero mi dislexia me impedía descifrarlas.

El cristal de la ventanilla del copiloto se bajó y una vieja sacó la cabeza. Unas greñas grisáceas le cubrían los ojos, hablaba raro, farfullando entre dientes, como si acabara de meterse un chute de novocaína.

—¿Cuántos pasajeros?

—Tres al Campamento Mestizo —dijo Annabeth. Abrió la puerta trasera y me indicó que subiera, como si todo aquello fuese normalísimo.

—¡Agg! —chilló la vieja—. No llevamos a esa clase de gente. —Señalaba a Tyson con un dedo huesudo.

¿Qué demonios ocurría? ¿Sería el día del Acoso Nacional a los Chicos Feos y Grandullones?

—Ganará una buena propina —prometió Annabeth—. Tres dracmas más al llegar.

—¡Hecho! —graznó la vieja.

Subí al taxi a regañadientes. Tyson se embutió en medio y Annabeth subió la última.

El interior también era de un gris ahumado, pero parecía bastante sólido; el asiento estaba rajado y lleno de bultos, o sea que no era muy diferente de la mayoría de los taxis. No había un panel de plexiglás que nos separase de la anciana dama que conducía... Un momento... No era una dama. Eran tres las que se apretujaban en el asiento delantero, cada una con el pelo grasiento cubriéndole los ojos, con manos sarmentosas y vestidos de arpillera gris.

—¡Long Island! —dijo la que conducía—. ¡Bono por circular fuera del área metropolitana! ¡Ja!

Pisó el acelerador y yo golpeé la cabeza con el respaldo. Por los altavoces sonó una voz grabada: «Hola, soy Ganímedes, el copero de Zeus, y cuando salgo para comprarle vino al Señor de los Cielos, ¡siempre me abrocho el cinturón!»

Bajé la vista y encontré una larga cadena negra en lugar del cinturón de seguridad. Decidí que tampoco era tan imprescindible... al menos de momento.

El taxi aceleró mientras doblaba la esquina de West Broadway, y la dama gris que se sentaba en medio chilló:

—¡Mira por dónde vas! ¡Dobla a la izquierda!

—¡Si me dieras el ojo, Tempestad, yo también podría verlo!

A ver, un momento. ¿Qué era aquello de darle el ojo?

No tuve tiempo de preguntar porque la conductora viró bruscamente para esquivar un camión que se nos venía encima, se subió al bordillo con un traqueteo como para astillarse los dientes y voló hasta la siguiente manzana.

—¡Avispa! —le dijo la tercera dama a la conductora—. ¡Dame la moneda de la chica! Quiero morderla.

—¡Ya la mordiste la última vez, Ira! —contestó la conductora, que debía llamarse Avispa—. ¡Esta vez me toca a mí!

—¡De eso nada! —chilló la tal Ira.

—¡Semáforo rojo! —gritó la que iba en medio, Tempestad.

—¡Frena! —aulló Ira.

En lugar de frenar, Avispa pisó a fondo, volvió a subirse al bordillo, dobló la esquina con los neumáticos chirriando y derribó un quiosco. Mi estómago debía de haberse quedado tres calles atrás.

—Perdone —dije—. Pero... ¿usted ve algo?

—¡No! —gritó Avispa, aferrada al volante.

—¡No! —gritó Tempestad, estrujada en medio.

—¡Claro que no! —gritó Ira, junto a la ventanilla del copiloto (o del artillero, en las películas).

Miré a Annabeth.

—¿Son ciegas?

—No del todo —contestó ella—. Tienen un ojo.

—¿Un ojo?

—Sí.

—¿Cada una?

—No. Uno para las tres.

Tyson soltó un gruñido a mi lado y se aferró al asiento.

—No me siento bien.

—Ay, dioses —exclamé, recordando cómo se mareaba en las excursiones del colegio y, la verdad, no era algo que te apeteciera presenciar a menos de quince metros—. Aguanta, grandullón. ¿Alguien tiene una bolsa o algo así?

Las tres damas grises iban demasiado ocupadas riñendo entre ellas como para prestarme atención. Miré a Annabeth, que se agarraba como si en ello le fuera la vida, y le eché una mirada de cómo-me-has-hecho-esto-a-mí.

—Bueno —me dijo—, el Taxi de las Hermanas Grises es la manera más rápida de llegar al campamento.

—¿Entonces por qué no lo tomaste desde Virginia?

—Eso no cae en su área de servicio —replicó, como si fuera la cosa más evidente del mundo—. Sólo trabajan en la zona de Nueva York y alrededores.

—¡Hemos llevado a gente famosa en este taxi! —exclamó Ira—. ¡A Jasón, por ejemplo! ¿Os acordáis?

—¡No me lo recuerdes! —gimió Avispa—. Y en esa época no teníamos taxi, vieja latosa. ¡Ya hace tres mil años de aquello!

—¡Dame el diente! —Ira intentó agarrarle la boca a Avispa, pero ella le apartó la mano.

—¡Sólo si Tempestad me da el ojo!

—¡Ni hablar! —chilló Tempestad—. ¡Tú ya lo tuviste ayer!

—¡Pero ahora estoy conduciendo, vieja bruja!

—¡Excusas! ¡Gira! ¡Tenías que girar ahí!

Avispa viró por la calle Delancey y me vi estrujado entre Tyson y la puerta. Ella siguió dando gas y salimos propulsados por el puente de Williamsburg a ciento y pico por hora.

Las tres hermanas se peleaban ahora de verdad, o sea, a bofetada limpia. Ira trataba de agarrar a Avispa por la cara y ésta intentaba agarrársela a Tempestad. Mientras se gritaban unas a otras con los pelos alborotados y la boca abierta, me di cuenta de que ninguna de ellas tenía dientes, salvo Avispa, que lucía un incisivo entre amarillento y verdoso. En lugar de ojos, tenían los párpados cerrados y hundidos, con excepción de Ira, que sí disponía de un ojo verde inyectado en sangre que lo escrutaba todo con avidez, como si no le pareciera suficiente nada de lo que veía.

Finalmente fue ella, Ira, que llevaba ventaja con su ojo, la que logró arrancarle el diente de un tirón a su hermana Avispa. Ésta se puso tan furiosa que rozó el borde del puente de Williamsburg, mientras chillaba:

—¡Devuélvemelo! ¡Devuélvemelo!

Tyson gimió y se agarró el estómago.

—Por si alguien quiere saberlo —dije—, ¡vamos a morir!

—No te preocupes —dijo Annabeth, aunque sonaba superpreocupada—. Las Hermanas Grises saben lo que hacen. Son muy sabias, en realidad.

Aun viniendo de la hija de Atenea, aquel comentario no logró tranquilizarme. Corríamos a toda velocidad por el borde mismo del puente, a cuarenta metros del East River.

—¡Sí, muy sabias! —Ira nos lanzó una ancha sonrisa a través del retrovisor y aprovechó para lucir el diente que acababa de apropiarse—. ¡Sabemos cosas!

—¡Todas las calles de Manhattan! —dijo Avispa fanfarroneando, sin dejar de abofetear a su hermana—. ¡La capital de Nepal!

—¡La posición que andas buscando! —añadió Tempestad.

Sus hermanas se pusieron a aporrearla desde ambos lados, mientras le gritaban:

—¡Cierra el pico! ¡Ni siquiera lo ha preguntado!

—¿Cómo? —dije—. ¿Qué posición? Yo no estoy buscando...

—¡Nada! —dijo Tempestad—. Tienes razón, chico. ¡No es nada!

—Dímelo.

—¡No! —chillaron las tres.

—¡La última vez que lo dijimos fue terrible! —dijo Tempestad.

—¡El ojo arrojado a un lago! —asintió Ira.

—¡Años para recuperarlo! —gimió Avispa—. Y hablando de eso, ¡devuélvemelo!

—¡No! —aulló Ira.

—¡El ojo! —se desgañitó Avispa—. ¡Dámelo!

Le dio un mamporro a Ira en la coronilla. Se oyó un ruido repulsivo —¡plop!— y algo le saltó de la cara. Ira lo buscó a tientas, intentó atraparlo, pero lo único que logró fue golpearlo con el dorso de la mano. El viscoso globo verde salió volando por encima de su hombro y fue a caer directamente en mi regazo.

Yo di un salto tan brutal que me golpeé la cabeza con el techo y el globo ocular cayó rodando.

—¡No veo nada! —berrearon las tres hermanas.

—¡Dame el ojo! —aulló Avispa.

—¡Dale el ojo! —gritó Annabeth.

—¡Yo no lo tengo! —dije.

—Ahí, lo tienes al lado del pie —dijo Annabeth—. ¡No lo pises! ¡Recógelo!

—¡No pienso recogerlo!

El taxi golpeó la barandilla y continuó derrapando, pegado a aquella barra de metal, con un espantoso chirrido de afilar cuchillos. El coche temblaba y soltaba una columna de humo gris, como a punto de disolverse por pura fricción.

—¡Me voy a marear! —avisó Tyson.

—Annabeth —grité—, ¡déjale tu mochila a Tyson!

—¿Estás loco? ¡Recoge el ojo!

Avispa dio un golpe brusco al volante y el taxi se separó de la barandilla. Nos lanzamos hacia Brooklyn a una velocidad muy superior a la de cualquier taxi humano. Las Hermanas Grises chillaban, se daban mamporros unas a otras y reclamaban a gritos el ojo.

Al final, me armé de valor. Rasgué un trozo de mi camiseta de colores, que ya estaba hecha jirones de tan chamuscada, y recogí el globo ocular.

—¡Buen chico! —gritó Ira, como si supiera de algún modo que su preciado ojo se hallaba en mi poder—. ¡Devuélvemelo!

—No lo haré hasta que me digas a qué te referías. ¿Qué era eso de la posición que estoy buscando?

—¡No hay tiempo! —chilló Tempestad—. ¡Acelerando!

Miré por la ventanilla. No había duda: árboles, coches y barrios enteros pasaban zumbando por nuestro lado, convertidos en un borrón gris. Ya habíamos salido de Brooklyn y estábamos atravesando Long Island.

—Percy —me advirtió Annabeth—, sin el ojo no podrán encontrar nuestro destino. Seguiremos acelerando hasta estallar en mil pedazos.

—Primero han de decírmelo —contesté—. O abriré la ventanilla y tiraré el ojo entre las ruedas de los coches.

—¡No! —berrearon las Hermanas Grises—. ¡Demasiado peligroso!

—Estoy bajando la ventanilla.

—¡Espera! —gritaron las hermanas—. ¡Treinta, treinta y uno, setenta y cinco, doce!

—¿Y eso qué es? ¡No tiene ningún sentido!

—¡Treinta, treinta y uno, setenta y cinco, doce! —aulló Ira—. No podemos decirte más. ¡Y ahora devuélvenos el ojo! ¡Ya casi llegamos al campamento!

Habíamos salido de la autopista y cruzábamos zumbando los campos del norte de Long Island. Ya veía al fondo la colina Mestiza, con su pino gigantesco en la cima: el árbol de Thalia, que contenía la energía vital de una semidiosa heroica.

—¡Percy! —dijo Annabeth con tono apremiante—. ¡Dales el ojo ahora mismo!

Decidí no discutir. Solté el ojo en el regazo de Avispa.

La vieja dama lo agarró rápidamente, se lo colocó en la órbita como quien se pone una lentilla y parpadeó.

—¡Uau!

Frenó a fondo. El taxi derrapó cuatro o cinco veces entre una nube de polvo y se detuvo chirriando en mitad del camino de tierra que había al pie de la colina Mestiza.

Tyson soltó un eructo monumental.

—Ahora mucho mejor.

—Está bien —les dije a las Hermanas Grises—. Decidme qué significan esos números.

—¡No hay tiempo! —Annabeth abrió la puerta—. Tenemos que bajar ahora mismo.

Iba a preguntar por qué, cuando levanté la vista hacia la colina Mestiza y lo comprendí.

En la cima había un grupo de campistas. Y los estaban atacando.

4

Tyson juega con fuego

En cuestión de mitología, hay una cosa que odio aún más que los tríos de viejas damas: los toros. El verano anterior había combatido con el Minotauro en la cima de la colina Mestiza. Pero lo que vi allá arriba esta vez era peor; había dos toros, y no toros cualesquiera, sino de bronce y del tamaño de elefantes. Y por si fuera poco, echaban fuego por la boca.

En cuanto nos apeamos, las Hermanas Grises salieron a escape en dirección a Nueva York, donde la vida debía de ser más tranquila. Ni siquiera aguardaron a recibir los tres dracmas de propina. Se limitaron a dejarnos a un lado del camino. Allí estábamos: Annabeth, con su mochila y su cuchillo por todo equipaje, y Tyson y yo, todavía con la ropa de gimnasia chamuscada.

—Oh, dioses —dijo Annabeth observando la batalla, que proseguía con furia en la colina.

Lo que más me inquietaba no eran los toros en sí mismos, ni los diez héroes con armadura completa tratando de salvar sus traseros chapados en bronce. Lo que me preocupaba era que los toros corrían por toda la colina, incluso por el otro lado del pino. Aquello no era posible. Los límites mágicos del campamento impedían que los monstruos pasasen más allá del árbol de Thalia. Sin embargo, los toros metálicos lo hacían sin problemas.

Uno de los héroes gritó:

—¡Patrulla de frontera, a mí! —Era la voz de una chica: una voz bronca que me resultó conocida.

«¿Patrulla de frontera?», pensé. En el campamento no había ninguna patrulla de frontera.

—Es Clarisse —dijo Annabeth—. Venga, tenemos que ayudarla.

Normalmente, correr en socorro de Clarisse no habría ocupado un lugar muy destacado en mi lista de prioridades; era una de las peores abusonas de todo el campamento. Cuando nos conocimos trató de introducir mi cabeza en un váter. Además, era hija de Ares, y yo había tenido un grave encontronazo con su padre el verano anterior, de manera que ahora el dios de la guerra y todos sus hijos me odiaban.

Aun así, estaba metida en un aprieto. Los guerreros que iban con ella se habían dispersado y corrían aterrorizados ante la embestida de los toros, y varias franjas de hierba alrededor del pino habían empezado a arder. Uno de los héroes gritaba y agitaba los brazos mientras corría en círculo con el penacho de su casco en llamas, como un fogoso mohawk. La armadura de la propia Clarisse estaba muy chamuscada, y luchaba con el mango roto de una lanza: el otro extremo había quedado incrustado inútilmente en la articulación del hombro de un toro metálico.

Destapé mi bolígrafo y con un temblor empezó a crecer, a hacerse más pesado, y en un abrir y cerrar de ojos tuve la espada de bronce *Anaklusmos* en mis manos.

—Tyson, quédate aquí. No quiero que corras más riesgos.

—¡No! —dijo Annabeth—. Lo necesitamos.

Yo la miré.

—Es un mortal. Tuvo suerte con las bolas de fuego, pero lo que no puede...

—Percy, ¿sabes quiénes son ésos de ahí arriba? Son los toros de Cólquide, obra del mismísimo Hefesto; no podemos combatir con ellos sin el Filtro Solar FPS Cincuenta Mil de Medea, o acabaremos carbonizados.

—¿Qué cosa... de Medea?

Annabeth hurgó en su mochila y soltó una maldición.

—Tenía un frasco de esencia de coco tropical en la mesilla de noche de mi casa. Tenía que haberlo traído, jolines.

44

Hacía tiempo que había aprendido a no hacerle demasiadas preguntas, pues sólo lograba quedar todavía más desconcertado.

—Mira, no sé de que estás hablando, pero no voy a permitir que Tyson acabe frito.

—Percy...

—Tyson, mantente alejado. —Alcé mi espada—. Vamos allá.

Él intentó protestar, pero yo ya estaba corriendo colina arriba, hacia Clarisse, que ordenaba a gritos a su patrulla que se colocara en formación de falange; era una buena idea. Los pocos que la escuchaban se alinearon hombro con hombro y juntaron sus escudos. Formaron un cerco de bronce erizado de lanzas que asomaban por encima como pinchos de puercoespín.

Por desgracia, Clarisse sólo había conseguido reunir a seis campistas; los otros cuatro seguían corriendo con el casco en llamas. Annabeth se apresuró a ayudarlos. Retó a uno de los toros para que la embistiera y luego se volvió invisible, lo cual dejó al monstruo completamente confundido. El otro corría a embestir el cerco defensivo de Clarisse.

Yo estaba aún a mitad de la cuesta, no lo bastante cerca como para echar una mano. Clarisse ni siquiera me había visto.

El toro corría a una velocidad mortífera pese a su enorme tamaño; su pellejo de metal resplandecía al sol. Tenía rubíes del tamaño de un puño en lugar de ojos y cuernos de plata bruñida, y cuando abría las bisagras de su boca exhalaba una abrasadora columna de llamas.

—¡Mantened la formación! —ordenó Clarisse a sus guerreros.

De Clarisse podían decirse muchas otras cosas, pero no que no fuera valiente. Era una chica más bien grandullona, con los ojos crueles de su padre, y parecía haber nacido para llevar la armadura griega de combate. Aun así, yo no veía cómo se las iba a arreglar para resistir la embestida de aquel toro.

Por si fuera poco, el otro toro se cansó de buscar a Annabeth y, girando sobre sí, se situó a espaldas de Clarisse, dispuesto a embestirla por la retaguardia.

—¡Detrás de ti! —chillé—. ¡Cuidado!

No debería haber dicho nada, porque lo único que conseguí fue sobresaltarla. El toro n.º 1 se estrelló contra su escudo y la falange se rompió; Clarisse salió despedida hacia atrás y aterrizó en una franja de terreno quemada y todavía llena de brasas. Después de tumbarla, el toro bombardeó a los demás héroes con su aliento ardiente y fundió sus escudos, dejándolos sin protección. Ellos arrojaron sus armas y echaron a correr, mientras el toro n.º 2 se dirigía hacia Clarisse para liquidarla.

Me lancé de un salto y la sujeté por las correas de su armadura. Conseguí arrastrarla y sacarla de en medio, justo cuando el n.º 2 pasaba como un tren de carga. Le di un mandoble con *Contracorriente* y le hice un gran corte en el flanco, pero el monstruo se limitó a chirriar y crujir, y no se detuvo.

No me había tocado, aunque percibí el calor de su pellejo metálico; con aquella temperatura corporal habría derretido un helado más deprisa que un microondas.

—¡Suéltame! —Clarisse me aporreaba la mano—. ¡Maldito seas, Percy!

La dejé en un montículo junto al pino y me volví para hacer frente a los toros. Ahora estábamos en la parte interior de la colina y desde allí se dominaba el valle del Campamento Mestizo: las cabañas, los campos de entrenamiento, la Casa Grande; todo aquello corría peligro si nos vencían los toros.

Annabeth ordenó a los demás héroes que se dispersaran y mantuvieran distraídos a aquellos monstruos.

El n.º 1 describió un amplio círculo para venir hacia mí. Mientras cruzaba la cima de la colina, donde los límites mágicos deberían haberlo detenido, redujo un poco la velocidad, como si estuviera luchando con un fuerte viento; pero enseguida lo atravesó y continuó acercándose al galope. El toro n.º 2 se volvió también para embestirme; chisporroteaba y arrojaba fuego por el corte que le había hecho en el flanco. Yo no sabía si podía sentir dolor, pero sus ojos de rubí parecían mirarme furiosos, como si se tratara ya de una cuestión personal.

No podía combatir con los dos toros al mismo tiempo, tenía que tumbar primero al n.º 2 y cortarle la cabeza antes de que el n.º 1 me embistiera otra vez. Sentía los brazos cansados y me di cuenta de que hacía mucho que no me ejercitaba en el manejo de *Contracorriente* y había perdido mucha práctica.

Me disponía a atacar cuando el toro n.º 2 me lanzó una llamarada; rodé hacia un lado mientras el aire se convertía en una oleada de puro calor y me arrebataba el oxígeno de los pulmones. Tropecé con algo —tal vez una raíz— y sentí dolor en el tobillo; aun así, me las arreglé para lanzar un mandoble con la espada y le corté un trozo del hocico. El monstruo se alejó al galope, enloquecido y ofuscado, pero antes de que pudiese regodearme demasiado, noté que me costaba incorporarme. Lo intenté otra vez y me falló la pierna izquierda; tenía un esguince en el tobillo, o quizá estuviera roto.

El toro n.º 1 arremetió directamente hacia mí, y no había modo de apartarse de su camino, ni siquiera a rastras.

—¡Tyson, ayúdalo! —gritó Annabeth.

No muy lejos, cerca ya de la cima, Tyson gimió:

—¡No puedo… pasar!

—¡Yo, Annabeth Chase, te autorizo a entrar en el Campamento Mestizo!

Un trueno pareció sacudir la colina y, de repente, apareció Tyson como propulsado por un cañón.

—¡Percy necesita ayuda! —gritó.

Se interpuso entre el toro y yo justo cuando el monstruo desataba una lluvia de fuego de proporciones nucleares.

—¡Tyson! —chillé.

La explosión se arremolinó a su alrededor como un tornado rojo. Sólo se veía la silueta oscura de su cuerpo, y tuve la horrible certeza de que mi amigo acababa de convertirse en un montón de ceniza.

Pero cuando las llamas se extinguieron, Tyson seguía en pie, completamente ileso; ni siquiera sus ropas andrajosas se habían chamuscado. El toro debía de estar tan sorprendido como yo, porque antes de que pudiese soltar una segunda ráfaga, Tyson cerró los puños y empezó a darle mamporros en el hocico.

—¡¡Vaca mala!!

Sus puños abrieron un cráter en el morro de bronce y dos pequeñas columnas de fuego empezaron a salirle por las orejas. Tyson lo golpeó otra vez y el bronce se arrugó bajo su puño como si fuese chapa de aluminio. Ahora la cabeza del toro parecía una marioneta vuelta del revés como un guante.

—¡Abajo! —gritaba Tyson.

El toro se tambaleó y se derrumbó por fin sobre el lomo; sus patas se agitaron en el aire débilmente y su cabeza abollada empezó a humear.

Annabeth se me acercó corriendo para ver cómo estaba.

Yo notaba el tobillo como lleno de ácido, pero ella me dio de beber un poco de néctar olímpico de su cantimplora y enseguida volví a sentirme mejor. En el aire se esparcía un olor a chamusquina que procedía de mí mismo, según descubrí luego: se me había quemado el vello de los brazos.

—¿Y el otro toro? —pregunté.

Ella señaló hacia el pie de la colina. Clarisse se había ocupado de la Vaca Mala n.º 2. Le había atravesado la pata trasera con una lanza de bronce celestial. Ahora, con el hocico medio destrozado y un corte enorme en el flanco, intentaba moverse a cámara lenta y caminaba en círculo como un caballito de carrusel.

Clarisse se quitó el casco y vino a nuestro encuentro. Un mechón de su grasiento pelo castaño humeaba todavía, pero ella no parecía darse cuenta.

—¡Lo has estropeado todo! —me gritó—. ¡Lo tenía perfectamente controlado!

Me quedé demasiado estupefacto para poder responder. Annabeth le soltó entre dientes:

—Yo también me alegro de verte, Clarisse.

—¡Arggg! —gruñó ella—. ¡No vuelvas a intentar salvarme nunca más!

—Clarisse —dijo Annabeth—, tienes varios heridos.

Eso pareció devolverla a la realidad; incluso ella se preocupaba por los soldados bajo su mando.

—Vuelvo enseguida —masculló, y echó a caminar penosamente para evaluar los daños.

Miré a Tyson.

—No estás muerto.

Tyson bajó la mirada, como avergonzado.

—Lo siento. Quería ayudar. Te he desobedecido.

—Es culpa mía —dijo Annabeth—. No tenía alternativa, debía dejar que Tyson cruzara la línea para salvarte, si no, habrías acabado muerto.

—¿Dejarle cruzar la línea? —pregunté—. Pero...

—Percy —dijo ella—, ¿has observado a Tyson de cerca? Quiero decir, su cara; olvídate de la niebla y míralo de verdad.

La niebla hace que los humanos vean solamente lo que su cerebro es capaz de procesar, y yo sabía que también podía confundir a los semidioses, pero aun así...

Miré a Tyson a la cara; no era fácil. Siempre me había costado mirarlo directamente, aunque nunca había entendido muy bien por qué. Creía que era porque siempre tenía mantequilla de cacahuete entre sus dientes retorcidos. Me obligué a concentrarme en su enorme narizota bulbosa y luego, un poco más arriba, en sus ojos.

No, no en sus ojos.

En su ojo. Un enorme ojo marrón en mitad de la frente, con espesas pestañas y grandes lagrimones deslizándose por ambas mejillas.

—Ty... son —tartamudeé—. Eres un...

—Un cíclope —confirmó Annabeth—. Casi un bebé, por su aspecto. Probablemente por esa razón no podía traspasar la línea mágica con tanta facilidad como los toros. Tyson es uno de los huérfanos sin techo.

—¿De los qué?

—Están en casi todas las grandes ciudades —dijo Annabeth con repugnancia—. Son... errores, Percy. Hijos de los espíritus de la naturaleza y de los dioses; bueno, de un dios en particular, la mayor parte de las veces... Y no siempre salen bien. Nadie los quiere y acaban abandonados; enloquecen poco a poco en las calles. No sé cómo te habrás encontrado con éste, pero es evidente que le caes bien. Debemos llevarlo ante Quirón para que él decida qué hacer.

—Pero el fuego... ¿Cómo...?

—Es un cíclope. —Annabeth hizo una pausa, como si estuviese recordando algo desagradable—. Y los cíclopes trabajan en las fraguas de los dioses; son inmunes al fuego. Eso es lo que intentaba explicarte.

Yo estaba completamente estupefacto. ¿Cómo era posible que no me hubiera dado cuenta?

Pero no tuve mucho tiempo para pensar en ello. La ladera de la colina seguía ardiendo y los heridos requerían atención. Y aún había dos toros de bronce escacharrados de los que había que deshacerse y que, mucho me temía, no cabrían en nuestros contenedores de reciclaje.

Clarisse regresó y se limpió el hollín de la frente.

—Jackson, si puedes sostenerte, ponte de pie. Tenemos que llevar los heridos a la Casa Grande e informar a Tántalo de lo ocurrido.

—¿Tántalo?

—El director de actividades —aclaró Clarisse con impaciencia.

—El director de actividades es Quirón. Además, ¿dónde está Argos? Él es el jefe de seguridad. Debería estar aquí.

Clarisse puso cara avinagrada.

—Argos fue despedido. Habéis estado demasiado tiempo fuera, vosotros dos. Las cosas han cambiado.

—Pero Quirón... Él lleva más de tres mil años enseñando a los chicos a combatir con monstruos; no puede haberse ido así, sin más. ¿Qué ha pasado?

—Pues... que ha pasado —me espetó, señalando el árbol de Thalia.

Todos los campistas conocían la historia de aquel árbol. Tres años atrás, Grover, Annabeth y otros dos semidioses llamados Thalia y Luke habían llegado al Campamento Mestizo perseguidos por un auténtico ejército de monstruos. Cuando los acorralaron finalmente en la cima de la colina, Thalia, una hija de Zeus, había decidido hacerles frente allí mismo para dar tiempo a que sus amigos se pusieran a salvo. Su padre, Zeus, al ver que iba a morir, se apiadó de ella y la convirtió en un pino. Su espíritu había reforzado los límites mágicos del campamento, protegiéndolo contra los monstruos, y el pino había permanecido allí desde entonces, lleno de salud y vigor.

Pero ahora sus agujas se habían vuelto amarillas; había un enorme montón esparcido en torno a la base del árbol. En el centro del tronco, a un metro de altura, se veía una marca del tamaño de un orificio de bala de donde rezumaba savia verde.

Fue como si un puñal de hielo me atravesara el pecho. Ahora comprendía por qué se hallaba en peligro el campamento: las fronteras mágicas habían empezado a fallar porque el árbol de Thalia se estaba muriendo.

Alguien lo había envenenado.

5

Me asignan un nuevo compañero de cabaña

¿Alguna vez has llegado a casa y te has encontrado tu habitación hecha un lío? ¿Acaso algún alma caritativa (hola, mamá) ha intentado «limpiarla» y, de repente, ya no logras encontrar nada? E incluso si no falta nada, ¿no has tenido la inquietante sensación de que alguien había estado husmeando entre tus pertenencias y sacándole el polvo a todo con cera abrillantadora al limón?

Así es como me sentí al ver el Campamento Mestizo de nuevo.

A primera vista, las cosas no parecían tan diferentes. La Casa Grande seguía en su sitio, con su tejado azul a dos aguas y su galería cubierta alrededor; los campos de fresas seguían tostándose al sol. Los mismos edificios griegos con sus blancas columnas continuaban diseminados por el valle: el anfiteatro, el ruedo de arena y el pabellón del comedor, desde donde se dominaba el estuario de Long Island Sound. Y acurrucadas entre los bosques y el arroyo, las cabañas de siempre: un estrafalario conjunto de doce edificios, cada unos de los cuales representaba a un dios del Olimpo.

Pero ahora el peligro estaba en el aire y podías percibir que algo iba mal; en vez de jugar al voleibol en la arena, los consejeros y los sátiros estaban almacenando armas en el cobertizo de las herramientas. En el lindero del bosque había ninfas armadas con arcos y flechas charlando inquietas, y el bosque mismo tenía un aspecto enfermizo, la hierba del prado se había vuelto de un pálido amarillo y las marcas de fuego en la ladera de la colina resaltaban como feas cicatrices.

Alguien había desbaratado mi lugar preferido de este mundo, y no me sentía... bueno, ni medianamente contento.

Mientras nos encaminábamos a la Casa Grande, reconocí a un montón de chavales del verano pasado, pero nadie se detuvo a charlar. Nadie me dio la bienvenida. Algunos reaccionaron al ver a Tyson, pero la mayoría pasó de largo con aire sombrío y continuó con sus tareas, como llevar mensajes o acarrear espadas para que las afilasen en las piedras de amolar. El campamento parecía una escuela militar, y sé de lo que hablo, créeme, a mí me habían expulsado de un par.

Nada de todo eso le importaba a Tyson, pues estaba absolutamente fascinado por lo que veía.

—¿Qués-eso? —preguntó asombrado.

—Los establos de los pegasos —le dije—. Los caballos voladores.

—¿Qués-eso?

—Ah... los baños.

—¿Qués-eso?

—Las cabañas de los campistas; si no saben quién es tu progenitor olímpico, te asignan la cabaña de Hermes (esa marrón de allí), hasta que determinan tu procedencia. Una vez que lo saben, te ponen en el grupo de tu padre o tu madre.

Me miró maravillado.

—¿Tú... tienes cabaña?

—La número tres. —Señalé un edificio bajo de color verde, construido con piedras marinas.

—¿Tienes amigos en la cabaña?

—No. Sólo yo. —En realidad no me apetecía explicárselo, contarle la verdad embarazosa: yo era el único que ocupaba aquella cabaña porque se suponía que no debía estar vivo. Los Tres Grandes (Zeus, Poseidón y Hades) habían hecho un pacto después de la Segunda Guerra Mundial para no tener más hijos con los mortales. Nosotros los más poderosos que los mestizos corrientes. Éramos demasiado impredecibles. Cuando nos enfurecíamos teníamos tendencia a crear problemas... como la Segunda Guerra Mundial, por ejemplo. El pacto de los Tres Grandes se había roto sólo dos veces: una, cuando Zeus engendró a Thalia; otra, cuando Poseidón me engendró a mí. Ninguno de los dos tendríamos que haber nacido.

Thalia había acabado convirtiéndose en un pino a los doce años. Yo... bueno, estaba haciendo todo lo posible para no seguir su ejemplo; tenía pesadillas sobre aquello en lo que podría convertirme Poseidón si alguna vez me encontraba al borde de la muerte. Quizá en plancton, o en un alga flotante.

Cuando llegamos a la Casa Grande, encontramos a Quirón en su apartamento, escuchando su música favorita de los años sesenta mientras preparaba el equipaje en sus alforjas. Supongo que debería mencionarlo: Quirón es un centauro. De cintura para arriba parece un tipo normal de mediana edad, con un pelo castaño rizado y una barba desaliñada; de cintura para abajo es un caballo blanco. Para pasar por humano, comprime la mitad inferior de su cuerpo en una silla de ruedas mágica. De hecho, se hizo pasar por mi profesor de Latín cuando yo cursaba sexto, pero la mayor parte del tiempo —siempre que el techo sea lo bastante alto— prefiere pasearse con su apariencia de centauro.

Nada más verlo, Tyson se detuvo en seco.

—¡Poni! —exclamó en una especie de arrebato.

Quirón se volvió con aire ofendido.

—¿Cómo dices?

Annabeth corrió a abrazarlo.

—Quirón, ¿qué está pasando? No irás a marcharte, ¿verdad? —le dijo con voz temblorosa. Quirón era como un segundo padre para ella.

Él le alborotó el pelo y la miró con una sonrisa bondadosa.

—Hola, niña. Y Percy, cielos. Has crecido mucho este año.

Tragué saliva.

—Clarisse ha dicho que tú... que te han...

—¡Despedido! —Había una chispa de humor negro en su mirada—. Bueno, alguien debía cargar con la culpa porque el señor Zeus estaba sumamente disgustado. ¡El árbol que creó con el espíritu de su hija ha sido envenenado! El señor D tenía que castigar a alguien.

—A alguien que no fuera él —refunfuñé. Sólo pensar en el director, el señor D, ya me enfurecía.

—¡Pero es una locura! —exclamó Annabeth—. ¡Tú no puedes haber tenido nada que ver con el envenenamiento del árbol de Thalia!

—Sin embargo —repuso Quirón suspirando—, algunos en el Olimpo ya no confían en mí, dadas las circunstancias.

—¿Qué circunstancias? —pregunté.

Su rostro se ensombreció. Metió en las alforjas un diccionario de Latín-Inglés, mientras la voz de Frank Sinatra seguía sonando en su equipo de música.

Tyson seguía contemplándolo, totalmente flipado. Gimoteó como si quisiera acariciarle el lomo pero tuviera miedo de acercarse.

—¿Poni?

Quirón lo miró con desdén.

—Mi estimado cíclope, soy un cen-tau-ro.

—Quirón —le dije—, ¿qué ha pasado con el árbol?

El meneó la cabeza tristemente.

—El veneno utilizado contra el pino de Thalia ha salido del inframundo, Percy. Una sustancia que ni siquiera yo había visto nunca; tiene que proceder de algún monstruo de las profundidades del Tártaro.

—Entonces, ya sabemos quién es el responsable. Cro...

—No invoques el nombre del señor de los titanes, Percy. Especialmente aquí y ahora.

—¡Pero el verano pasado intentó provocar una guerra civil en el Olimpo! Esto tiene que ser idea suya; habrá utilizado al traidor de Luke para hacerlo.

—Quizá —dijo Quirón—. Pero temo que me consideran responsable a mí porque no lo impedí ni puedo curar al árbol. Sólo le quedan unas semanas de vida. A menos...

—¿A menos que qué? —preguntó Annabeth.

—Nada —dijo Quirón—. Una idea estúpida. El valle entero sufre la acción del veneno; las fronteras mágicas se están deteriorando y el campamento mismo agoniza. Sólo hay una fuente mágica con fuerza suficiente para revertir los efectos de ese veneno. Pero se perdió hace siglos.

—¿Qué es? —pregunté—. ¡Iremos a buscarla!

Quirón cerró las alforjas y pulsó el *stop* de su equipo de música. Luego se volvió, puso una mano en mi hombro y me miró a los ojos.

—Percy, tienes que prometerme que no actuarás de manera irreflexiva. Ya le dije a tu madre que no quería que vinieras este verano, es demasiado peligroso. Pero ya que has venido, quédate, entrénate a fondo y aprende a pelear. Y no salgas de aquí.

—¿Por qué? ¡Quiero hacer algo! No puedo dejar que las fronteras acaben fallando. Todo el campamento será...

—Arrasado por los monstruos —terminó Quirón—. Sí, eso me temo. ¡Pero no debes dejarte llevar por una decisión precipitada! Podría ser una trampa del señor de los titanes. ¡Acuérdate del verano pasado! Por poco acaba con tu vida.

Era cierto, pero aun así me moría por ayudar de alguna manera, y quería hacerle pagar a Cronos su comportamiento. Desde luego, uno tendería a creer que el señor de los titanes ya habría aprendido la lección eones atrás, cuando fue derrocado por los dioses. El hecho de que lo hubiesen despedazado en un millón de trozos y arrojado a las profundidades más oscuras del inframundo tendría que haberle indicado sutilmente que nadie quería ni verle. Pues no. Como era inmortal, seguía vivo allá abajo, en el Tártaro, sufriendo dolores eternos y deseando regresar para vengarse del Olimpo. No podía actuar por sí mismo, pero era un auténtico maestro en el arte de manipular la mente de los mortales e incluso de los dioses para que le hiciesen el trabajo sucio.

El envenenamiento tenía que ser cosa suya. ¿Quién, si no, podría ser tan vil como para atacar el árbol de Thalia, lo único que quedaba de una semidiosa que había entregado su vida heroicamente para salvar a sus amigos?

Annabeth hacía esfuerzos para no llorar. Quirón le secó una lágrima de la mejilla.

—Permanece junto a Percy, niña —le dijo—. Y mantenlo a salvo. La profecía... ¡acuérdate!

—S-sí, lo haré.

—Hummm... —murmuré—. ¿Te refieres por casualidad a esa profecía superpeligrosa en la que yo aparezco, pero que los dioses os han prohibido que me contéis?

Nadie respondió.

—Está bien —dije entre dientes—. Sólo era para asegurarme.

—Quirón... —dijo Annabeth—. Tú me contaste que los dioses te habían hecho inmortal sólo mientras fueses necesario para entrenar a los héroes; si te echan del campamento...

—Jura que harás todo lo que puedas para mantener a Percy fuera de peligro —insistió él—. Júralo por el río Estigio.

—Lo juro... por el río Estigio —dijo Annabeth.

Un trueno retumbó.

—Muy bien —dijo Quirón, al parecer más aliviado—. Quizá recobre mi buen nombre y pueda volver. Hasta entonces, iré a visitar a mis parientes salvajes en los Everglades. Tal vez ellos conozcan algún antídoto contra el veneno que a mí se me ha olvidado. En todo caso, permaneceré en el exilio hasta que este asunto quede resuelto... de un modo u otro.

Annabeth ahogó un sollozo. Quirón le dio unas palmaditas en el hombro con cierta torpeza.

—Bueno, bueno, niña, tengo que dejarte en manos del señor D y del nuevo director de actividades. Esperemos... bueno, tal vez no destruyan el campamento tan deprisa como me temo.

—¿Quién es ese Tántalo, por cierto? —pregunté—. ¿Y cómo se atreve a quitarte tu puesto?

Una caracola resonó en todo el valle. No me había dado cuenta de lo tarde que se había hecho. Era la hora de reunirse con todos los campistas para cenar.

—Id ya —dijo Quirón—. Lo conoceréis en el pabellón. Me pondré en contacto con tu madre, Percy, y le contaré que estás a salvo; a estas alturas debe de estar preocupada. ¡Recuerda mi advertencia! Corres un grave peligro. ¡No creas ni por un instante que el señor de los titanes se ha olvidado de ti!

Y dicho esto, salió del apartamento y cruzó el vestíbulo con un redoble de cascos, mientras Tyson le gritaba:

—¡Poni, no te vayas!

Me di cuenta entonces de que había olvidado contarle mi sueño sobre Grover. Ya era demasiado tarde; el mejor profesor que había tenido nunca se había ido tal vez para siempre.

Tyson empezó a llorar casi tan escandalosamente como Annabeth.

Intenté convencerlos de que todo iría bien, pero no me lo creía ni yo.

El sol se estaba poniendo tras el pabellón del comedor cuando los campistas salieron de sus cabañas y se encaminaron hacia allí. Nosotros los miramos desfilar mientras permanecíamos apoyados contra una columna de mármol. Annabeth se hallaba aún muy afectada, pero prometió que más tarde vendría a hablar con nosotros y fue a reunirse con sus hermanos de la cabaña de Atenea: una docena de chicos y chicas de pelo rubio y ojos verdes como ella. Annabeth no era la mayor, pero llevaba en el campamento más veranos que nadie; eso podías deducirlo mirando su collar: una cuenta por cada verano, y ella tenía seis. Así pues, nadie discutía su derecho a ser la primera de la fila.

Luego pasó Clarisse, encabezando el grupo de la cabaña de Ares. Llevaba un brazo en cabestrillo y se le veía un corte muy feo en la mejilla, pero aparte de eso su enfrentamiento con los toros de bronce no parecía haberla intimidado. Alguien le había pegado en la espalda un trozo de papel que ponía: «¡Muuuu!» Pero ninguno de sus compañeros se había molestado en decírselo.

Después del grupo de Ares venían los de la cabaña de Hefesto: seis chavales encabezados por Charles Beckendorf, un enorme afroamericano de quince años que tenía las manos del tamaño de un guante de béisbol y un rostro endurecido, de ojos entornados, sin duda porque se pasaba el día mirando la forja del herrero. Era bastante buen tipo cuando llegabas a conocerlo, pero nadie se había atrevido nunca a llamarle Charlie, Chuck o Charles; la mayoría lo llamaba Beckendorf a secas. Según se decía, era capaz de forjar prácticamente cualquier cosa; le dabas un trozo de metal y él te hacía una afiladísima espada o un robot-guerrero, o un bebedero para pájaros musical para el jardín de tu madre; cualquier cosa que se te ocurriera.

Siguieron desfilando las demás cabañas: Deméter, Apolo, Afrodita, Dioniso. Llegaron también las náyades del lago de las canoas; las ninfas del bosque, que iban surgiendo de los árboles; y una docena de sátiros que venían del prado y que me recordaron dolorosamente a Grover.

Siempre he sentido debilidad por los sátiros. Cuando estaban en el campamento tenían que realizar toda clase de tareas para el director, el señor D, pero su trabajo más importante lo hacían fuera, en el mundo real. Eran buscadores; se colaban disimuladamente en los colegios de todo el mundo, en busca de posibles mestizos, y los traían al campamento. Así fue como conocí a Grover; él había sido el primero en reconocer que yo era un semidiós.

Después de los sátiros, cerraba la marcha la cabaña de Hermes, siempre la más numerosa. El verano pasado su líder era Luke, el tipo que había luchado con Thalia y Annabeth en la cima de la colina Mestiza. Yo me había alojado en la cabaña de Hermes durante un tiempo, hasta que Poseidón me reconoció; y Luke se había hecho amigo mío... pero después trató de matarme.

Ahora, los líderes de la cabaña de Hermes eran Travis y Connor Stoll. No eran gemelos, pero se parecían como si lo fueran. Nunca recordaba cuál era el mayor. Ambos eran altos y flacos, y ambos lucían una mata de pelo castaño que casi les cubría los ojos; la camiseta naranja del Campamento Mestizo la llevaban por fuera de un *short* muy holgado, y sus rasgos de elfo eran los típicos de todos los hijos de Hermes: cejas arqueadas, sonrisa sarcástica y un destello muy particular en los ojos, cuando te miraban, como si estuviesen a punto de deslizarte un petardo por la camisa. Siempre me había parecido divertido que el dios de los ladrones hubiera tenido hijos con el apellido Stoll (se pronuncia igual que *stole*, pretérito del verbo *steal*, «robar»), pero la única vez que se me ocurrió decírselo a Travis y Connor me miraron de un modo inexpresivo, sin captar el chiste.

Cuando hubo desfilado todo el mundo, entré con Tyson en el pabellón y lo guié entre las mesas. Las conversaciones se apagaron al instante y todas las cabezas se volvían a nuestro paso.

—¿Quién ha invitado a... eso? —murmuró alguien en la mesa de Apolo.

Lancé una mirada fulminante en aquella dirección, pero no pude adivinar quién había sido.

Desde la mesa principal una voz familiar dijo arrastrando las palabras:

—Vaya, vaya, pero si es Peter Johnson... lo único que me quedaba por ver en este milenio.

Apreté los dientes.

—Mi nombre es Percy Jackson... señor.

El señor D bebió un sorbo de su Coca-Cola Diet.

—Sí, bueno... Lo que sea, como decís ahora los jóvenes.

Llevaba la camisa hawaiana atigrada de siempre, un *short* de paseo y unas zapatillas de tenis con calcetines negros. Con su panza rechoncha y su cara enrojecida, parecía el típico turista de Las Vegas que ha ido de casino en casino hasta altas horas de la noche. Detrás de él, un sátiro de mirada nerviosa se afanaba en pelar unas uvas y se las ofrecía de una en una.

El verdadero nombre del señor D es Dioniso. El dios del vino. Zeus lo había nombrado director del Campamento Mestizo para que dejase el alcohol y se desintoxicase durante cien años: un castigo por perseguir a cierta ninfa prohibida del bosque.

Junto a él, en el sitio donde Quirón solía sentarse (o permanecer de pie, cuando adoptaba su forma de centauro), había alguien que no había visto antes: un hombre pálido y espantosamente delgado con un raído mono naranja de presidiario. El número que figuraba sobre su bolsillo era 0001. Bajo los ojos tenía sombras azuladas, las uñas muy sucias y el pelo gris cortado de cualquier manera, como si se lo hubieran arreglado con una máquina de podar. Me miró fijamente; sus ojos me ponían nervioso. Parecía hecho polvo; enfadado, frustrado, hambriento: todo al mismo tiempo.

—A este chaval —le dijo Dioniso— has de vigilarlo. Es el hijo de Poseidón, ya sabes.

—¡Ah! —dijo el presidiario—. Ése.

Era obvio por su tono que ya habían hablado de mí largo y tendido.

—Yo soy Tántalo —dijo el presidiario con una fría sonrisa—. En misión especial hasta... bueno, hasta que el señor Dioniso decida otra cosa. En cuanto a ti, Perseus Jackson, espero que te abstengas de provocar más problemas.

—¿Problemas? —pregunté.

Dioniso chasqueó los dedos y apareció sobre la mesa un periódico, el *New York Post* de aquel día. En la portada salía una foto mía, tomada del anuario de la Escuela Meriwether. Me costaba descifrar el titular, pero adiviné bastante bien lo que decía. Algo así como: «Un maníaco de trece años incendia un gimnasio.»

—Sí, problemas —dijo Tántalo con aire satisfecho—. Causaste un montón el verano pasado, según tengo entendido.

Me sentí demasiado furioso para responder. ¿Era culpa mía que los dioses hubieran estado a punto de enzarzarse en una guerra civil?

Un sátiro se aproximó nervioso a Tántalo y le puso delante un plato de asado. El nuevo director de actividades se relamió los labios, miró su copa vacía y dijo:

—Gaseosa. Una Barq's especial del sesenta y siete.

La copa se llenó sola de una gaseosa espumeante. Tántalo alargó vacilante la mano, como si temiera que la copa pudiese quemarlo.

—Vamos, adelante, viejo amigo —le dijo Dioniso con un extraño brillo en los ojos—. Tal vez ahora funcione.

Tántalo fue a agarrar la copa, pero ésta se movió de sitio antes de que la tocara. Se derramaron unas cuantas gotas y Tántalo intentó recogerlas con los dedos, pero las gotas echaron a rodar como si fueran de mercurio. Con un gruñido se centró en el plato de asado. Tomó un tenedor y quiso pinchar un trozo de lomo, pero el plato se deslizó por la mesa y luego saltó directamente a las ascuas del brasero.

—¡Maldita sea! —refunfuñó.

—Vaya —dijo Dioniso con falsa compasión—. Quizá unos cuantos días más. Créeme, camarada, trabajar en este campamento ya es bastante tortura. Estoy seguro de que tu antigua maldición acabará desvaneciéndose tarde o temprano.

—Tarde o temprano... —repitió Tántalo entre dientes, mirando la Coca-Cola Light de Dioniso—. ¿Te haces una idea de lo seca que se te queda la garganta después de tres mil años?

—Usted es ese espíritu de los Campos de Castigo —tercié—. El que está en el lago con un árbol frutal al alcance de la mano, pero sin poder comer ni beber.

Tántalo esbozó una sonrisa sarcástica.

—Eres un alumno muy aplicado, ¿eh, chaval?

—En vida debió de hacer algo terrible —dije, impresionado—. ¿Qué, exactamente?

Él entornó los ojos. A sus espaldas, los sátiros sacudían la cabeza intentando prevenirme.

—Voy a estar vigilándote, Percy Jackson —dijo Tántalo—. No quiero problemas en mi campamento.

—Su campamento ya tiene problemas... señor.

—Venga, ve a sentarte ya, Johnson —suspiró Dioniso—. Creo que esa mesa de allí es la tuya: ésa a la que nadie quiere sentarse.

La cara me ardía, pero no me convenía replicar. Dioniso siempre había sido un niño malcriado, pero era un niño malcriado inmortal y muy poderoso.

—Vamos, Tyson —le dije.

—No, no —intervino Tántalo—. El monstruo se queda aquí. Tenemos que decidir qué hacemos con esto.

—Con él —repliqué—. Se llama Tyson.

El nuevo director de actividades alzó una ceja.

—Tyson ha salvado el campamento —insistí—. Machacó a esos toros de bronce. Si no, habrían quemado este lugar entero.

—Sí —suspiró Tántalo—, habría sido una verdadera lástima...

Dioniso reprimió una risita.

—Déjanos solos —ordenó Tántalo— para que podamos decidir el destino de esta criatura.

Tyson me miró con una expresión asustada en su ojo enorme, pero yo sabía que no podía desobedecer una orden directa de los directores del campamento. Al menos, abiertamente.

—Volveré luego, grandullón —le prometí—. No te preocupes. Te encontraremos un buen lugar para dormir esta noche.

Tyson asintió.

—Te creo. Eres mi amigo.

Lo cual me hizo sentir mucho más culpable.

Caminé penosamente hasta la mesa de Poseidón y me desplomé en el banco. Una ninfa del bosque me trajo un plato de pizza olímpica de olivas y *pepperoni*, pero yo no tenía hambre. Habían estado a punto de matarme dos veces aquel día y me las había arreglado para terminar el curso desastrosamente. El Campamento Mestizo estaba metido en un grave aprieto y, pese a ello, Quirón me aconsejaba que no hiciese nada.

No me sentía muy agradecido, pero llevé mi plato, según era costumbre, al brasero de bronce y arrojé una parte a las llamas.

—Poseidón —dije—, acepta mi ofrenda. —«Y de paso mándame ayuda, por favor», recé en silencio.

El humo de la pizza ardiendo adquirió una fragancia muy especial —como el de una brisa marina mezclada con flores silvestres—, pero tampoco sabía si eso significaba que mi padre me estaba escuchando.

Volví a mi sitio. No creía que las cosas pudiesen empeorar más, pero entonces Tántalo ordenó a un sátiro que hiciera sonar la caracola para llamar la atención y anunciarnos algo.

—Sí, bueno —dijo cuando se apagaron las conversaciones—. ¡Otra comida estupenda! O eso me dicen.

Mientras hablaba, aproximó lentamente la mano a su plato, que habían vuelto a llenarle, como si la comida no fuera a darse cuenta. Pero sí: en cuanto estuvo a diez centímetros, salió otra vez disparada por la mesa.

—En mi primer día de mando —prosiguió—, quiero decir que estar aquí resulta un castigo muy agradable. A lo largo del verano espero torturar, quiero decir, interaccionar con cada uno de vosotros; todos tenéis pinta de ser nutri... eh, buenos chicos.

Dioniso aplaudió educadamente y los sátiros lo imitaron sin entusiasmo. Tyson seguía de pie ante la mesa principal con aire incómodo, pero cada vez que trataba de escabullirse, Tántalo lo obligaba a permanecer allí, a la vista de todos.

—¡Y ahora, algunos cambios! —Tántalo dirigió una sonrisa torcida a los campistas—. ¡Vamos a instaurar otra vez las carreras de carros!

Un murmullo de excitación, de miedo e incredulidad, recorrió las mesas.

—Ya sé —prosiguió, alzando la voz— que estas carreras fueron suspendidas hace unos años a causa, eh, de problemas técnicos.

—¡Tres muertes y veintiséis mutilaciones! —gritó alguien desde la mesa de Apolo.

—¡Sí, sí! —dijo Tántalo—. Pero estoy seguro de que todos coincidiréis conmigo en celebrar la vuelta de esta tradición del campamento. Los conductores victoriosos obtendrán laureles dorados cada mes. ¡Mañana por la mañana pueden empezar a inscribirse los equipos! La primera carrera se celebrará dentro de tres días; os liberaremos de vuestras actividades secundarias para que podáis preparar los carros y elegir los caballos. Ah, no sé si he mencionado que la cabaña del equipo ganador se librará de las tareas domésticas durante todo el mes.

Hubo un estallido de conversaciones excitadas. ¿Nada de cocinas durante un mes? ¿Ni limpieza de establos? ¿Hablaba en serio?

Hubo una objeción. Y la presentó la última persona que me hubiese imaginado.

—¡Pero señor! —dijo Clarisse. Parecía nerviosa, pero aun así se puso de pie para hablar desde la mesa de Ares. Algunos campistas sofocaron la risa cuando vieron en su espalda el letrero de «¡Muuuu!»—. ¿Qué pasará con los turnos de la patrulla? Quiero decir, si lo dejamos todo para preparar los carros...

—Ah, la heroína del día —exclamó Tántalo—. ¡La valerosa Clarisse, que ha vencido a los toros de bronce sin ayuda de nadie!

Clarisse parpadeó y luego se ruborizó.

—Bueno, yo no...

—Y modesta, además. —Tántalo sonrió de oreja a oreja—. ¡No hay de qué preocuparse, querida! Esto es un campamento de verano. Estamos aquí para divertirnos, ¿verdad?

—Pero el árbol...

—Y ahora —dijo Tántalo, mientras varios compañeros de Clarisse tiraban de ella para que volviera a sentarse—, antes de continuar con la fogata y los cantos a coro, un pequeño asunto doméstico. Percy Jackson y Annabeth Chase han creído conveniente por algún motivo traer esto al campamento —dijo señalando con una mano a Tyson.

Un murmullo de inquietud se difundió entre los campistas y muchos me miraron de reojo. Tuve ganas de matar a Tántalo.

—Ahora bien —dijo—, los cíclopes tienen fama de ser monstruos sedientos de sangre con una capacidad cerebral muy reducida. En circunstancias normales, soltaría a esta bestia en los bosques para que la cazarais con antorchas y estacas afiladas, pero... ¿quién sabe? Quizá este cíclope no sea tan horrible como la mayoría de sus congéneres; mientras no demuestre que merece ser aniquilado, necesitamos un lugar donde meterlo. He pensado en los establos, pero los caballos se pondrían nerviosos. ¿Tal vez la cabaña de Hermes?

Se hizo un silencio en la mesa de Hermes. Travis y Connor Stoll experimentaron un repentino interés en los dibujos del mantel. No podía culparlos. La cabaña de Hermes siempre estaba llena hasta los topes. No había modo de que encajase allí dentro un cíclope de casi dos metros.

—Vamos —dijo Tántalo en tono de reproche—. El monstruo quizá pueda hacer tareas menores. ¿Alguna sugerencia sobre dónde podríamos meter una bestia semejante?

De repente, todo el mundo ahogó un grito.

Tántalo se apartó de Tyson sobresaltado. Lo único que pude hacer fue mirar con incredulidad la brillante luz verde que estaba a punto de cambiar mi vida: una deslumbrante imagen holográfica había aparecido sobre la cabeza de Tyson.

Con un retortijón en el estómago, recordé lo que había dicho Annabeth de los cíclopes: «Son hijos de los espíritus de la naturaleza y de los dioses... Bueno, de un dios en particular, casi siempre...»

Girando sobre la cabeza de Tyson había un tridente verde incandescente: el mismo símbolo que había aparecido sobre la mía el día que Poseidón me reconoció como hijo suyo.

Hubo un momento de maravillado silencio.

Ser reconocido era un acontecimiento poco frecuente y algunos campistas lo aguardaban en vano toda su vida. Cuando Poseidón me reconoció el verano anterior, todo el mundo se arrodilló con reverencia, pero esta vez siguieron el ejemplo de Tántalo, que estalló en una gran carcajada.

—¡Bueno! Creo que ahora ya sabemos dónde meter a esta bestia. ¡Por los dioses, yo diría que incluso tiene un aire de familia!

Todo el mundo se reía, salvo Annabeth y unos pocos amigos.

Tyson no pareció darse cuenta, estaba demasiado perplejo tratando de aplastar el tridente que ya empezaba a desvanecerse sobre su cabeza. Era demasiado inocente para comprender cómo se reían de él y qué cruel puede llegar a ser la gente.

Yo sí lo capté.

Tenía un nuevo compañero de cabaña. Tenía a un monstruo por hermanastro.

6

Las palomas demonio nos atacan

Los siguientes días fueron una auténtica tortura, como Tántalo deseaba.

En primer lugar, ver a Tyson instalándose en la cabaña de Poseidón mientras le entraba la risa floja cada quince segundos, ya fue toda una experiencia.

—¿Percy, mi hermano? —decía como si le hubiese tocado la lotería.

Y no había modo de explicárselo. Estaba levitando. En cuanto a mí, en fin, por más que me cayera bien aquel grandullón, no podía dejar de sentirme algo incómodo... avergonzado, sería la palabra adecuada. Ya la he dicho.

Mi padre, el todopoderoso Poseidón, se había encaprichado de algún espíritu de la naturaleza y Tyson había sido el resultado. Yo había leído los mitos sobre los cíclopes, e incluso recordaba que con frecuencia eran hijos de Poseidón, pero nunca había reparado en que eso los convertía en parientes míos. Hasta que tuve a Tyson instalado en la litera de al lado.

Y luego estaban los comentarios de los demás campistas. De repente, yo ya no era Percy Jackson, el tipo guay que el verano pasado había recuperado el rayo maestro de Zeus; ahora era el pobre idiota que tenía a un monstruo horrible por hermano.

—¡No es mi hermano de verdad! —protestaba yo cuando Tyson no andaba por allí—. Es más bien un hermanastro del lado monstruoso de la familia, como un hermanastro de segundo grado... o algo así.

Nadie se lo tragaba.

Lo admito: estaba furioso con mi padre. Ahora tenía la sensación de que ser su hijo era un chiste.

Annabeth hizo lo posible para que me sintiera mejor. Me propuso que nos presentáramos juntos a la carrera de carros y tratáramos de olvidar así nuestros problemas. No me malinterpretéis: los dos odiábamos a Tántalo y estábamos muy preocupados por la situación del campamento, pero no sabíamos qué hacer. Hasta que se nos ocurriera un brillante plan para salvar el árbol de Thalia, nos pareció que no estaría mal participar en las carreras. Al fin y al cabo, fue la madre de Annabeth, Atenea, quien inventó el carro, y mi padre había creado los caballos. Los dos juntos nos haríamos los amos de aquel deporte.

Una mañana, mientras Annabeth y yo estudiábamos distintos diseños de carro junto al lago de las canoas, unas graciosas de la cabaña de Afrodita que pasaban por allí me preguntaron si no necesitaría un lápiz de ojo...

—Ay, perdón. De ojos, quiero decir.

—No hagas caso, Percy —refunfuñó Annabeth, mientras las chicas se alejaban riendo—. No es culpa tuya tener un hermano monstruo.

—¡No es mi hermano! —repliqué—. ¡Y tampoco es un monstruo!

Annabeth alzó las cejas.

—Oye, ¡ahora no te enfades conmigo! Y técnicamente sí es un monstruo.

—Bueno, fuiste tú quien le dio permiso para entrar en el campamento.

—¡Porque era la única manera de salvarte la vida! Bueno... lo siento, Percy, no me imaginaba que Poseidón iba a reconocerlo. Los cíclopes son muy mentirosos y traicioneros...

—¡Él no! Pero, dime, ¿qué tienes tú contra los cíclopes?

Annabeth se sonrojó hasta las orejas. Tuve la sensación de que había algo que no me había contado; algo bastante malo.

—Olvídalo —me dijo—. Veamos, el eje de este carro...

—Estás tratándolo como si fuese un ser horrible —dije—. Y me salvó la vida.

Annabeth soltó el lápiz y se puso de pie.

—Entonces quizá deberías diseñar el carro con él.

—Tal vez sí.

—¡Perfecto!

—¡Perfecto!

Se alejó furiosa y yo me sentí aún peor que antes.

Durante los dos días siguientes intenté alejar de mi mente todos los problemas.

Silena Beauregard, una de las chicas más guapas de la cabaña de Afrodita, me dio mi primera lección para montar un pegaso. Me explicó que sólo había un caballo alado inmortal llamado Pegaso, que vagaba aún en libertad por los cielos, pero que en el curso de los eones había ido engendrando un montón de hijos. Ninguno era tan veloz ni tan heroico como él, mas todos llevaban su nombre glorioso.

Siendo el hijo del dios del mar, nunca me había gustado andar por los aires. Mi padre tenía una vieja rivalidad con Zeus, de modo que yo procuraba mantenerme alejado de los dominios del señor de los cielos. Ahora, cabalgar en un caballo alado me parecía diferente, no me ponía tan nervioso, ni mucho menos, como viajar en avión. Quizá fuese porque mi padre había creado los caballos con espuma marina, de manera que los pegasos venían a ser una especie de... territorio neutral. Además, yo podía captar sus pensamientos y no me alarmaba cuando mi pegaso echaba a galopar sobre las copas de los árboles o cuando se lanzaba a perseguir por las nubes una bandada de gaviotas.

El problema era que Tyson también quería montar un «poni gallina», y los pegasos se asustaban en cuanto se les acercaba. Yo les decía telepáticamente que Tyson no les haría daño, pero ellos no parecían creerme, y él se ponía a llorar.

La única persona del campamento que no tenía ningún problema con Tyson era Beckendorf, de la cabaña de Hefesto. El dios herrero siempre había trabajado con cíclopes en su forja, así que Beckendorf se llevaba a Tyson a la armería para enseñarle a trabajar el metal. Decía que en un periquete conseguiría que Tyson forjase instrumentos mágicos como un maestro.

Después del almuerzo me entrenaba en el ruedo de arena con los de la cabaña de Apolo. El manejo de la espada ha sido siempre mi fuerte. La gente decía que yo era mejor en ese terreno que ningún otro campista de los últimos cien años, salvo Luke quizá. Siempre me comparaban con Luke.

A los chicos de Apolo les daba verdaderas palizas sin esforzarme demasiado. Debería haberme entrenado con las cabañas de Ares y Atenea, que tenían a los mejores combatientes, pero no me llevaba bien con Clarisse y sus hermanos y, después de mi discusión con Annabeth, tampoco quería verla a ella.

Iba también a la clase de tiro con arco, aunque en esta especialidad era muy malo y la clase sin Quirón ya no era lo mismo. En artes y oficios, había empezado un busto de mármol de Poseidón, pero como cada vez se parecía más a Sylvester Stallone, acabé dejándolo. También trepé por la pared de escalada en el nivel máximo, que incluía lava y terremoto a todo trapo. Por las tardes, participaba en la patrulla fronteriza. Aunque Tántalo había insistido en que no nos preocupáramos por la protección del campamento, algunos campistas la habíamos mantenido sin decir nada y establecido turnos en nuestro tiempo libre.

Estaba sentado en la cima de la colina Mestiza, contemplando a las ninfas que iban y venían mientras le cantaban al pino agonizante. Los sátiros traían sus flautas de caña y tocaban melodías mágicas y, durante un rato, las agujas del pino parecían mejorar. Las flores de la colina tenían también un olor más dulce y la hierba reverdecía, pero cuando la música se detenía, la enfermedad se adueñaba otra vez de la atmósfera. La colina entera parecía infectada, como si el veneno que había llegado a las raíces del árbol estuviera matándolo todo. Cuanto más tiempo pasaba allí, más me enfurecía.

Aquello era obra de Luke. Me acordaba de su astuta sonrisa y de la cicatriz de garra de dragón que le cruzaba la cara. Había simulado ser mi amigo, pero en realidad había sido todo el tiempo el sirviente número uno de Cronos.

Abrí la palma de la mano; la cicatriz que Luke me había dejado el verano pasado estaba desapareciendo, pero aún se veía un poco: una herida con forma de asterisco en el punto donde el escorpión del abismo me había picado.

Pensé en lo que me había dicho Luke justo antes de intentar matarme: «Adiós, Percy. Se avecina una nueva Edad de Oro, pero tú no formarás parte de ella.»

Por las noches tenía más sueños en los que aparecía Grover. A veces sólo me llegaba su voz a ráfagas, y una vez le oí decir: «Es aquí.» Y otra: «Le gustan las ovejas.»

Pensé en contárselo a Annabeth, pero me habría sentido estúpido. Es decir… «¿Le gustan las ovejas?» Pensaría que me había vuelto loco.

La noche antes de la carrera, Tyson y yo terminamos nuestro carro. Era una verdadera pasada. Tyson había hecho las partes de metal en la forja de la armería, y yo lijé las maderas y lo monté todo. Era azul y blanco, con un dibujo de olas a ambos lados y un tridente pintado en la parte delantera. Después de todo aquel trabajo, era de justicia que Tyson se situara a mi lado en la carrera, aunque sabía que a los caballos no les gustaría y que su peso extra sería un lastre y nos restaría velocidad.

Cuando íbamos a acostarnos, Tyson me vio ceñudo y preguntó:

—¿Estás enfadado?

—No, no estoy enfadado.

Se echó en su litera y permaneció callado en la oscuridad. Su cuerpo era mucho más grande que el colchón y cuando se cubría con la colcha, los pies le asomaban por debajo.

—Soy un monstruo.

—No digas eso.

—No me importa. Seré un buen monstruo. Y no tendrás que enfadarte.

No supe qué responder. Miré el techo y sentí que me estaba muriendo poco a poco, al mismo tiempo que el árbol de Thalia.

—Es sólo... que nunca había tenido un hermanastro. —Procuré evitar que se me quebrara la voz—. Es una experiencia muy diferente para mí; además, estoy preocupado por el campamento, y además tengo otro amigo, Grover, que quizá corra peligro. Siento que debería hacer algo, pero no sé qué.

Tyson permaneció callado.

—Lo siento —añadí—. No es culpa tuya. Estoy enfadado con Poseidón; tengo la sensación de que trata de ponerme en una situación embarazosa, como si quisiera compararnos o algo así, y no entiendo por qué.

Oí un ruido sordo y grave. Tyson estaba roncando.

Suspiré.

—Buenas noches, grandullón.

Y yo también cerré los ojos.

En mi sueño, Grover llevaba un vestido de novia.

No le quedaba muy bien; era demasiado largo y tenía el dobladillo salpicado de barro seco, el escote se le escurría por los hombros y un velo hecho jirones le cubría la cara.

Estaba de pie en una cueva húmeda, iluminada únicamente con antorchas. Había un catre en un rincón y un telar anticuado en el otro, con un trozo de tela blanca a medio tejer en el bastidor. Me miraba fijamente, como si yo fuera el programa de televisión que había estado esperando.

—¡Gracias a los dioses! —gimió—. ¿Me oyes?

Mi yo dormido fue algo lerdo en responder. Seguía mirando alrededor y registrándolo todo: el techo de estalactitas, aquel hedor a ovejas y cabras, los gruñidos, gemidos y balidos que parecían resonar tras una roca del tamaño de un frigorífico que bloqueaba la única salida, como si más allá hubiese una caverna mucho más grande.

—¿Percy? —dijo Grover—. Por favor, no tengo fuerzas para proyectarme mejor. ¡Tienes que oírme!

—Te oigo —dije—. Grover, ¿qué ocurre?

Una voz monstruosa bramó detrás de la roca:

—¡Ricura! ¿Ya has terminado?

Grover dio un paso atrás.

—¡Aún no, cariñito! —gritó con voz de falsete—. ¡Unos pocos días más!

—¡Pero...! ¿No han pasado ya las dos semanas?

—N-no, cariñito. Sólo cinco días. O sea que faltan doce más.

El monstruo permaneció en silencio, quizá tratando de hacer el cálculo. Debía de ser peor que yo en aritmética, porque acabó respondiendo:

—¡Está bien, pero date prisa! Quiero VEEEEER lo que hay tras ese velo, ¡je, je, je!

Grover se volvió hacia mí.

—¡Tienes que ayudarme! ¡No queda tiempo! Estoy atrapado en esta cueva. En una isla en medio del mar.

—¿Dónde?

—No lo sé exactamente. Fui a Florida y doblé a la izquierda.

—¿Qué? ¿Cómo pudiste...?

—¡Es una trampa! —dijo Grover—. Ésa es la razón de que ningún sátiro haya regresado nunca de esta búsqueda. ¡Él es un pastor, Percy! Y tiene eso en su poder. ¡Su magia natural es tan poderosa que huele exactamente como el gran dios Pan! Los sátiros vienen aquí creyendo que han encontrado a Pan y acaban atrapados y devorados por Polifemo.

—¿Poli... qué?

—¡El cíclope! —aclaró Grover, exasperado—. Casi logré escapar. Recorrí todo el camino hasta St. Augustine.

—Pero él te siguió —dije, recordando mi primer sueño—. Y te atrapó en una boutique de vestidos de novia.

—Exacto. Mi primera conexión por empatía debió de funcionar, después de todo. Y mira, ese vestido de boda es lo único que me ha mantenido con vida. Él cree que huelo bien, pero yo le dije que era un perfume con fragancia de cabra. Por suerte, no ve demasiado; aún tiene el ojo medio cegado desde la última vez que se lo sacaron, pero pronto descubrirá lo que soy. Me ha dado sólo dos semanas para que termine la cola del vestido. ¡Y cada vez está más impaciente!

—¡Espera un momento! El cíclope cree que eres...

—¡Sí! —gimió Grover—. ¡Cree que soy una cíclope y quiere casarse conmigo!

En otras circunstancias habría estallado en carcajadas, pero el tono de Grover era serio y temblaba de miedo.

—¡Iré a rescatarte! —le prometí—. ¿Dónde estás?

—En el Mar de los Monstruos, por supuesto.

—¿El mar de qué?

—¡Ya te lo he dicho! ¡No sé exactamente dónde! Y escucha, Percy, de verdad que lo siento, pero esta conexión por empatía... Bueno, no tenía alternativa. Nuestras emociones ahora están conectadas. Y si yo muero...

—No me lo digas: también moriré yo.

—Bueno, tal vez no, quizá sigas viviendo en un estado vegetativo durante años. Pero, eh... sería todo mucho mejor si me sacaras de aquí.

—¡Ricura! —bramó el monstruo—. ¡Es hora de cenar! ¡Y hay deliciosa carne de cordero!

—Tengo que irme —lloriqueó Grover—. ¡Date prisa!

—¡Espera! Has dicho que él tiene «eso»... ¿El qué?

La voz de Grover ya se estaba apagando.

—¡Dulces sueños! ¡No me dejes morir!

El sueño se desvaneció y me desperté con un sobresalto. Era plena madrugada. Tyson me miraba preocupado con su único ojo.

—¿Te encuentras bien? —me preguntó.

Un escalofrío me recorrió la columna al oír su voz. Sonaba casi exactamente igual que la del monstruo que acababa de oír en mi sueño.

La mañana de la carrera hacía calor y mucha humedad. Una niebla baja se deslizaba pegada al suelo como vapor de sauna. En los árboles se habían posado miles de pájaros: gruesas palomas blanco y gris, aunque no emitían el arrullo típico de su especie, sino una especie de chirrido metálico que recordaba al sonar de un submarino.

La pista de la carrera había sido trazada en un prado de hierba situado entre el campo de tiro y los bosques. La cabaña de Hefesto había utilizado los toros de bronce, domesticados por completo desde que les habían machacado la cabeza, para aplanar una pista oval en cuestión de minutos.

Había gradas de piedra para los espectadores: Tántalo, los sátiros, algunas ninfas y todos los campistas que no participaban. El señor D no apareció. Nunca se levantaba antes de las diez de la mañana.

—¡Muy bien! —anunció Tántalo cuando los equipos empezaron a congregarse en la pista. Una náyade le había traído un gran plato de pasteles de hojaldre y, mientras hablaba, su mano derecha perseguía un palo de nata y chocolate por la mesa de los jueces—. Ya conocéis las reglas: una pista de cuatrocientos metros, dos vueltas para ganar y dos caballos por carro. Cada equipo consta de un conductor y un guerrero. Las armas están permitidas y es de esperar que haya juego sucio. ¡Pero tratad de no matar a nadie! —Tántalo nos sonrió como si fuéramos unos chicos traviesos—. Cualquier muerte tendrá un severo castigo. ¡Una semana sin malvaviscos con chocolate en la hoguera del campamento! ¡Y ahora, a los carros!

Beckendorf, el líder del equipo de Hefesto, se dirigió a la pista. El suyo era un prototipo hecho de hierro y bronce, incluidos los caballos, que eran autómatas mágicos como los toros de Cólquide. No tenía la menor duda de que aquel carro albergaba toda clase de trampas mecánicas y más prestaciones que un Maserati con todos sus complementos.

Del carro de Ares, color rojo sangre, tiraban dos horripilantes esqueletos de caballo. Clarisse subió con jabalinas, bolas con púas, abrojos metálicos, de esos que siempre caen con la punta hacia arriba, y un montón más de cacharros muy chungos.

El carro de Apolo, elegante y en perfecto estado, era todo de oro y lo tiraban dos hermosos palominos de pelaje dorado, cola y crin blanca. Su guerrero estaba armado con un arco, aunque había prometido que no dispararía flechas normales a los conductores rivales.

El carro de Hermes era verde y tenía un aire anticuado, como si no hubiese salido del garaje en años. No parecía tener nada de especial, pero lo manejaban los hermanos Stoll y yo temblaba sólo de pensar en las jugarretas que debían de haber planeado.

Quedaban dos carros: uno conducido por Annabeth y otro por mí.

Antes de empezar la carrera, me acerqué a ella y empecé a contarle mi sueño. Pareció animarse cuando mencioné a Grover, pero en cuanto le expliqué lo que me había dicho, volvió a mostrarse distante y suspicaz.

—Lo que quieres es distraerme —decidió al fin.

—¡De ninguna manera!

—¡Ya, claro! Como si Grover tuviese que ir a tropezar precisamente con lo único que podría salvar al campamento.

—¿Qué quieres decir?

Ella puso los ojos en blanco.

—Vuelve a tu carro, Percy.

—No me lo he inventado. Grover corre peligro, Annabeth.

Ella vaciló, intentando decidir si confiaba en mí o no. Pese a nuestras peleas ocasionales, juntos habíamos superado muchas cosas. Y yo sabía que ella no quería que le pasara nada malo a Grover.

—Percy, una conexión por empatía es muy difícil de establecer. Quiero decir que lo más probable es que estuvieras soñando.

—El Oráculo —dije—. Podemos consultar al Oráculo.

Annabeth frunció el ceño.

El verano anterior, antes de emprender la búsqueda del rayo maestro, visité al extraño espíritu que vivía en la

Casa Grande y me hizo una profecía que se cumplió de una manera imprevisible. Aquella experiencia me había dejado flipado durante meses. Annabeth sabía que no me habría pasado por la cabeza volver a consultar al Oráculo si no estuviese hablando en serio.

Antes de que pudiera responder, sonó la caracola.

—¡Competidores! —gritó Tántalo—. ¡A sus puestos!

—Hablaremos después —me dijo Annabeth—. Cuando haya ganado la carrera.

Mientras iba hacia mi carro, advertí que había muchas más palomas en los árboles soltando aquel chirrido enloquecedor y haciendo que crujiera el bosque entero. Nadie parecía prestarles atención, pero a mí me ponían nervioso; sus picos brillaban de un modo extraño y sus ojos relucían más de lo normal.

Tyson tenía problemas para controlar los caballos. Tuve que hablar con ellos un buen rato para calmarlos.

«¡Es un monstruo, señor!», se quejaban.

«Es hijo de Poseidón —les dije—. Igual que... bueno, igual que yo.»

«¡No! —insistían—. ¡Monstruo! ¡Devorador de caballos! ¡No es de fiar!»

«Os daré terrones de azúcar al final de la carrera», les dije.

«¿Terrones de azúcar?»

«Terrones enormes. Y manzanas. ¿Ya os había dicho lo de las manzanas?»

Así que se dejaron poner las riendas y los arreos.

Por si nunca habéis visto un carro griego, debéis saber que es un vehículo diseñado exclusivamente para la velocidad, no para la seguridad ni el confort. Básicamente, viene a ser una canastilla de madera abierta por detrás y montada sobre un eje con dos ruedas. El auriga permanece de pie todo el tiempo, y os aseguro que se nota cada bache. La canastilla es de una madera tan ligera, que si uno pierde el control en la curva que hay en cada extremo de la pista, lo más probable es que vuelque y acabe aplastado bajo el carro. Es una carrera mucho más rápida que las de monopatín.

Tomé las riendas y llevé el carro hasta la línea de salida. A Tyson le di una estaca de tres metros y le encomendé mantener lejos a los rivales que se acercaran demasiado, así como desviar cualquier cosa que pudieran arrojarnos.

—No golpear a los ponis con el palo —insistía él.

—No —confirmaba yo—. Y tampoco a la gente, si puedes evitarlo. Vamos a correr jugando limpio. Tú limítate a evitarme distracciones para que pueda concentrarme en conducir.

—¡Venceremos! —dijo sonriendo abiertamente.

«Vamos a perder seguro», pensé yo. Pero tenía que intentarlo. Quería demostrar a los demás... bueno, no sabía muy bien qué exactamente. ¿Que Tyson no era tan mal tipo? ¿Que a mí no me avergonzaba que me viesen en público con él? ¿O tal vez que no me habían afectado todos sus chistes y apodos?

Mientras los carros se alineaban, en el bosque se iban reuniendo más palomas de ojos relucientes. Chillaban tanto que los campistas de la tribuna empezaron a mirar nerviosamente los árboles, que temblaban bajo el peso de tantos pájaros. Tántalo no parecía preocupado, pero tuvo que levantar la voz para hacerse oír entre aquel bullicio.

—¡Aurigas! —gritó—. ¡A sus marcas!

Hizo un movimiento con la mano y dio la señal de partida. Los carros cobraron vida con estruendo. Los cascos retumbaron sobre la tierra y la multitud estalló en gritos y vítores.

Casi de inmediato se oyó un estrépito muy chungo. Miré atrás justo a tiempo de ver cómo volcaba el carro de Apolo; el de Hermes lo había embestido; tal vez sin querer, o tal vez no. Sus ocupantes habían saltado, pero los caballos, aterrorizados, siguieron arrastrando el carro de oro y cruzando la pista en diagonal. Travis y Connor Stoll, los del Hermes, se regocijaron de su buena suerte. Pero no por mucho tiempo, porque los caballos de Apolo chocaron con los suyos y su carro volcó también, dejando en medio del polvo un montón de madera astillada y cuatro caballos encabritados.

Dos carros fuera de combate en los primeros metros. Aquel deporte me encantaba.

Volví a centrarme en la cabeza de la carrera. Íbamos a buen ritmo, por delante de Ares, pero el carro de Annabeth nos llevaba mucha ventaja, ya estaba dando la vuelta al primer poste, mientras su copiloto sonreía sarcástico y nos decía adiós con la mano:

—¡Nos vemos, chavales!

El carro de Hefesto también empezaba a adelantarnos.

Beckendorf apretó un botón y se abrió un panel en el lateral de su carro.

—¡Lo siento, Percy! —chilló.

Tres bolas con cadenas salieron disparadas hacia nuestras ruedas. Nos habrían destrozado si Tyson no las hubiese desviado con un golpe rápido de su estaca. Además, le dio un buen empujón al carro de Hefesto y lo mandó dando tumbos de lado mientras nosotros nos alejábamos.

—¡Buen trabajo, Tyson! —grité.

—¡Pájaros! —exclamó él.

—¿Qué?

Avanzábamos tan deprisa que apenas oíamos ni veíamos nada, pero Tyson señaló hacia el bosque y entonces vi lo que lo inquietaba. Las palomas habían alzado el vuelo y descendían a toda velocidad, como un enorme tornado, directamente hacia la pista.

«Nada serio —me dije—. No son más que palomas.»

Intenté concentrarme en la carrera.

Hicimos el primer giro con las ruedas chirriando y el carro a punto de volcar, pero ahora estábamos sólo a tres metros de Annabeth. Si conseguía acercarme un poco más, Tyson podría usar su estaca...

El copiloto de Annabeth ya no reía. Sacó una jabalina de la colección que llevaba y me apuntó al pecho. Iba a lanzármela cuando se produjo un gran griterío.

Miles de palomas se lanzaban en tromba contra los espectadores de las gradas y los demás carros. Beckendorf estaba completamente rodeado. Su guerrero intentaba ahuyentarlas a manotazos, pero no veía nada. El carro viró, se salió de la pista y corrió por los campos de fresas con sus caballos mecánicos echando humo.

En el carro de Ares, Clarisse dio órdenes a gritos a su guerrero, que cubrió de inmediato la canastilla con una malla de camuflaje. Los pájaros se arremolinaron alrededor, picoteando y arañando las manos del tipo, que trataba de mantener la malla en su sitio. Clarisse se limitó a apretar los dientes y siguió conduciendo. Sus esqueletos de caballo parecían inmunes a la distracción. Las palomas picoteaban inútilmente sus órbitas vacías y atravesaban volando su caja torácica, pero los corceles continuaban galopando como si nada.

Los espectadores no tenían tanta suerte. Los pájaros acometían contra cualquier trozo de carne que hubiese a la vista y sembraban el pánico por todas partes. Ahora que estaban más cerca, resultaba evidente que no eran palomas normales; sus ojos pequeños y redondos brillaban de un modo maligno, sus picos eran de bronce y, a juzgar por los gritos de los campistas, afiladísimos.

—¡Pájaros del Estínfalo! —gritó Annabeth. Redujo la velocidad y puso su carro junto al mío—. ¡Si no logramos ahuyentarlos, picotearán a todo el mundo hasta los huesos!

—Tyson —dije—, debemos dar la vuelta.

—¿Vamos en dirección equivocada? —preguntó.

—Eso siempre —dije con un gruñido, y dirigí el carro hacia las tribunas.

Annabeth corría a mi lado.

—¡Héroes, a las armas! —gritó. Pero no creo que nadie la oyera entre los rechinantes graznidos y el caos general.

Mantuve las riendas en una mano y logré sacar a *Contracorriente* justo cuando una oleada de pájaros se abalanzaba sobre mi rostro, abriendo y cerrando su pico metálico. Los acuchillé en el aire con violentos mandobles y se disolvieron en una explosión de polvo y plumas. Pero quedaban miles aún. Uno de ellos me picoteó el trasero y poco me faltó para abandonar el carro de un salto.

Annabeth no tenía mejor suerte. Cuanto más cerca estábamos de las tribunas, más densa era la nube de pájaros que nos rodeaba.

Algunos espectadores trataban de contraatacar y los campistas de Atenea reclamaban sus escudos. Los arqueros de la cabaña de Apolo habían sacado sus arcos y flechas, y se disponían a usarlos para terminar con aquella amenaza, pero con tantos campistas rodeados de pájaros, era peligroso disparar.

—¡Son demasiados! —le grité a Annabeth—. ¿Cómo vamos a quitárnoslos de encima?

Ella atravesó una paloma con su cuchillo.

—¡Hércules utilizó el ruido! ¡Campanas de latón! Las ahuyentó con el sonido más horrible que pudo…

Sus ojos se abrieron como platos.

—Percy… ¡la colección de Quirón!

La entendí en el acto.

—¿Crees que funcionará?

Ella le entregó las riendas a su guerrero y saltó a mi carro como si fuera la cosa más fácil del mundo.

—¡A la Casa Grande! ¡Es nuestra única posibilidad!

Clarisse acababa de cruzar la línea de meta sin la menor oposición, y sólo entonces pareció darse cuenta de lo grave que era la situación.

Cuando nos vio alejarnos, gritó:

—¿Salís huyendo? ¡La lucha está aquí, cobardes! —Desenvainó su espada y se fue hacia las tribunas.

Puse los caballos al galope; el carro cruzó retumbando los campos de fresas y la pista de voleibol, y se detuvo con una sacudida frente a la Casa Grande. Annabeth y yo corrimos hacia el interior y derribamos la puerta del apartamento de Quirón.

Su equipo de música seguía en la mesilla de noche, y también sus cedés favoritos. Agarré los más repulsivos, Annabeth cargó con el equipo y nos precipitamos de vuelta al carro.

En la pista se veían carros en llamas y campistas heridos corriendo en todas direcciones, mientras los pájaros les destrozaban la ropa y arrancaban el pelo. Entretanto, Tántalo perseguía pasteles de hojaldre por las tribunas, gritando de vez en cuando:

—¡Todo está bajo control! ¡No hay de qué preocuparse!

Nos detuvimos en la línea de meta. Annabeth preparó el equipo de música, mientras yo rezaba para que las pilas funcionasen.

Apreté *play* y se puso en marcha el disco favorito de Quirón: *Grandes éxitos de Dean Martin*. El aire se llenó de pronto de violines y una pandilla de tipos gimiendo en italiano.

Las palomas demonio se volvieron completamente locas. Empezaron a volar en círculo y a chocar entre ellas como si quisieran aplastarse sus propios sesos. Enseguida abandonaron la pista y se elevaron hacia el cielo, convertidas en una enorme nube oscura.

—¡Ahora! —gritó Annabeth—. ¡Arqueros!

Con un blanco bien definido, los arqueros de Apolo tenían una puntería impecable. La mayoría sabía disparar cinco o seis flechas al mismo tiempo. En unos minutos, el suelo estaba cubierto de palomas con pico de bronce muertas, y las supervivientes ya no eran más que una lejana columna de humo en el horizonte.

El campamento estaba salvado, pero los daños eran muy serios; la mayoría de los carros había sido totalmente destruida. Casi todo el mundo estaba herido y sangraba a causa de los múltiples picotazos, y las chicas de la cabaña de Afrodita chillaban histéricas porque les habían arruinado sus peinados y rajado los vestidos.

—¡Bravo! —exclamó Tántalo, pero sin mirarnos a Annabeth y a mí—. ¡Ya tenemos al primer ganador! —Caminó hasta la línea de meta y le entregó los laureles dorados a Clarisse, que lo miraba estupefacta.

Luego se volvió hacia mí con una sonrisa.

—Y ahora, vamos a castigar a los alborotadores que han interrumpido la carrera.

7

Acepto regalos de un extraño

Tal como lo veía Tántalo, los pájaros del Estínfalo estaban en el bosque ocupados en sus propios asuntos y no nos habrían atacado si Annabeth, Tyson y yo no los hubiéramos molestado con nuestra manera de conducir los carros.

Aquello era tan rematadamente injusto que le dije que se fuera a perseguir dónuts a otra parte, cosa que no ayudó a mejorar las cosas. Nos condenó a los tres a patrullar por la cocina, o sea, a fregar platos y cacharros toda la tarde en el sótano con las arpías de la limpieza. Las arpías lavaban con lava, no con agua, para obtener aquel brillo súper limpio y acabar con el 99,9 por ciento de los gérmenes. Así que Annabeth y yo tuvimos que ponernos delantal y guantes de asbesto.

A Tyson no le importaba; sumergió sus desnudas manos y empezó a fregar, pero Annabeth y yo tuvimos que soportar durante horas aquel trabajo peligroso y sofocante, especialmente porque había toneladas de platos extra. Tántalo había encargado a la hora del almuerzo un banquete especial para celebrar la victoria de Clarisse: una comida muy completa que incluía pájaros del Estínfalo fritos a la paisana.

Lo único bueno del castigo fue que nos proporcionó a Annabeth y a mí un enemigo común y tiempo de sobra para hablar. Después de escuchar otra vez el relato de mi sueño sobre Grover, me pareció que quizá empezaba a creerme.

—Si realmente lo ha encontrado —murmuró—, y si pudiéramos recuperarlo...

—Espera un momento —dije—. Actúas como si eso que Grover ha encontrado, sea lo que sea, fuera la única cosa del mundo capaz de salvar al campamento. ¿Qué es exactamente?

—Te voy a dar una pista. ¿Qué es lo que consigues cuando despellejas a un carnero?

—¿Montar un estropicio?

Ella suspiró.

—Un vellón. La piel del carnero se llama vellón o vellocino, y si resulta que ese carnero tiene lana de oro...

—El Vellocino de Oro. ¿Hablas en serio?

Annabeth dejó en la lava un plato lleno de huesos de pájaro.

—Percy, ¿te acuerdas de las Hermanas Grises? Dijeron que conocían la posición de lo que andabas buscando, y mencionaron a Jasón. También a él le explicaron hace tres mil años cómo encontrar el Vellocino de Oro. Conoces la historia de Jasón y los Argonautas, supongo.

—¡Sí! —dije—. Esa vieja película con los esqueletos de arcilla.

Annabeth puso los ojos en blanco.

—¡Oh, dioses, Percy! Eres imposible.

—¿Cómo era, pues?

—Escúchame bien. La verdadera historia del Vellocino de Oro trata de dos hijos de Zeus, Cadmo y Europa, ¿sí?, que iban a convertirse en víctimas de un sacrificio humano y suplicaron a su padre que los salvara. Zeus envió un carnero alado con lana de oro, que los recogió en Grecia y los trasladó hasta Cólquide, en el Asia Menor. Bueno, en realidad sólo trasladó a Cadmo, porque Europa se cayó en el trayecto y se mató. Pero eso no importa.

—A ella sí le importaría...

—La cuestión, ¡Percy!, es que cuando Cadmo llegó a Cólquide, ofrendó a los dioses el carnero de oro y colgó el vellocino en un árbol en mitad de aquel reino. El vellocino llevó la prosperidad a aquellas tierras; los animales dejaron de enfermar, las plantas crecían con más fuerza y los campesinos obtenían cosechas abundantes. Las plagas desaparecieron, y por eso Jasón quería el vellocino, porque logra revitalizar la tierra donde se halla. Cura la enfermedad, fortalece la naturaleza, limpia la polución atmosférica...

—Podría curar el árbol de Thalia.

Annabeth asintió.

—Y reforzaría también las fronteras del campamento, Percy. Pero el Vellocino de Oro lleva siglos perdido; montones de héroes lo han buscado sin éxito.

—Pero Grover lo ha encontrado —dije—. Salió en busca de Pan y ha encontrado el Vellocino de Oro, porque los dos irradian magia natural. Tiene sentido, Annabeth; podemos rescatarlo y salvar el campamento al mismo tiempo. ¡Es perfecto!

Ella vaciló.

—Quizá un poquito demasiado perfecto, ¿no crees? ¿Y si es una trampa?

Me acordé del verano pasado y de cómo había manipulado Cronos nuestra búsqueda. Casi había conseguido engañarnos para que lo ayudáramos a desencadenar una guerra que habría destruido la civilización occidental.

—¿Qué alternativa tenemos? —pregunté—. ¿Vas a ayudarme a rescatar a Grover, sí o no?

Ella miró a Tyson, que había perdido todo interés en nuestra conversación y jugaba tan contento con las tazas y las cucharas, como si fuesen barquitos de juguete surcando olas de lava.

—Percy —susurró—, tendremos que luchar con Polifemo, el peor cíclope. Y sólo hay un sitio donde puede estar su isla: el Mar de los Monstruos.

—¿Dónde queda eso?

Me miró como si creyese que me hacía el tonto.

—El Mar de los Monstruos. El mismo mar por el que navegó Ulises, y Jasón, y Eneas, y todos los demás.

—¿El Mediterráneo, quieres decir?

—No. Bueno, sí... pero no.

—Otra respuesta directa, muchas gracias.

—Mira, Percy, el Mar de los Monstruos es el mar que cruzan todos los héroes en sus aventuras. Estaba en el

Mediterráneo, sí, pero, como todo lo demás, ha cambiado de posición a medida que el centro de poder occidental se desplazaba.

—Como el monte Olimpo, que ahora está encima del Empire State, ¿no? O como el reino de Hades, que se encuentra en el subsuelo de Los Ángeles.

—Exacto.

—Pero un mar entero lleno de monstruos... ¿Cómo puede ocultarse algo así? ¿No verían los mortales que pasaban cosas raras, quiero decir, barcos tragados por las aguas y demás?

—Claro que lo ven. No lo comprenden, pero saben que ocurre algo extraño en esa parte del océano. El Mar de los Monstruos queda junto a la costa este de Estados Unidos, al nordeste de Florida. Los mortales incluso le han puesto nombre.

—¿El Triángulo de las Bermudas?

—Exacto.

Traté de asimilar todo aquello; supongo que no era más extraño que todo lo que había ido aprendiendo desde mi llegada al Campamento Mestizo.

—De acuerdo... Al menos, sabemos dónde buscar.

—Es un área enorme, Percy. Buscar una pequeña isla en unas aguas infestadas de monstruos...

—Bueno, yo soy hijo del dios del mar. Ése es mi terreno. ¿Tan difícil puede ser?

Annabeth frunció el ceño.

—Tendremos que hablar con Tántalo y obtener su autorización para emprender la búsqueda; aunque nos dirá que no.

—No si se lo decimos esta noche al calor de la hoguera, delante de todo el mundo. El campamento entero lo oirá, lo presionarán entre todos y no será capaz de negarse.

—Tal vez —dijo con un pequeño resquicio de esperanza en su voz—. Mejor que terminemos con estos platos. Pásame el pulverizador de lava, ¿quieres?

● ● ●

En la fogata de aquella noche, la cabaña de Apolo dirigía los cantos a coro. Trataban de levantar el ánimo general, pero no era fácil tras el ataque de aquellos pajarracos. Estábamos sentados en el semicírculo de gradas de piedra, cantando sin gran entusiasmo y contemplando cómo ardía la hoguera mientras los chicos de Apolo nos acompañaban con sus guitarras y liras.

Cantamos todas las canciones clásicas de campamento. La hoguera estaba encantada y, cuanto más fuerte cantábamos, más alto se elevaban sus llamas; cambiaba de color, y también la intensidad de su calor, según nuestro estado de ánimo. En una buena noche la había visto alcanzar una altura de seis metros, con un color púrpura deslumbrante, y desprender un calor tan tremendo que toda la primera fila de malvaviscos se había incendiado. Aquella noche, en cambio, las llamas sólo alcanzaban un metro, apenas calentaban y tenían un color ceniciento.

Dioniso se retiró temprano. Tras aguantar unas cuantas canciones, farfulló que hasta las partidas de pinacle con Quirón eran más divertidas, le lanzó una mirada desagradable a Tántalo y se encaminó a la Casa Grande.

Cuando hubo sonado la última canción, Tántalo exclamó:

—¡Bueno, bueno! ¡Ha sido precioso!

Echó mano de un malvavisco asado ensartado en un palo y se dispuso a hincarle el diente en plan informal, pero antes de que pudiese tocarlo, el malvavisco salió volando. Tántalo intentó atraparlo a la desesperada, pero el malvavisco se quitó la vida arrojándose a las llamas.

Él se volvió hacia nosotros con una fría sonrisa.

—Y ahora, veamos los horarios de mañana.

—Señor —dije.

Le entró una especie de tic en el ojo.

—¿Nuestro pinche de cocina tiene algo que decir?

Algunos chavales de Ares reprimieron una risita, pero no iba a dejarme intimidar. Me puse en pie y miré a Annabeth. Gracias a los dioses, ella también se levantó.

—Tenemos una idea para salvar el campamento —dije.

Silencio sepulcral. Había conseguido despertar el interés de todo el mundo, y las llamas de la hoguera adquirieron un tono amarillo brillante.

—Sí, claro —dijo Tántalo en tono insulso—. Bueno, si tiene algo que ver con carros...

—El Vellocino de Oro —dije—. Sabemos dónde está.

Las llamas se volvieron anaranjadas. Antes de que Tántalo pudiese responder, conté de un tirón mi sueño sobre Grover y la isla de Polifemo. Annabeth intervino para recordar los efectos que producía el Vellocino de Oro; sonaba más convincente viniendo de ella.

—El vellocino puede salvar el campamento —concluyó—. Estoy completamente segura.

—Tonterías —dijo Tántalo—. No necesitamos ninguna salvación.

Todo el mundo lo miró fijamente hasta que empezó a sentirse incómodo.

—Además —añadió—, ¿el Mar de los Monstruos? No parece una pista muy exacta que digamos; no sabríais ni por dónde empezar a buscar.

—Sí, sí, lo sé —dije.

Annabeth se inclinó hacia mí y me susurró:

—¿De veras lo sabes?

Asentí. Ella me había refrescado la memoria al recordarme nuestro viaje en taxi con las Hermanas Grises. En aquel momento, la información que me dieron no tenía ningún sentido. Pero ahora...

—Treinta, treinta y uno, setenta y cinco, doce —dije.

—Muy bien —dijo Tántalo—. Gracias por compartir con nosotros esas cifras inútiles...

—Son coordenadas de navegación —aclaré—. Latitud y longitud. Lo estudié, eh... en sociales.

Incluso Annabeth pareció impresionada.

—Treinta grados, treinta y un minutos norte; setenta y cinco grados, doce minutos oeste. ¡Tiene razón! Las Hermanas Grises nos dieron las coordenadas. Debe de caer en algún punto del Atlántico frente a las costas de Florida; el Mar de los Monstruos. ¡Hemos de emprender una operación de búsqueda!

—Un momento —dijo Tántalo.

Pero todos los campistas se pusieron a corear:

—¡Una búsqueda! ¡Una operación de búsqueda!

Las llamas se alzaron aún más.

—No hace falta —insistió Tántalo.

—¡¡Una búsqueda!! ¡¡Una búsqueda!!

—¡Está bien! —gritó Tántalo, los ojos llameantes de furia—. ¿Queréis que autorice una operación de búsqueda, mocosos?

—¡¡Sí!!

—Muy bien —asintió—. Daré mi autorización para que un paladín emprenda esa peligrosa travesía, recupere el Vellocino de Oro y lo traiga al campamento, o para que muera en el intento.

El corazón se me henchía de emoción. No iba a permitir que Tántalo me asustara. Aquello era lo que tenía que hacer: salvaría a Grover y al campamento; nada me detendría.

—Permitiré que nuestro paladín consulte al Oráculo —anunció Tántalo—. Y que elija dos compañeros de viaje. Creo que la elección es obvia.

Tántalo nos miró a Annabeth y a mí como si quisiera desollarnos vivos.

—Ese paladín tiene que ser alguien que se haya ganado el respeto de todos, que haya demostrado sus recursos en las carreras de carros y su valentía en la defensa del campamento. ¡Tú dirigirás la búsqueda… Clarisse!

El fuego chisporroteó con un millar de colores diferentes. La cabaña de Ares empezó a patear el suelo y estalló en vítores:

—¡¡Clarisse!! ¡¡Clarisse!!

Ella se puso en pie, atónita. Tragó saliva y su pecho se hinchó de orgullo.

—¡Acepto la misión!

—¡Un momento! —grité—. Grover es mi amigo; fui yo quien lo soñé. El sueño me llegó a mí.

—¡Siéntate! —aulló un campista de Ares—. ¡Tú ya tuviste tu oportunidad el verano pasado!

—¡Sí! ¡Lo que quiere es ser otra vez el centro de atención! —dijo otro.

Clarisse me lanzó una mirada fulminante.

—¡Acepto la misión! —repitió—. ¡Yo, Clarisse, hija de Ares, salvaré el Campamento Mestizo!

Los de Ares la vitorearon aún con más fuerza. Annabeth protestó y los demás campistas de Atenea se sumaron a su protesta. Todo el mundo empezó a tomar partido, a gritar y discutir y a tirarse malvaviscos; temí que aquello fuera a convertirse en una batalla de malvaviscos asados con todas las de la ley... hasta que Tántalo gritó:

—¡Silencio, mocosos!

Su tono me dejó pasmado incluso a mí.

—¡Sentaos! —ordenó—. Y os contaré una historia de fantasmas.

No sabía qué se proponía, pero todos volvimos a sentarnos a regañadientes. El aura maligna que Tántalo irradiaba ahora era tan poderosa como la de cualquiera de los monstruos a los que me había enfrentado.

—Érase una vez un rey mortal muy querido por los dioses. —Se puso la mano en el pecho y tuve la sensación de que hablaba de sí mismo—. Ese rey —dijo— incluso tenía derecho a participar en los festines del monte Olimpo. Pero un día trató de llevarse un poco de néctar y ambrosía a la Tierra para averiguar la receta (sólo una bolsita, a decir verdad), y entonces los dioses lo castigaron. ¡Le cerraron la puerta de sus salones para siempre! Su propia gente se mofaba de él, incluso sus hijos le reprendían su acción. Sí, campistas, tenía unos hijos horribles. ¡Chavales como... vosotros!

Señaló con un dedo encorvado a unos cuantos de la audiencia, yo entre ellos, por supuesto.

—¿Sabéis lo que les hizo a aquellos niños ingratos? —preguntó en voz baja—. ¿Sabéis cómo se vengó de los dioses por aquel castigo tan cruel? Invitó a los Olímpicos a un festín en su palacio, para demostrarles que no les guardaba rencor. Nadie notó la ausencia de sus hijos, y cuando sirvió la cena a los dioses, mis queridos campistas, ¿adivináis lo que había en el guiso?

Nadie se atrevió a responder. La hoguera adquirió un resplandor azul oscuro y arrojó un brillo maligno al rostro torcido de Tántalo.

—Ah, los dioses lo castigaron en la vida de ultratumba —gruñó—. Vaya si lo hicieron; pero él también gozó de su momento, ¿no es verdad? Sus niños no volvieron a replicarle más ni tampoco a cuestionar su autoridad. ¿Y sabéis qué? Corren rumores de que el espíritu de aquel rey mora en este mismo campamento, a la espera de una oportunidad para vengarse de los niños ingratos y rebeldes. Así pues... ¿alguna otra queja antes de dejar que Clarisse emprenda su búsqueda?

Silencio.

Tántalo le hizo un gesto con la cabeza.

—El Oráculo, querida. Vamos.

Clarisse se removió inquieta, como si ni siquiera ella deseara la gloria si había de ser el precio de convertirse en su mascota.

—Señor...

—¡Ve! —gruñó él.

Ella esbozó una torpe reverencia y se apresuró hacia la Casa Grande.

—¿Y tú, Percy Jackson? —preguntó Tántalo—. ¿Ningún comentario de nuestro lavaplatos?

Permanecí en silencio. No iba a darle el gusto de castigarme otra vez.

—Muy bien. Y dejad que os lo recuerde a todos: nadie sale de este campamento sin mi permiso. Quien lo intente... bueno, si sobrevive al intento, será expulsado para siempre, pero ni siquiera hará falta llegar a ese punto. Las arpías montarán guardia de ahora en adelante para reforzar el toque de queda. ¡Y siempre están hambrientas! Buenas noches, estimados campistas, dormid bien.

Hizo un gesto con la mano y la hoguera se extinguió. Los campistas desfilaron en la oscuridad hacia sus cabañas.

No podía explicarle toda la situación a Tyson, pero él sabía que estaba triste. Sabía que quería salir de viaje y que Tántalo no me lo permitía.

—¿Irás de todos modos? —preguntó.

—No lo sé —reconocí—. Sería un viaje duro, muy duro.

—Yo te ayudaría.

—No... no podría pedirte que lo hicieras, grandullón. Es demasiado peligroso.

Tyson bajó la vista y se concentró en las piezas de metal que estaba ensamblando en su regazo: muelles, engranajes y pequeños alambres. Beckendorf le había dado varias herramientas y chatarra suelta, y ahora Tyson se pasaba las noches jugueteando con ellas, aunque yo no entendía cómo podía manejar con sus enormes manos aquellas piezas tan pequeñas y delicadas.

—¿Qué estás construyendo? —le pregunté.

Tyson soltó un quejido lastimero.

—A Annabeth no le gustan los cíclopes. Tú... ¿no quieres que te acompañe?

—No es eso —dije sin demasiada convicción—. A Annabeth le caes bien, de verdad.

Tenía lágrimas en los rabillos del ojo.

Recordé que Grover, como todos los sátiros, podía leer las emociones humanas. Me pregunté si los cíclopes tenían esa misma destreza.

Tyson envolvió su artefacto en un trozo de hule. Se echó en su litera y abrazó la colcha como si fuera un osito. Cuando se volvió hacia la pared, vi aquellas extrañas cicatrices que tenía en la espalda, como si alguien hubiese arado con un tractor encima de él. Me pregunté por enésima vez cómo se habría hecho semejantes heridas.

—Papi siempre se había preocupado por mí —dijo sorbiéndose la nariz—. Pero... creo que hizo mal en tener un cíclope. Yo no debería haber nacido.

—¡No digas eso! Poseidón te ha reconocido ¿no? O sea que debes importarle... mucho...

Mi voz se fue apagando a medida que pensaba en todos aquellos años en que Tyson había vivido en las calles de Nueva York, en la caja de cartón de un frigorífico. ¿Cómo podía creerse que Poseidón se había preocupado por él? ¿Qué clase de padre habría permitido que le ocurriera aquello a su hijo, incluso aunque ese hijo fuera un monstruo?

—Tyson, el campamento será un buen hogar para ti. Los demás se acostumbrarán a verte, te lo prometo.

Él suspiró. Aguardé a que dijese algo, pero enseguida advertí que se había dormido.

Me tendí en la cama e intenté cerrar los ojos, pero no podía. Me daba miedo soñar con Grover. Si la conexión por empatía era real, si le ocurría algo, ¿volvería a despertar?

La luna llena brillaba a través de la ventana y el ruido del oleaje resonaba a lo lejos. Percibía la cálida fragancia de los campos de fresas y oía las risas de las ninfas, que perseguían a los búhos por el bosque. Pero había algo que no estaba bien en la noche del campamento: era la enfermedad del árbol de Thalia, que se iba extendiendo por todo el valle.

¿Sería Clarisse capaz de salvar la colina Mestiza? Pensé que tendría tantas probabilidades como que Tántalo me otorgara el premio al Mejor Campista. O sea, ninguna.

Me levanté de la cama y me puse algo de ropa, saqué una toalla de playa y un paquete de seis Coca-Colas de debajo de la litera. La Coca-Cola iba contra las normas; no se podían entrar refrescos ni bolsas de patatas del exterior, pero si hablabas con el tipo indicado de la cabaña de Hermes y le pagabas unos dracmas de oro, conseguía lo que fuera en el súper más cercano y te lo traía de contrabando.

Salir a hurtadillas después del toque de queda iba contra las normas también. Si me pillaban, o bien me metería en un lío, o sería devorado por las arpías, pero yo quería ver el océano. Allí siempre me sentía mejor; pensaba con más claridad. Salí de la cabaña, pues, y me encaminé hacia la playa.

Extendí mi toalla cerca del agua y abrí un lata. Por algún motivo, el azúcar y la cafeína siempre serenaban mi cerebro hiperactivo. Traté de pensar en lo que debía hacer para salvar el campamento, pero no se me ocurría nada.

Me habría gustado hablar con Poseidón para que me diese algún consejo.

El cielo se veía despejado y plagado de estrellas. Estaba repasando las constelaciones que Annabeth me había enseñado —Sagitario, Hércules, la Corona Boreal— cuando alguien dijo:

—Hermoso, ¿verdad?

Poco me faltó para atragantarme.

De pie a mi lado, había un tipo con pantalones cortos y una camiseta de la maratón de Nueva York. Estaba delgado y en buena forma; tenía el pelo entrecano y sonreía de un modo taimado. Su aspecto me resultaba familiar, aunque no sabía por qué.

Mi primer pensamiento fue que el tipo había salido a correr por la playa y había cruzado sin darse cuenta las fronteras del campamento. Pero se suponía que eso no era posible; los mortales corrientes no podían entrar en el valle. Quizá la debilidad cada vez mayor del árbol de Thalia le había permitido colarse dentro, pero... ¿en mitad de la noche? Además, en los alrededores no había nada, salvo campos de labranza y terrenos rústicos. ¿De dónde había salido aquel tipo?

—¿Puedo sentarme contigo? —preguntó—. Hace una eternidad que no me siento.

Sí, ya lo sé: un extraño en mitad de la noche. El sentido común dice que tendría que haber salido corriendo, gritar pidiendo ayuda, etcétera; pero el tipo actuaba con tanta calma que me resultaba difícil sentir miedo.

—Eh, sí, claro —dije.

Él sonrió.

—Tu hospitalidad te honra. Ah, ¡Coca-Cola! ¿Puedo?

Se sentó en la otra punta de la toalla, abrió una lata y echó un trago.

—Uf, esto es ideal. Paz y tranquilidad en...

Un teléfono móvil sonó en su bolsillo.

Suspiró. Sacó el teléfono y yo abrí los ojos de par en par, porque emitía un resplandor azulado. Cuando extendió la antena, dos criaturas empezaron a retorcerse en torno a ella: dos culebras verdes, pequeñas como lombrices.

Él no pareció advertirlo. Miró la pantalla y soltó una maldición.

—Tengo que atender esta llamada. Un seg... —Habló al teléfono—. ¿Hola?

Mientras él escuchaba, las miniculebras siguieron retorciéndose por la antena a unos centímetros de su oreja.

—Sí —dijo—. Oiga, ya sé, pero... me tiene sin cuidado que esté encadenado a una roca y con buitres mordiéndole el hígado. Si no tiene el número de envío, no podemos localizar el paquete... Un regalo para la humanidad, fantástico... ¿Sabe cuántos regalos entregamos? No importa. Oiga, dígale que pregunte por Eris en atención al cliente. Ahora tengo que dejarle.

Colgó.

—Perdón. El negocio de envíos nocturnos va viento en popa. Bueno, como iba diciendo...

—Tiene unas serpientes en el teléfono.

—¿Qué? Ah, no muerden. Saludad, George y Martha.

«Hola, George y Martha», dijo en mi cabeza una voz ronca.

«No seas sarcástico», repuso una voz femenina.

«¿Por qué no? —preguntó George—. Soy yo quien hace todo el trabajo.»

—¡Oh, no volvamos a discutir eso! —El hombre se metió otra vez el teléfono en el bolsillo—. Bien, ¿dónde estábamos...? Ah, sí. Paz y tranquilidad.

Cruzó las piernas y levantó la vista hacia las estrellas.

—Hace muchísimo que no tenía un rato para relajarme. Desde que apareció el telégrafo, ha sido un no parar. ¿Tienes una constelación favorita, Percy?

Todavía estaba pensando en las pequeñas culebras verdes que se le habían metido en el bolsillo del pantalón, pero contesté:

—Hummm... me gusta Hércules.

—¿Por qué?

—Bueno... porque tenía una suerte fatal, incluso peor que la mía; lo cual hace que me sienta mejor.

El tipo rió entre dientes.

—¿No porque fuera fuerte y famoso y demás?

—No.

—Eres un joven interesante. Y entonces... ¿ahora qué?

Comprendí en el acto lo que me preguntaba. ¿Qué pensaba hacer respecto al Vellocino de Oro?

Antes de que pudiera responderle, salió de su bolsillo la voz amortiguada de Martha la culebra:

«Tengo a Deméter en la línea dos.»

—Ahora no —dijo el hombre—. Dile que te deje el mensaje.

«No le va a gustar; la última vez que lo hiciste se marchitaron todas las flores en la sección de envíos florales.»

—¡Pues dile que estoy en una reunión! —Puso los ojos en blanco—. Perdona de nuevo, Percy. Estabas diciendo...

—Hummm... ¿Quién es usted exactamente?

—¿Un chico tan listo como tú y no lo has adivinado todavía?

«¡Muéstraselo! —suplicó Martha—. ¡Hace meses que no adquiero mi tamaño normal!»

«¡No le hagas caso! —dijo George—. ¡Sólo quiere pavonearse!»

El hombre sacó otra vez el teléfono.

—Forma original, por favor.

El teléfono emitió un brillante resplandor azul y se fue alargando hasta convertirse en una vara de madera de un metro de largo, de la que brotaron unas alas. George y Martha, ahora culebras de tamaño normal, se enroscaban juntas en el centro. Aquello era un caduceo: el símbolo de la cabaña 11.

Se me hizo un nudo en la garganta. Comprendí a quién me recordaba el tipo con sus rasgos de elfo y aquel brillo pícaro en los ojos...

—Usted es el padre de Luke —dije—. Hermes.

El dios apretó los labios y clavó su caduceo en la arena, como si fuese el palo de una sombrilla.

—«El padre de Luke...» Normalmente, la gente no me presenta de ese modo. El dios de los ladrones, sí, o el dios de los mensajeros y viajeros, si quieren ser amables.

«Dios de los ladrones es perfecto», dijo George.

«No le hagas caso a George. —Martha chasqueó la lengua—. Está amargado porque Hermes me prefiere a mí.»

«¡No es verdad!»

«¡Ya lo creo!»

—¡Vosotros dos, comportaos —les advirtió Hermes—, o vuelvo a convertiros en un móvil y os dejo en modo vibración! Bueno, Percy, todavía no has respondido a mi pregunta. ¿Qué piensas hacer respecto a la búsqueda?

—No tengo permiso para salir del campamento.

—En efecto, no lo tienes. ¿Eso te va a detener?

—Yo quiero ir. Tengo que salvar a Grover.

Hermes sonrió.

—Conocí una vez a un chico… Mucho más joven que tú. Casi un niño, en realidad.

«Ya estamos otra vez —dijo George—. Siempre hablando de sí mismo.»

«¡Cállate! —le espetó Martha—. ¿Quieres que nos ponga en modo vibración?»

Hermes no les hizo caso.

—Una noche, cuando la madre del chico no miraba, se deslizó fuera de su cueva y robó unas cabezas de ganado que eran propiedad de Apolo.

—¿Y él lo hizo explotar en mil pedazos?

—Hummm… no. De hecho, la cosa salió bastante bien. Para compensarle por el robo, el chico le dio a Apolo un instrumento que había inventado: una lira. Apolo estaba tan encantado con la música que se olvidó por completo de su enfado.

—¿Cuál es la moraleja?

—¿La moraleja? Cielos, lo dices como si se tratase de una fábula. Es una historia verdadera. ¿La verdad también tiene moraleja?

—Eh…

—Digámoslo así: robar no siempre es malo —concluyó Hermes.

—No creo que a mi madre le gustara esa moraleja.

«Las ratas son deliciosas», dijo George.

«¿Qué tiene que ver eso con la historia?», preguntó Martha.

«Nada. Pero estoy hambriento.»

—Ya lo tengo —dijo Hermes—. Los jóvenes no siempre hacen lo que se les dice, pero si logran lo que se proponen y hacen algo fantástico, a veces se libran del castigo. ¿Qué tal?

—Me está diciendo que debería irme de todos modos —dije—, aunque sea sin permiso.

Los ojos de Hermes centellearon.

—Martha, ¿me pasas el primer paquete, por favor?

Martha abrió la boca... y la siguió abriendo hasta que se volvió tan ancha como mi brazo. Eructó un bote de acero reluciente. Era un termo anticuado con tapa de plástico; tenía los lados esmaltados con antiguas escenas griegas en rojo y amarillo: un héroe matando a un león; un héroe levantando por los aires a Cerbero, el perro de tres cabezas...

—Es Hércules —dije—. ¿Pero cómo...?

—Nunca hagas preguntas sobre un regalo —me reprendió Hermes—. Es una pieza de coleccionista de *Hércules Rompe Cabezas*. De la primera temporada.

—¿Hércules Rompe Cabezas?

—Una serie fantástica —suspiró Hermes—. Antes de que la televisión de Hefesto se llenara de *reality shows*. Desde luego, ese termo sería mucho más valioso si hubiese conseguido la canastilla del almuerzo completa...

«O si no hubiera pasado por la boca de Martha», añadió George.

«Ésta me la vas a pagar.» Martha empezó a perseguirlo en torno al caduceo.

—Un momento... —dije—. ¿Es un regalo?

—Uno de los dos que te he traído —dijo Hermes—. Venga, míralo bien.

Poco me faltó para que se me cayera, porque por un lado estaba helado y por el otro quemaba. Lo raro era que, cuando le daba la vuelta, el lado que miraba al océano, hacia el norte, era siempre el congelado.

—¡Es una brújula!

Hermes pareció sorprendido.

—¡Qué listo! No lo había pensado, pero el uso para el que está diseñado es algo más espectacular. Afloja la tapa y desatarás los cuatro vientos para que te impulsen en tu camino. ¡Ahora no! Y por favor, cuando llegue el momento, desenrosca sólo un poquito la tapa, los vientos son un poco como yo... siempre incansables. Si los cuatro se escaparan al mismo tiempo... Pero bueno, estoy seguro de que andarás con cuidado. Y ahora, mi segundo regalo. ¿George?

«Me está tocando», se quejó George mientras él y Martha seguían deslizándose alrededor de la vara.

—Vaya novedad —replicó Hermes—. Estáis entrelazados. ¡Y si no paráis ahora mismo, os haré un nudo otra vez!

Las culebras dejaron de pelearse en el acto.

George abrió la mandíbula casi hasta dislocarla y expectoró un bote de plástico lleno de vitaminas masticables.

—Está de broma —dije—. ¿Esas de ahí no tienen forma de Minotauro?

Hermes tomó la botellita y la agitó.

—Las de limón, sí; las de uva son Furias, me parece. ¿O eran Hidras? En todo caso, son muy fuertes; no tomes una a menos que de verdad la necesites.

—¿Cómo voy a saber si de verdad la necesito?

—Lo sabrás, créeme. Nueve vitaminas esenciales, minerales, aminoácidos... Todo lo que necesitas para sentirte bien.

Me lanzó la botellita.

—Bueno, gracias —dije—. Pero... ¿por qué me ayuda, señor Hermes?

Me sonrió melancólico.

—Quizá porque espero que puedas salvar a mucha gente en esta misión, Percy, no sólo a tu amigo Grover.

Lo miré fijamente.

—¿No querrá decir... a Luke?

Hermes no respondió.

—Mire, señor Hermes, o sea, muchas gracias y tal, pero quizá sea mejor que se quede con los regalos. No es posible salvar a Luke, incluso si lo encontrara... Me dijo que quería demoler hasta la última piedra del Olimpo y ha traicionado a todos los que lo conocían. Y a usted lo odia especialmente.

Hermes levantó la vista y miró las estrellas.

—Mi joven y querido primo, si hay una cosa que he aprendido en el curso de los eones es que no puedes renunciar a tu familia ni dejarla por imposible, por tentador que a veces pueda resultar. No importa que te odien, que te pongan en ridículo o que, sencillamente, sean incapaces de apreciar el genio que has demostrado inventando Internet...

—¿Usted inventó Internet?

«Fue idea mía», dijo Martha.

«Las ratas son deliciosas», dijo George.

—¡Fue idea mía! —dijo Hermes—. Me refiero a Internet, no a las ratas. Pero ésa no es la cuestión ahora. Percy, ¿entiendes lo que te digo sobre la familia?

—N-no estoy seguro.

—Algún día lo estarás. —Se incorporó y se sacudió la arena de las piernas—. Entretanto, he de continuar.

«Tienes que devolver sesenta llamadas», dijo Martha.

«Y mil treinta y siete e-mails —añadió George—. Sin contar las ofertas de descuento *online* en los pedidos de ambrosía.»

—Y tú, Percy —dijo Hermes—, tienes un plazo más corto de lo que crees para completar tu búsqueda. Tus amigos deben estar a punto de...

Oí la voz de Annabeth llamándome entre las dunas. Y también a Tyson, que gritaba desde un poco más lejos.

—Espero haberte hecho bien el equipaje —dijo Hermes—. Tengo cierta experiencia en cuestión de viajes.

Chasqueó los dedos y aparecieron a mis pies tres petates amarillos.

—Son impermeables, claro. Y si se lo pides con amabilidad, creo que tu padre podría ayudarte a alcanzar el barco.

—¿Qué barco?

Hermes señaló con el dedo. En efecto, un gran crucero estaba atravesando el estuario de Long Island Sound. Sus luces blancas y doradas resplandecían sobre las aguas oscuras.

—Espere —dije—. No entiendo nada. ¡Ni siquiera he dicho que vaya a partir!

—Yo en tu lugar me decidiría en los próximos cinco minutos —me aconsejó Hermes—. Que es cuando las arpías vendrán a devorarte; y ahora, buenas noches, primo. Y... ¿me atreveré a decirlo? Que los dioses te acompañen.

Abrió la mano y el caduceo voló hacia ella.

«Buena suerte», me dijo Martha.

«Tráeme una rata cuando vuelvas», dijo George.

El caduceo se convirtió otra vez en teléfono móvil y Hermes se lo metió en el bolsillo.

Echó a correr por la playa. Veinte pasos más allá, resplandeció un segundo y se desvaneció, dejándome solo con un termo, un bote de vitaminas, tres petates y cinco minutos escasos para tomar una decisión imposible.

8

Navegamos a bordo
del *Princesa Andrómeda*

Estaba contemplando las olas cuando Annabeth y Tyson me encontraron por fin.

—¿Qué ocurre? —preguntó Annabeth—. ¡Te he oído pidiendo socorro!

—¡Y yo! —dijo Tyson—. Gritabas: «¡Nos atacan cosas malas!»

—Yo no os he llamado, chicos. Estoy bien.

—Pero entonces, ¿quién...? —Annabeth se fijó en los tres petates amarillos y luego en el termo y el bote de vitaminas que tenía en la mano—. ¿Y esto?

—Escucha —dije—. No tenemos tiempo.

Les conté mi conversación con Hermes. Para cuando terminé, ya empezaba a oírse un chillido a lo lejos: era la patrulla de arpías, que habían olfateado nuestro rastro.

—Percy —dijo Annabeth—, hemos de emprender esta misión.

—Nos expulsarán. Créeme, soy todo un experto en lo de ser expulsado.

—¿Y qué? Si fracasamos tampoco habrá campamento al que regresar.

—Sí, pero tú le prometiste a Quirón...

—Le prometí que te mantendría fuera de peligro. ¡Y sólo puedo hacerlo yendo contigo! Tyson puede quedarse y explicarles...

—Yo quiero ir.

—¡No! —La voz de Annabeth parecía rozar el pánico—. Quiero decir... Vamos, Percy, tú sabes que no puede ser.

Me pregunté otra vez por qué estaba tan resentida contra los cíclopes. Debía de haber algo que no me había contado.

Los dos me miraron, esperando una respuesta, mientras el crucero se alejaba más y más.

Una parte de mí no quería que Tyson viniera. Me había pasado los tres últimos días con el pobre tipo convertido en mi sombra, o sea, expuesto a las burlas de los demás campistas y metido mil veces al día en situaciones embarazosas, que me recordaban a todas horas nuestro parentesco. Necesitaba un poco de aire.

Además, no sabía hasta qué punto podría sernos de ayuda, ni cómo me las arreglaría para mantenerlo a salvo. Desde luego, Tyson era muy fuerte, pero en la escala de los cíclopes no pasaba de ser un niño y su mentalidad sería de unos siete u ocho años; podía imaginármelo flipando de repente o echándose a llorar cuando intentáramos deslizarnos a hurtadillas junto a algún monstruo, o algo por el estilo. O quizá consiguiera que nos matasen.

Pero, por otro lado, las arpías sonaban cada vez más cerca...

—No podemos dejarlo aquí —decidí—. Tántalo le haría pagar a él nuestra escapada.

—Percy —dijo Annabeth, tratando de mantener la calma—, ¡Vamos a la isla de Polifemo! Y Polifemo es un «ese», «i», «ce»... Digo, un «ce», «i», «ce»... —Pateó el suelo con frustración; por muy inteligente que fuera, también ella era disléxica y tenía accesos agudos. Nos podríamos haber pasado allí la noche mientras trataba de deletrear la palabra «cíclope»—. Bueno, ya sabes a qué me refiero.

—Tyson puede venir si quiere —insistí.

Tyson aplaudió.

—¡Quiero!

Annabeth me echó una mirada fulminante, pero supongo que sabía que yo no cambiaría de opinión. O quizá era consciente de que ya no teníamos tiempo de discutir.

—Está bien —dijo—. ¿Cómo vamos a subir a ese barco?

—Hermes dijo que mi padre me ayudaría.

—¿Y bien, sesos de alga? ¿A qué esperas?

Siempre me costaba un montón llamar a mi padre, o rezarle, o como queráis llamarlo, pero, en fin, me metí en el agua.

—Hummm, ¿padre? —dije—. ¿Cómo va todo?

—¡Percy! —cuchicheó Annabeth—. ¡Esto es urgente!

—Necesitamos tu ayuda —dije levantando un poco la voz—. Tenemos que subir a ese barco antes de que nos devoren y tal, así que...

Al principio, no pasó nada. Las olas siguieron estrellándose contra la orilla como siempre. Las arpías sonaban como si ya estuvieran detrás de las dunas. Entonces, a unos cien metros mar adentro, surgieron tres líneas blancas en la superficie. Se movían muy deprisa hacia la orilla, como las tres uñas de una garra rasgando el océano.

Al acercarse más, el oleaje se abrió y la cabeza de tres caballos blancos surgió entre la espuma.

Tyson contuvo el aliento.

—¡Ponis pez!

Tenía razón. En cuanto llegaron a la arena, vi que aquellas criaturas sólo tenían de caballo la parte de delante; por detrás, su cuerpo era plateado como el de un pez, con escamas relucientes y una aleta posterior con los colores del arco iris.

—¡Hipocampos! —dijo Annabeth—. Son preciosos.

El que estaba más cerca relinchó agradecido y rozó a Annabeth con el hocico.

—Ya los admiraremos luego —dije—. ¡Vamos!

—¡Ahí están! —chilló una voz a nuestra espalda—. ¡Niños malos fuera de las cabañas! ¡La hora del aperitivo para las arpías afortunadas!

Había cinco de ellas revoloteando en la cima de las dunas: pequeñas brujas rollizas con la cara demacrada, garras afiladas y unas alas ligeras y demasiado pequeñas para su cuerpo. Parecían camareras de cafetería en miniatura cruzadas con pingüinos; no eran muy rápidas, gracias a los dioses, pero sí muy crueles si llegaban a atraparte.

—¡Tyson! —dije—. ¡Agarra un petate!

Él seguía mirando boquiabierto a los hipocampos.

—¡Tyson!

—¿Eh?

—¡Vamos!

Conseguí que se moviera con la ayuda de Annabeth. Recogimos las bolsas y montamos en nuestros corceles. Poseidón debía de saber que Tyson sería uno de los pasajeros, porque un hipocampo era mucho mayor que los otros dos: del tamaño adecuado para un cíclope.

—¡Arre! —dije. El hipocampo dio media vuelta y se zambulló entre las olas. Annabeth y Tyson me siguieron.

Las arpías nos lanzaban maldiciones y aullaban reclamando su aperitivo, pero los hipocampos se deslizaban por el agua a la velocidad de una moto acuática y enseguida las dejamos atrás. Muy pronto la orilla del Campamento Mestizo no fue más que una mancha oscura. Me preguntaba si volvería a verlo de nuevo. Pero en aquel momento tenía otros problemas en que pensar.

Mar adentro, empezaba vislumbrarse el crucero: nuestro pasaporte hacia Florida y el Mar de los Monstruos.

Montar un hipocampo era incluso más fácil que montar un pegaso. Corríamos con el viento de cara, sorteando las olas con tal suavidad que casi no era necesario agarrarse.

A medida que nos acercábamos al crucero, me fui dando cuenta de lo enorme que era. Sentí como si estuviese mirando un rascacielos de Manhattan desde abajo; el casco, de un blanco impecable, tenía al menos diez pisos de altura y estaba rematado con una docena de cubiertas a distintos niveles, cada una de ellas con sus miradores y sus ojos de buey profusamente iluminados. El nombre del barco estaba pintado junto a la proa con unas letras negras iluminadas por un foco. Me llevó unos cuantos segundos descifrarlo: *Princesa Andrómeda*.

Adosado a la proa, un enorme mascarón de tres pisos de alto: una figura de una mujer con la túnica blanca de los antiguos griegos, esculpida de tal modo que parecía encadenada al barco. Era joven y hermosa, con el pelo negro y largo, pero tenía una expresión aterrorizada. Cómo se le podía ocurrir a nadie poner a una princesa chillando de pánico en la proa de un crucero de vacaciones. No me cabía en la cabeza.

Recordé el mito de Andrómeda y cómo había sido encadenada a una roca por sus propios padres para ofrecerla en sacrificio a un monstruo marino. Quizá había sacado demasiados suspensos en la escuela. El caso es que mi tocayo, Perseo, la salvó justo a tiempo y volvió de piedra a aquel monstruo marino usando la cabeza de la Medusa.

Aquel Perseo acababa venciendo siempre, por eso mi madre me había puesto su nombre, aunque él fuera hijo de Zeus y yo de Poseidón. El Perseo original era uno de los pocos héroes de la mitología griega que tenía un final feliz. Los demás morían traicionados, destrozados, mutilados, envenenados o malditos por los dioses. Mi madre esperaba que yo heredase la suerte de Perseo. Teniendo en cuenta cómo había ido mi vida hasta el momento, no podía ser tan optimista.

—¿Cómo vamos a subir a bordo? —gritó Annabeth para hacerse oír entre el fragor de las olas.

Pero no hubo de qué preocuparse. Los hipocampos parecían saber lo que queríamos; se deslizaron hacia el lado de estribor del barco, cruzando sin dificultad su enorme estela, y se detuvieron junto a una escala de mano suspendida de la borda.

—Tú primero —le dije a Annabeth.

Ella se echó al hombro el petate y se agarró al último peldaño. Cuando se hubo encaramado, su hipocampo soltó un relincho de despedida y se sumergió en el agua. Annabeth empezó a ascender. Yo aguardé a que subiera varios peldaños y la seguí.

El único que quedaba en el agua era Tyson. Su hipocampo giraba en redondo y daba brincos hacia atrás, y Tyson se desternillaba de risa de tal modo que el eco de sus carcajadas rebotaba por todo el costado del barco.

—¡Chitón, Tyson! —exclamé—. ¡Vamos, muévete!

—¿No podemos llevarnos a Rainbow? —preguntó, mientras la sonrisa se desvanecía de su rostro.

Yo lo miré atónito.

—¿Rainbow?

El hipocampo relinchó como si le gustara su nuevo nombre.

—Tenemos que irnos, Tyson —dije—. Y Rainbow... bueno, él no puede subir por la escala.

Tyson se sorbió la nariz y apretó la cara contra la crin del hipocampo.

—¡Te voy a echar de menos, Rainbow!

El hipocampo soltó una especie de relincho que yo hubiese jurado que era un llanto.

—Quizá volvamos a verlo en otro momento —sugerí.

—¡Sí, por favor! —dijo Tyson, animándose—. ¡Mañana!

No le prometí nada, pero logré que se despidiera y se agarrara a la escala. Con un triste relincho, Rainbow dio una voltereta hacia atrás y se zambulló en el agua.

La escala conducía a una cubierta de servicio llena de botes salvavidas de color amarillo. Había una doble puerta cerrada con llave que Annabeth logró abrir con su cuchillo y una buena dosis de maldiciones en griego antiguo.

Pensaba que tendríamos que movernos a escondidas, ya que éramos polizones, pero después de recorrer unos cuantos pasillos y de asomarnos por un mirador al enorme paseo principal flanqueado de tiendas cerradas, empecé a comprender que no había razón para esconderse de nadie. Quiero decir, era verdad que estábamos en plena noche, pero llevábamos ya recorrido medio barco y no habíamos visto a nadie. Habíamos pasado por delante de cuarenta o cincuenta camarotes y no habíamos oído ni un solo ruido.

—Es un barco fantasma —murmuré.

—No —dijo Tyson, jugueteando con la correa de su petate—. Mal olor.

Annabeth frunció el ceño.

—Yo no huelo nada.

—Los cíclopes son como los sátiros —dije—. Huelen a los monstruos. ¿No es así, Tyson?

Él asintió, nervioso. Ahora que estábamos fuera del Campamento Mestizo, la niebla volvía a hacer que viera su cara distorsionada. Si no me concentraba mucho, me parecía que tenía dos ojos, y no uno.

—Está bien —dijo Annabeth—. ¿Qué hueles exactamente?

—Algo malo —respondió Tyson.

—Fantástico —refunfuñó Annabeth—. Eso lo aclara todo.

Salimos al exterior en la cubierta de la piscina. Había filas de tumbonas vacías y un bar cerrado con una cortinilla metálica. El agua de la piscina tenía un resplandor misterioso y chapoteaba con un rítmico vaivén por el movimiento del barco.

Había aún más niveles por encima de nosotros, tanto a proa como a popa, incluyendo un muro artificial de escalada, una pista de minigolf y un restaurante giratorio. Pero no se veía el menor signo de vida.

Sin embargo, yo percibía algo que me resultaba conocido. Algo peligroso. Tenía la sensación de que si no hubiera estado tan cansado, tan fundido por la adrenalina de aquella larga noche, quizá habría sido capaz de discernir qué no andaba bien.

—Necesitamos un escondite —dije—. Algún sitio seguro donde dormir.

—Sí, dormir —repitió Annabeth, también agotada.

Exploramos unos cuantos corredores más, hasta que dimos en el noveno nivel con una suite vacía. La puerta estaba abierta, cosa que me pareció rara. En la mesa había una cesta con golosinas de chocolate y en la mesilla de noche una botella de sidra refrescándose en un cubo de hielo. Sobre la almohada, un caramelo de menta y una nota manuscrita: «¡Disfrute del crucero!»

Abrimos nuestros petates por primera vez y descubrimos que Hermes realmente había pensado en todo: mudas de ropa, artículos de tocador, víveres, una bolsita de plástico con dinero y también una bolsa de cuero llena de dracmas de oro. Incluso se había acordado de poner el paquete de hule de Tyson, con sus herramientas y piezas metálicas, y la gorra de invisibilidad de Annabeth, lo cual contribuyó a que ambos se sintieran mucho mejor.

—Voy a la habitación de al lado —dijo Annabeth—. No bebáis ni comáis demasiado, chicos.

—¿Crees que es un sitio encantado?

Ella frunció el ceño.

—No lo sé. Hay algo que no encaja... Ve con cuidado. Cerramos nuestras puertas con llave.

Tyson se desplomó en el diván. Jugueteó unos minutos con su artilugio de metal, que seguía sin querer enseñarme, y empezó a bostezar. Lo envolvió todo en el hule y cayó desfallecido.

Me tendí en la cama y miré por el ojo de buey. Me pareció oír voces en el pasillo, una especie de cuchicheo. No podía ser; habíamos recorrido todo el barco y no habíamos visto a nadie. Aquellas voces, sin embargo, me mantenían despierto, me recordaban mi viaje al inframundo: eran como el murmullo de los espíritus de los muertos al pasar por mi lado.

Al final, me venció el cansancio. Caí dormido... y tuve el peor sueño de mi vida.

Estaba en una caverna al borde de un tremendo abismo. Conocía el lugar muy bien, era la entrada del Tártaro. Y reconocía la voz gélida que surgía como un eco del fondo de la oscuridad.

—¡Pero si es el joven héroe! —La voz era como la hoja de un cuchillo raspando una roca—. De camino a otra gran victoria.

Quería gritarle a Cronos que me dejara en paz. Quería sacar a *Contracorriente* y derribarlo de un mandoble. Pero no podía moverme. E incluso si hubiera sido capaz, ¿como habría podido matar a alguien que ya había sido destrozado, troceado y arrojado a una eterna oscuridad?

—No dejes que te entretenga —dijo el titán—. Quizá esta vez, cuando acabes fracasando, te preguntes si vale la pena trabajar como un burro para los dioses. ¿Cómo te ha demostrado tu padre su gratitud últimamente?

Su carcajada inundó la caverna y, de repente, el escenario cambió.

Era otra cueva: la prisión de Grover en la guarida del cíclope.

Grover estaba sentado junto al telar, con su vestido de novia sucísimo, y se afanaba en deshacer las hebras de su cola nupcial, todavía inacabada.

—¡Ricura! —gritó el monstruo desde detrás de la roca.

Grover ahogó un grito y se puso a tejer otra vez las hebras que acababa de deshacer.

Toda la estancia retembló mientras la roca era desplazada de su sitio. Por la entrada asomó un cíclope tan descomunal que Tyson habría parecido un enano a su lado; tenía unos dientes amarillentos y afilados y unas manos nudosas tan grandes como mi cuerpo. Llevaba una camiseta morada desteñida, con la leyenda «Expo Mundial de Ovekas 2001». Debía de medir al menos cinco metros, pero lo más asombroso era su enorme ojo nublado, cubierto de cicatrices y la telaraña de unas cataratas; si no estaba completamente ciego, poco debía faltarle.

—¿Qué haces? —preguntó el monstruo.

—¡Nada! —dijo Grover con su voz de falsete—. Tejer mi cola de novia, ya lo ves.

El cíclope introdujo una mano en la cueva y tanteó hasta dar con el telar. Manoseó la tela.

—¡No ha crecido ni un centímetro!

—Eh… sí ha crecido, cariñito. ¿No lo ves? Le he añadido al menos tres dedos.

—¡Demasiado despacio! —bramó el monstruo. Luego se puso a husmear el aire—. ¡Hueles bien! ¡Como las cabras!

Grover simuló una risita.

—¿Te gusta? Es *Eau de Chévre*. Me la pongo para ti.

—¡Hummm! —El cíclope mostró sus dientes afilados—. ¡Como para comerte enterita!

—¡Ay, qué picarón!

—¡Se acabaron los retrasos!

110

—¡Pero, querido, aún no estoy!

—¡Mañana!

—No, no. Diez días más.

—¡Cinco!

—Bueno, siete. Si insistes.

—¡De acuerdo, siete! Eso es menos que cinco, ¿no?

—Por supuesto.

El monstruo refunfuñó, todavía descontento con el acuerdo, pero dejó que Grover siguiera tejiendo y volvió a colocar la roca en su lugar.

Grover cerró los ojos y, aún tembloroso, inspiró profundamente para serenarse.

—¡Date prisa, Percy! —murmuró—. ¡Por favor, por favor, por favor!

Me despertó la sirena del barco y una voz por megafonía: un tipo con acento australiano que sonaba demasiado alegre.

—¡Buenos días, señores pasajeros! Hoy pasaremos todo el día en el mar. ¡El tiempo es excelente para bailar el mambo junto a la piscina! No olviden el bingo de un millón de dólares en el salón Kraken, a la una de la tarde. Y para nuestros invitados especiales, ¡ejercicios de destripamiento en la galería Promenade!

Me senté de golpe en la cama.

—¿Qué ha dicho?

Tyson rezongó, medio dormido todavía. Estaba tirado boca abajo en el diván y los pies le sobresalían tanto que llegaban hasta el baño.

—Creo que ha dicho... ¿ejercicios de estiramiento?

Ojalá tuviese razón, pero se oyó un golpe apremiante en la puerta interior de la suite y Annabeth asomó la cabeza, con su pelo rubio alborotado.

—¿Han dicho «ejercicios de destripamiento»?

En cuanto estuvimos todos vestidos, nos aventuramos por el barco y descubrimos asombrados que había más gente. Una docena de personas de edad avanzada se dirigían a tomar el desayuno. Un padre llevaba a sus tres críos a la piscina para que se dieran un chapuzón. Los miembros de la tripulación, vestidos con impecable uniforme blanco, saludaban a los pasajeros tocándose la gorra con dos dedos.

Nadie nos preguntó quiénes éramos. Nadie nos prestaba atención. Pero había algo que no encajaba.

Mientras la familia que iba a darse el baño pasaba por nuestro lado, el padre les dijo a los críos:

—Estamos de crucero. Nos estamos divirtiendo.

—Sí —dijeron al unísono los críos con expresión vacía—. Nos lo estamos pasando bomba. Vamos a nadar a la piscina.

Y siguieron su camino.

—Buenos días —nos dijo un tripulante de ojos vidriosos—. Nos lo estamos pasando muy bien a bordo del *Princesa Andrómeda*. Que tengan un buen día. —Y pasó de largo.

—Percy, esto es muy raro —susurró Annabeth—. Están todos en una especie de trance.

Al pasar frente a una cafetería, vimos al primer monstruo. Era un perro del infierno: un mastín negro con las patas delanteras subidas al buffet y el hocico enterrado en una fuente de huevos revueltos. Debía de ser muy joven, porque era bastante pequeño comparado con la mayoría: no sería más grande que un oso pardo. Aun así, se me heló la sangre. Uno de aquellos perros había estado a punto de matarme una vez.

Lo raro era esto: había una pareja de mediana edad en la cola del buffet, justo detrás del perro del infierno, esperando con paciencia su turno para servirse huevos revueltos... Ellos no parecían notar nada anormal.

—Ya no tengo hambre —murmuró Tyson.

Antes de que Annabeth o yo pudiéramos responder, se oyó una voz de reptil al fondo del pasillo:

—Ssseisss másss ssse nos unieron ayer.

Annabeth gesticuló frenéticamente hacia el escondite más cercano —el lavabo de mujeres— y los tres nos abalanzamos a su interior. Estaba tan alucinado que ni siquiera se me ocurrió sentirme violento.

112

Una cosa —o mejor, dos— se deslizaron frente a la puerta del baño con un ruido como de papel de lija sobre linóleo.

—Sssí —dijo una segunda voz de reptil—. Él losss atrae. Pronto ssse volverá muy vigorossso.

Se deslizaron hacia la cafetería con un siseo glacial que tal vez fuera una risa de serpiente.

Annabeth me miró.

—Tenemos que salir de aquí.

—¿Crees que me gusta estar en el lavabo de señoras?

—¡Quiero decir del barco, Percy! Tenemos que salir del barco.

—Huele mal —asintió Tyson—. Y los perros se comen todos los huevos. Annabeth tiene razón, tenemos que salir del baño y del barco.

Me estremecí. Si Annabeth y Tyson estaban de acuerdo por una vez, sería mejor escucharles.

Entonces se oyó otra voz fuera. Una voz que me dejó más helado que la de cualquier monstruo.

—… sólo es cuestión de tiempo. ¡No me presiones, Agrius!

Era Luke, sin la menor duda. Aquella voz era inconfundible.

—¡No te estoy presionando! —refunfuñó el tal Agrius. Su voz era más grave y sonaba más furiosa—. Lo único que digo es que si esta jugada no resulta…

—¡Resultará! —replicó Luke—. Morderán el anzuelo. Y ahora, vamos, tenemos que ir a la suite del almirantazgo y echar un vistazo al ataúd.

Sus voces se perdieron por el fondo del pasillo.

Tyson dijo en un susurro:

—¿Nos vamos ahora?

Annabeth y yo nos miramos y llegamos a un acuerdo silencioso.

—No podemos —le dije a Tyson.

—Hemos de averiguar qué se propone Luke —asintió Annabeth—. Y si es posible, le daremos una buena paliza, lo encadenaremos y lo llevaremos a rastras al monte Olimpo.

9

Asisto a la peor reunión de familia de mi vida

Annabeth se ofreció para ir a investigar ella sola, ya que tenía la gorra de invisibilidad, pero la convencí de que era demasiado peligroso. O íbamos todos juntos o no iba nadie.

—¡Nadie! —votó Tyson—. ¡Por favor!

Al final nos acompañó, aunque comiéndose las enormes uñas de puros nervios. Nos detuvimos en el camarote un momento para recoger nuestras cosas; pasara lo que pasase, no pensábamos quedarnos otra noche a bordo de aquel crucero lleno de zombis, por más que tuviesen un bingo de un millón de dólares. Comprobé que llevaba a *Contracorriente* en el bolsillo y que las vitaminas y el termo de Hermes estaban a mano en mi petate; no quería que Tyson cargara con todo, pero él insistió y Annabeth me dijo que no me preocupara. Tyson podía cargar tres petates al hombro con la misma facilidad con que yo llevaría una mochila.

Nos deslizamos por los pasillos hacia la suite del almirantazgo, siguiendo los planos de «Usted está aquí» que había por todo el barco. Annabeth iba delante, invisible, explorando el terreno. Nos escondíamos siempre que pasaba alguien, pero la mayoría de la gente que vimos eran pasajeros con ojos de zombi.

Acabábamos de subir las escaleras de la cubierta 13, donde se suponía que estaba la suite del almirantazgo, cuando Annabeth nos dijo en un siseo:

—¡Escondeos! —Y nos metió a empujones en un cuarto de la limpieza.

Oí a dos tipos que venían por el pasillo.

—¿Has visto a ese dragón etíope en la bodega? —dijo uno de ellos.

El otro soltó una risita.

—Sí, es espantoso.

Annabeth era todavía invisible, pero me apretó el brazo con fuerza. Me pareció reconocer la voz del segundo tipo.

—He oído que tienen dos más en camino —dijo aquella voz conocida—. Si siguen llegando a este ritmo, colega, no va a haber color...

Las dos voces se fueron apagando por el pasillo.

—¡Ése era Chris Rodríguez! —Annabeth se quitó la gorra y se hizo visible—. ¿Te acuerdas? De la cabaña once.

Recordaba vagamente a Chris del verano anterior. Era uno de aquellos campistas de origen indeterminado que se habían quedado varados en la cabaña de Hermes porque su madre o su padre olímpico no los había reconocido. Ahora que lo pensaba, me daba cuenta de que este verano no había visto a Chris en el campamento.

—¿Qué hace otro mestizo aquí?

Annabeth meneó la cabeza, preocupada.

Continuamos por el pasillo. No necesitaba ningún mapa para saber que nos acercábamos a Luke. Tenía una sensación fría y desagradable: la presencia del mal, sin duda.

—Percy. —Annabeth se detuvo de repente—. Mira.

Estaba ante una pared de cristal desde la que se dominaba un atrio central de varios pisos de altura que recorría el barco por la mitad. A nuestros pies se hallaba la galería Promenade, un centro comercial lleno de tiendas. Pero no era eso lo que había llamado la atención de Annabeth.

Un grupo de monstruos se había congregado delante de la tienda de golosinas. Eran una docena de gigantes lestrigones, como los que me habían atacado con bolas de fuego, dos perros del infierno y varias criaturas más extrañas aún: unas hembras humanoides con doble cola de serpiente en lugar de piernas.

—*Dracaenae* de Escitia —susurró Annabeth—. Son mujeres dragón.

Los monstruos formaban un semicírculo en torno a un joven con armadura griega que estaba haciendo trizas un maniquí de paja. Se me hizo un nudo en la garganta cuando advertí que el maniquí llevaba la camiseta naranja del Campamento Mestizo. El tipo de la armadura lo ensartó por el vientre y lo fue desgarrando hasta partirlo en dos; la paja volaba por todas partes y los monstruos lo aclamaban y soltaban alaridos.

Annabeth se apartó del cristal con el rostro lívido.

—Vamos —le dije, intentando sonar más valiente de lo que me sentía—. Cuanto antes encontremos a Luke, mejor.

Al fondo del vestíbulo se veía una doble puerta de roble que daba la impresión de conducir a un lugar importante. Cuando estábamos a unos diez metros, Tyson se detuvo.

—Voces dentro.

—¿Las oyes desde aquí? —pregunté.

Tyson cerró los ojos como para concentrarse. Y de repente su voz se transformó en una ronca imitación de la voz de Luke:

—... la profecía nosotros mismos. Los muy idiotas no sabrán hacia qué lado ir.

Antes de que yo pudiese reaccionar, la voz de Tyson se hizo más grave y brutal, como la del otro tipo que habíamos oído hablando con Luke frente a la cafetería.

—¿Estás seguro de que el viejo hombre caballo se ha ido definitivamente?

Tyson imitó la risa de Luke.

—Ya no se fían de él. No pueden fiarse con los esqueletos que tiene en el armario. El envenenamiento del árbol ha sido la gota que colma el vaso.

Annabeth se estremeció.

—¡Para ya, Tyson! ¿Cómo lo haces? Es espeluznante.

Tyson abrió su ojo con aire desconcertado.

—Estoy escuchando.

—Sigue —le dije—. ¿Qué más dicen?

Tyson volvió a cerrar el ojo.

Siseó con aquella voz brutal:

—¡Silencio!

Luego cuchicheó con la de Luke:

—¿Estás seguro?

—Sí —dijo Tyson con la otra voz—. Ahí fuera.

Me di cuenta demasiado tarde de lo que ocurría. Sólo tuve tiempo de decir:

—¡Corred!

Las puertas del camarote principal se abrieron de golpe y allí estaba Luke, entre dos gigantes peludos armados con jabalinas; sus puntas de bronce nos apuntaban directamente al pecho.

El camarote principal era precioso y horrible.

Lo precioso: había grandes ventanales curvados en la pared del fondo, desde donde se veía la popa del barco; el agua verde y el cielo azul se extendían por todo el horizonte. El suelo estaba cubierto con una alfombra persa; dos sofás de lujo ocupaban el centro de la habitación, a un lado había una cama con dosel, al otro una gran mesa de caoba. La mesa estaba llena de comida: cajas de pizza, refrescos y un montón de sándwiches de rosbif en bandejas de plata.

Lo horrible: en un estrado de terciopelo situado en la parte trasera de la habitación había un ataúd de oro de tres metros. Un sarcófago con grabados de estilo griego antiguo, que representaban escenas de ciudades en llamas y héroes sufriendo muertes horripilantes. Pese a la luz solar que entraba a raudales por las ventanas, el ataúd impregnaba de frío toda la habitación.

—Bueno —dijo Luke, abriendo los brazos con orgullo—. Mola un poco más que la cabaña once, ¿no?

Había cambiado desde el verano pasado. En lugar de bermudas y camiseta, llevaba una camisa abotonada, pantalones caqui y mocasines de piel. El pelo rubio rojizo, antes siempre alborotado, lo llevaba ahora muy corto. Parecía un modelo masculino malvado, mostrando cómo vestirían aquel año en Harvard los granujas de moda.

Aún tenía la cicatriz debajo del ojo: una línea dentada blanca que le había quedado de su combate con un dragón. Y apoyada en el sofá reposaba *Backbiter*, su espada mágica, que despedía un raro destello con aquella afiladísima hoja —mitad acero, mitad bronce celestial— capaz de matar tanto a los mortales como a los monstruos.

—Sentaos —dijo.

Hizo un ademán con la mano y tres sillas de la mesa se deslizaron hasta el centro de la habitación.

Ninguno de nosotros se sentó.

Los grandiosos amigos de Luke seguían apuntándonos con sus jabalinas. Parecían gemelos, pero no eran humanos. Debían de medir unos dos metros y medio, y la única ropa que llevaban eran unos tejanos, seguramente porque su enorme caja torácica ya estaba cubierta con un espeso pelaje marrón. Tenían garras en lugar de manos; sus pies parecían pezuñas y sus narices, hocicos. En cuanto a sus dientes, todos eran colmillos afilados.

—¡Vaya modales los míos! —dijo Luke en tono zalamero—. Éstos son mis ayudantes, Agrius y Oreius. Es posible que hayáis oído hablar de ellos.

No dije nada. Lo que me asustaba no eran los dos osos gemelos, pese a las jabalinas con que me apuntaban.

Me había imaginado muchas veces que volvía a encontrarme a Luke, después de que intentara matarme el verano anterior. Me veía a mí mismo plantándole cara con audacia y desafiándolo a un duelo. Pero ahora que nos encontrábamos cara a cara, apenas podía impedir que me temblaran las manos.

—¿No conocéis la historia de Agrius y Oreius? —nos preguntó—. Su madre... bueno, es una triste historia, la verdad. Afrodita le ordenó que se enamorase; la joven se negó y corrió a Artemisa para suplicarle que la ayudara. Artemisa le permitió convertirse en una de sus doncellas cazadoras, pero Afrodita se vengó. Hechizó a la joven para que se enamorase de un oso, y cuando Artemisa lo descubrió, la abandonó con repugnancia. Típico de los dioses, ¿no? Se pelean entre ellos y los pobres humanos quedan atrapados en medio. Los dos hijos gemelos de la joven,

Agrius y Oreius, no sienten ningún amor por el Olimpo; sin embargo, les gustan mucho los mestizos...

—Para almorzar —gruñó Agrius. Su voz áspera y brutal era la que antes había oído hablando con Luke.

Su hermano Oreius se echó a reír mientras se relamía los labios rodeados de pelo.

—¡Je, je, je!

Continuó riendo como si le hubiera entrado un ataque de asma, hasta que Luke y Agrius lo miraron fijamente.

—¡Cierra la boca, idiota! —gritó Agrius—. ¡Aplícate tú mismo el castigo!

Oreius se puso a lloriquear. Se dirigió penosamente a un rincón, se desplomó sobre un taburete y empezó a golpearse la frente con la mesa de caoba. Las bandejas de plata brincaban a cada golpe.

Luke se comportaba como si todo aquello fuese de lo más normal. Se acomodó en un sofá y apoyó los pies en la mesilla de café.

—Bueno, Percy, hemos permitido que sobrevivieras un año más. Espero que estés agradecido. ¿Qué tal tu madre? ¿Y el colegio?

—Has envenenado el árbol de Thalia.

Él suspiró.

—Directo al grano, ¿eh? Está bien: por supuesto que envené el árbol. ¿Y qué?

—¿Cómo te atreviste? —Annabeth parecía tan furiosa que creí que iba a explotar—. ¡Thalia te salvó la vida! ¡Nuestras vidas! ¿Cómo has podido profanarla...?

—¡Yo no la he profanado! —replicó Luke—. ¡Fueron los dioses quienes la profanaron, Annabeth! Si Thalia estuviese viva se pondría de mi lado.

—¡Mentiroso!

—Si supieras lo que se avecina entenderías...

—¡Lo que entiendo es que quieres destruir el campamento! —gritó—. ¡Eres un monstruo!

Luke meneó la cabeza.

—Los dioses te han cegado. ¿No puedes imaginarte un mundo sin ellos, Annabeth? ¿De qué sirve toda esa historia antigua que estudias? ¡Tres mil años de lastre! Occidente está podrido hasta la médula. Tiene que ser destruido. ¡Únete a mí! Podemos volver a construir el mundo partiendo de cero. Y podríamos utilizar tu inteligencia, Annabeth.

—¡Será porque tú no tienes ninguna!

Él entornó los ojos.

—Te conozco, Annabeth. Te mereces algo mejor que participar en una búsqueda inútil para salvar el campamento. La colina Mestiza será arrasada por los monstruos antes de un mes. Los héroes que sobrevivan no tendrán otra alternativa que unirse a nosotros o ser perseguidos hasta su completa extinción. ¿De verdad quieres quedarte en el equipo perdedor... con semejante compañía? —añadió señalando a Tyson.

—¡Ten cuidado! —dije.

—Viajando con un cíclope —prosiguió en tono de reproche—. ¡Y tú hablas de profanar la memoria de Thalia! Me sorprendes, Annabeth. Que tú precisamente...

—¡Para ya! —gritó ella.

No sabía a qué se refería Luke, pero Annabeth había escondido la cabeza entre las manos, como a punto de llorar.

—¡Déjala en paz! —dije—. Y no te metas con Tyson.

Luke se echo a reír.

—Ah, sí, ya me he enterado. Tu padre lo ha reconocido.

Debí de mostrar mi sorpresa, porque él sonrió.

—Sí, Percy, estoy enterado de todo. Y también de vuestro plan para encontrar el Vellocino de Oro. ¿Cómo eran las coordenadas...? ¿Treinta, treinta y uno, setenta y cinco, doce? Ya ves, aún me quedan amigos en el campamento que me mantienen informado.

—Espías, querrás decir.

Él se encogió de hombros.

—¿Cuántas ofensas de tu padre estás dispuesto a soportar, Percy? ¿Te parece que ha sido agradecido contigo? ¿Crees que Poseidón se preocupa más por ti de lo que se preocupa por este monstruo?

Tyson apretó los puños y emitió un ruido sordo con la garganta.

Luke ahogó una risita.

—Los dioses te están utilizando de mala manera, Percy. ¿Tienes idea de lo que te espera si llegas a cumplir los dieciséis años? ¿Nunca te ha explicado Quirón la profecía?

Lo que yo quería era provocarlo y desafiarlo, pero, como de costumbre, él sabía pillarme desprevenido.

¿Si llegaba a cumplir los dieciséis?

Yo sabía que el Oráculo le había hecho una profecía a Quirón muchos años atrás, y que una parte de esa profecía tenía que ver conmigo. ¿Pero qué quería decir aquello de *si* llegaba a cumplir los dieciséis? No sonaba nada bien.

—Sé lo que necesito saber —logré decir—. Como por ejemplo, quiénes son mis enemigos.

—Entonces es que eres tonto.

Tyson aplastó la silla más cercana y la convirtió en un montón de astillas.

—¡Percy no es tonto!

Antes de que yo pudiese pararlo, Tyson arremetió contra Luke. Lanzó los puños hacia su rostro —un par de golpes capaces de agujerear una plancha de titanio—, pero los osos gemelos se interpusieron antes del impacto. Cada uno atrapó un brazo de Tyson y lo detuvo en seco. Luego le dieron un buen empujón y lo mandaron al suelo alfombrado con tanta fuerza que retumbó la cubierta entera.

—Qué pena de cíclope —dijo Luke—. Por lo visto, mis dos osos juntos son demasiado para él. Quizá debería permitirles que...

—Luke —le interrumpí—. Escucha. Tu padre nos ha enviado.

Su cara enrojeció.

—¡No te atrevas a mencionarlo siquiera!

—Nos dijo que tomáramos este barco. Yo creí que era sólo un medio de transporte, pero en realidad nos ha enviado aquí para que te encontráramos. Me dijo que no piensa renunciar a ti, por muy enfadado que estés.

—¿Enfadado? —rugió Luke—. ¿Renunciar a mí? ¡Él me abandonó, Percy! ¡Y yo quiero destruir el Olimpo! ¡Triturar cada trono hasta convertirlo en escombros! Dile a Hermes que eso es lo que va a ocurrir. Cada vez que se nos une un mestizo, los Olímpicos se vuelven más débiles y nosotros más fuertes. Él se vuelve más fuerte. —Señaló el sarcófago de oro.

Aquella caja me ponía carne de gallina, pero hacía lo posible por disimular.

—¿Ah, sí? —pregunté—. ¿Y qué tiene de especial...?

Entonces se me ocurrió lo que podía haber en el interior del sarcófago. La temperatura en la habitación pareció descender de golpe veinte grados.

—¡Uau! ¿No querrás decir...?

—Se está reagrupando —dijo Luke—. Poco a poco, estamos extrayendo su fuerza vital del abismo. Con cada recluta que se une a nuestra causa, aparece un nuevo fragmento...

—¡Qué asqueroso! —dijo Annabeth.

Luke le sonrió con desdén.

—Tu madre surgió del cráneo abierto de Zeus, Annabeth. Yo en tu lugar no hablaría demasiado. Muy pronto habrá suficiente sustancia del señor de los titanes como para recomponerlo por entero. Pieza a pieza, le construiremos un nuevo cuerpo: una tarea digna de las fraguas de Hefesto.

—Estás loco —dijo Annabeth.

—Únete a nosotros y serás recompensada. Tenemos amigos muy poderosos, patrocinadores lo bastante ricos para comprar este crucero y mucho más. Percy, tu madre no tendrá que volver a trabajar; puedes comprarle una mansión si quieres. Tendrás poder, fama, todo lo que desees. Y tú, Annabeth, podrás realizar tu sueño de convertirte en arquitecto. Podrás construir un monumento que dure mil años. ¡Un templo para los dioses de la nueva era!

—Vete al Tártaro a hacer gárgaras —le dijo ella.

Luke suspiró.

—Es una pena.

Sacó algo que parecía un mando a distancia y pulsó un botón rojo. En unos segundos, la puerta se abrió y aparecieron dos miembros de la tripulación armados con porras. Tenían la misma mirada vidriosa que los otros mortales que habíamos visto, pero me dio la sensación de que eso no los haría menos peligrosos en una pelea.

—Ah, muy bien, seguridad —dijo Luke—. Me temo que tenemos polizones.

—Sí, señor —dijeron con voz soñolienta.

Luke se volvió hacia Oreius.

—Ya es hora de darle de comer al dragón etíope. Lleva a estos idiotas abajo y enséñales cómo se hace.

Oreius empezó a reír estúpidamente.

—¡Je, je, je!

—Déjame ir a mí también —refunfuñó Agrius—. Mi hermano es un inútil. Y ese cíclope...

—No será ninguna amenaza —dijo Luke.

Se dio la vuelta para echar un vistazo al ataúd de oro, como si algo le preocupara.

—Tú quédate aquí, Agrius. Tenemos asuntos importantes de que hablar.

—Pero...

—No me falles, Oreius. Quédate en la bodega y encárgate de que el dragón se alimente como es debido.

Oreius nos aguijoneó con su jabalina y nos arrastró fuera del camarote principal, seguido por los dos guardias.

Mientras recorríamos el pasillo con la jabalina de Oreius pinchándome la espalda, pensé en lo que había dicho Luke: que los dos gemelos juntos eran demasiado para las fuerzas de Tyson. Quizá por separado...

Abandonamos el corredor hacia la mitad del barco y cruzamos la cubierta al aire libre llena de botes salvavidas. Sabía ya lo bastante de aquel barco para comprender que aquélla iba a ser nuestra última oportunidad de ver el sol. Cuando llegáramos al otro lado, tomaríamos el ascensor, bajaríamos a la bodega y asunto concluido.

Miré a Tyson y dije:

—¡Ahora!

Gracias a los dioses, lo entendió. Se dio media vuelta y de un manotazo mandó a Oreius diez metros hacia atrás, directo a la piscina, donde fue a caer en medio de aquella familia de turistas.

—¡Aggg! —chillaron los tres críos a la vez—. ¡Esto no es pasárselo bomba!

Uno de los guardias sacó su porra, pero Annabeth le dio una patada con tanta puntería que lo dejó sin aliento. El otro guardia corrió hacia la alarma más cercana.

—¡Detenlo! —gritó Annabeth, pero ya era tarde.

Antes de que lo golpeara en la cabeza con una tumbona, el tipo consiguió accionar la alarma.

Empezaron a parpadear luces rojas y aullar sirenas.

—¡Un bote salvavidas! —chillé.

Corrimos al más cercano.

Cuando logramos quitarle la cubierta, había ya un montón de monstruos y guardias pululando por la cubierta y empujando a los turistas y camareros, que llevaban bebidas tropicales en sus bandejas. Un tipo con armadura griega sacó su espada y arremetió contra nosotros, pero resbaló en un charco de piña colada. Los arqueros lestrigones se reunieron en la cubierta que quedaba por encima de la nuestra y prepararon las flechas en sus enormes arcos.

—¿Cómo se arranca este cacharro? —gritó Annabeth.

Un perro del infierno saltó hacia mí, pero Tyson lo apartó dándole un porrazo con un extintor.

—¡Sube! —grité. Destapé a *Contracorriente* y corté en el aire la primera lluvia de flechas. Unos segundos más y acabarían con nosotros.

El bote salvavidas estaba suspendido a un lado del barco, a mucha altura por encima del agua. Annabeth y Tyson no lograban aflojar la polea.

Yo me puse a su lado de un salto.

—¡Agarraos! —chillé, y corté las sogas.

Una lluvia de flechas silbó sobre nuestras cabezas mientras nos desplomábamos en caída libre hacia el océano.

10

Los confederados muertos nos llevan en autostop

—¡El termo! —grité mientras nos precipitábamos hacia el agua.

—¿Qué? —Annabeth debió de pensar que había perdido la chaveta. Ella se aferraba a una de las correas del bote para salvar el pellejo, con todo el pelo disparado hacia arriba como si fuera un pincel.

Tyson sí me entendió. Logró abrir mi petate y sacar el termo mágico de Hermes sin que se le cayera y, lo que es más, sin caerse él.

Las flechas y jabalinas silbaban a nuestro alrededor.

Agarré el termo. Confiaba en no cometer un error.

—¡Sujetaos bien!

—¡Ya estoy sujeta! —aulló Annabeth.

—¡Más fuerte!

Afirmé los pies bajo el banco hinchable del bote; Tyson nos asió por la camisa a Annabeth y a mí, y yo le di al termo un cuarto de vuelta.

Al instante emitió un chorro de viento que nos propulsó lateralmente y convirtió nuestra caída en picado en un estrepitoso aterrizaje en un ángulo de cuarenta y cinco grados.

El viento parecía reírse mientras salía del termo, como si se alegrara de liberarse por fin. Al impactar con la superficie del agua, rebotamos una, dos veces, como una piedra lanzada al ras, y de repente salimos zumbando como en una lancha motora, con el agua rociándonos la cara y sin otra cosa en el horizonte que el mar abierto.

Oí un clamor furioso en el barco, pero ya nos hallábamos fuera del alcance de sus disparos. El *Princesa Andrómeda* se convirtió enseguida en un barquito de juguete y desapareció.

Mientras nos deslizábamos a toda velocidad por el agua, Annabeth y yo intentamos enviarle un mensaje Iris a Quirón. Pensábamos que era importante explicarle a alguien lo que se proponía Luke, y no sabíamos en quién más confiar.

A aquella velocidad, el bote levantaba una fina cortina de agua y la luz se descomponía en un arco iris al atravesarla: eran las condiciones ideales para enviar un mensaje Iris, aunque la cobertura era bastante mala. Annabeth arrojó un dracma de oro a la cortina de agua y yo recé para que la diosa del arco iris nos mostrara a Quirón. Apareció su cara sin problemas, pero había una extraña luz estroboscópica y una música de rock atronando en segundo plano, como si estuviese en una discoteca.

Se lo contamos todo: nuestra salida furtiva del campamento, Luke y el *Princesa Andrómeda*, el ataúd de oro con los restos de Cronos... Pero entre el ruido que había de su lado y el zumbido del viento y del bote surcando las olas, no sabía cuánto lograría captar de todo aquello.

—Percy —chilló Quirón—, tienes que tener cuidado con...

Su voz quedó ahogada por un gran griterío alzado a su espalda: un montón de voces aullando en plena juerga como guerreros comanches.

—¿Qué? —grité.

—¡Maldita parentela! —Tuvo que agacharse para esquivar un plato que pasó por encima de su cabeza para ir a estrellarse fuera de nuestro campo visual—. ¡Annabeth, no deberías haber permitido que Percy saliera del campamento! Pero si conseguís el vellocino...

—¡Sí, pequeña! —chillaba alguien que tenía detrás—. ¡Uau, Uau!

Alguien subió la música y puso los bajos tan a tope que hasta nuestro bote vibraba.

—... Miami —gritaba Quirón—. Trataré de vigilar...

Nuestra nebulosa pantalla se desintegró como si alguien del otro lado le hubiese arrojado una botella, y Quirón se evaporó.

Una hora más tarde divisamos tierra: una larga extensión de playa en la que se alineaban hoteles de muchos pisos. Las aguas empezaron a llenarse de barcos de pesca y buques cisterna. Un guardacostas pasó por estribor y luego dio media vuelta, como para echar un segundo vistazo. Imagino que no veían cada día un bote salvavidas sin motor, tripulado por tres adolescentes y lanzado a más de cien nudos.

—¡Es Virginia Beach! —dijo Annabeth cuando nos acercamos a la orilla—. ¡Por los dioses! ¿Cómo es posible que el *Princesa Andrómeda* haya llegado tan lejos en una sola noche? Deben de ser...

—Cinco mil treinta millas náuticas —dije.

Ella me miró asombrada.

—¿Cómo lo sabes?

—Pues... no estoy seguro.

Annabeth reflexionó un momento.

—Percy, ¿cuál es nuestra posición?

—Treinta y seis grados, cuarenta y cuatro minutos norte; setenta y seis grados, dos minutos oeste —respondí automáticamente. Luego sacudí la cabeza—. ¡Uau! ¿Cómo es que lo sé?

—Por tu padre —dedujo Annabeth—. Cuando estás en el mar, posees una orientación perfecta. Es genial.

Yo no estaba tan seguro. No quería convertirme en un GPS humano, pero antes de que pudiera decir nada, Tyson me dio unos golpecitos en el hombro.

—Viene bote.

Me di la vuelta. El guardacostas, ahora ya abiertamente, venía por nosotros. Nos hizo señales con las luces y empezó a ganar velocidad.

—No podemos dejar que nos atrapen —dije—. Nos harían demasiadas preguntas.

—Sigue adelante hasta la bahía de Chesapeake —dijo Annabeth—. Conozco un sitio donde escondernos.

No le pregunté a qué se refería ni por qué conocía tan bien la región. Me arriesgué a aflojar un poquito más la tapa del termo: un nuevo chorro de viento nos impulsó como un cohete en torno al extremo norte de Virginia Beach y luego hacia la bahía de Chesapeake. El guardacostas se iba quedando cada vez más atrás. No aminoramos la marcha hasta que las orillas de la bahía empezaron a estrecharse. Entonces me di cuenta de que estábamos entrando en la desembocadura de un río.

Percibí el cambio del agua salada a la dulce. Me sentía repentinamente cansado, exhausto, como si hubiera sufrido una brusca bajada de tensión. Ya no sabía dónde me encontraba ni en qué dirección debía orientar el bote. Menos mal que Annabeth me indicaba el camino.

—Allí —dijo—. Después de ese banco de arena.

Viramos hacia una zona pantanosa invadida de maleza y detuve el bote al pie de un ciprés gigante.

Los árboles se cernían sobre nosotros, cubiertos de enredaderas. Los insectos zumbaban entre la hierba; el ambiente era bochornoso, sofocante, y de la superficie del río se levantaba una nube de vapor. En resumen, no era Manhattan y no me gustaba nada.

—Vamos —dijo Annabeth—. Está ahí, en el banco de arena.

—¿El qué? —pregunté.

—Tú sígueme. —Agarró su petate—. Y será mejor que ocultemos el bote. No debemos llamar la atención.

Después de cubrirlo con ramas, Tyson y yo seguimos a Annabeth por la orilla, con los pies hundidos en un lodo rojizo. Una serpiente se deslizó junto a mi zapato y desapareció entre las hierbas.

—No es sitio bueno —dijo Tyson, y aplastó los mosquitos que empezaban a hacer cola en su brazo como si fuera un buffet.

—Aquí —dijo Annabeth por fin.

Lo único que yo veía era un montón de zarzas. Ella apartó unas ramas enredadas, como si fuesen una puerta, y de repente vi que tenía ante mí un refugio camuflado.

El interior era lo bastante grande para tres, incluso si el tercero era Tyson. Las paredes eran de plantas entretejidas, como las chozas de los nativos, y daban la impresión de ser impermeables. Amontonado en un rincón había todo lo necesario para una acampada: sacos de dormir, mantas, una nevera portátil y una lámpara de queroseno. También había provisiones para semidioses: puntas de bronce de jabalina, un carcaj repleto de flechas, una espada y una caja de ambrosía. Olía a moho, como si el lugar hubiera estado desocupado mucho tiempo.

—Un escondite mestizo. —Miré maravillado a Annabeth—. ¿Lo construiste tú?

—Thalia y yo —dijo en voz baja—. Y Luke.

Aquello no debiera haberme preocupado. Ya sabía que Thalia y Luke habían cuidado de ella cuando era pequeña, y también que habían vivido los tres como fugitivos, ocultándose de los monstruos y sobreviviendo por sus propios medios, hasta que Grover los encontró y trató de conducirlos a la colina Mestiza. Pero siempre que Annabeth hablaba de la época que había pasado con ellos, yo me sentía... No sé. ¿Incómodo?

No. Ésa no era la palabra.

La palabra era «celoso».

—Y tú... —dije—. ¿No crees que Luke venga a buscarnos aquí?

Ella negó con la cabeza.

—Construimos una docena de refugios como éste. Dudo mucho que recuerde siquiera dónde están. Ni creo que le importe.

Se tendió sobre las mantas y empezó a hurgar en su petate. Su modo de moverse decía bien a las claras que no le apetecía hablar más del asunto.

—Hummm... ¿Tyson? —dije—. ¿Te importaría echar un vistazo por ahí? Para buscar un súper selvático o algo por el estilo.

—¿Un súper?

—Sí, para comprar patatas fritas. O dónuts. Cosas así. Pero no te vayas muy lejos.

—Dónuts —dijo Tyson, muy serio—. Voy a buscar dónuts por la selva. —Salió y empezó a gritar—: ¡Dónuts!

En cuanto se fue, me senté junto a Annabeth.

—Oye, siento lo de... Ya sabes, que te encontraras con Luke y tal.

—No es culpa tuya. —Desenvainó su cuchillo y empezó a limpiar la hoja con un trapo.

—Nos ha dejado escapar con demasiada facilidad —dije.

En realidad, esperaba que fueran imaginaciones mías, pero Annabeth asintió.

—Yo estaba pensando lo mismo. Eso que le oímos decir sobre una «jugada» y también lo de «morderán el anzuelo». Me parece que hablaba de nosotros.

—¿El vellocino es el anzuelo? ¿O Grover?

Ella estudió el filo del cuchillo.

—No lo sé, Percy. Quizá quiere quedarse el vellocino. Quizá espera que hagamos nosotros lo más difícil para luego robárnoslo. Aún no puedo creer que envenenase el árbol...

—¿Qué quería decir con eso de que Thalia se habría puesto de su lado?

—Se equivoca.

—No pareces muy convencida.

Annabeth me lanzó una mirada fulminante y entonces casi deseé no haber hablado, al menos mientras ella empuñara el cuchillo.

—¿Sabes a quién me recuerdas sobre todo, Percy? A Thalia. Sois tan parecidos que resulta espeluznante. Quiero decir: o bien habríais sido amigos inseparables, o bien os habríais estrangulado el uno al otro.

—Dejémoslo en «amigos inseparables».

—Thalia se enfadaba a veces con su padre, igual que tú. Ahora bien, ¿tú te revolverías contra el Olimpo por ese motivo?

Miré fijamente el carcaj de flechas que había en el rincón.

—No.

—Muy bien. Pues ella tampoco. Luke se equivoca.

Annabeth clavó el cuchillo en el suelo.

Quería preguntarle por la profecía que Luke había mencionado y por la relación que tenía con mi decimosexto cumpleaños, pero pensé que no me lo iba a contar. Quirón había dejado bien claro que no estaba autorizado a conocerla hasta que los dioses lo decidieran.

—¿Y a qué se refería Luke cuando te recriminaba que viajaras con un cíclope? —pregunté—. Ha dicho que tú precisamente...

—Ya sé lo que ha dicho. Se refería... a la verdadera causa de la muerte de Thalia.

Aguardé, sin saber muy bien qué decir.

Annabeth inspiró, temblorosa.

—Nunca puedes fiarte de un cíclope, Percy. Una noche, hace seis años, cuando Grover nos llevaba hacia la colina Mestiza...

Se interrumpió al oír chirriar la puerta de la choza. Tyson entró agachándose.

—¡Dónuts! —dijo orgulloso, sosteniendo un caja.

Annabeth lo miró incrédula.

—¿De dónde has sacado eso? Estamos en medio del pantano. No hay nada en varios kilómetros...

—A sólo quince metros —dijo Tyson—. Una tienda de Dónuts Monstruo. Ahí, en la colina.

—Esto me huele muy mal —murmuró Annabeth.

Estábamos agazapados detrás de un árbol y mirábamos aquella tienda de dónuts en medio de la maleza. Parecía bastante nueva, con unos escaparates muy bien iluminados, una zona de aparcamiento y un estrecho camino que se internaba en el bosque. Pero no había nada más en los alrededores, y tampoco coches en el aparcamiento. Vimos sólo a un empleado que leía una revista detrás de la caja registradora. El letrero de la marquesina, con unas enormes letras negras que incluso yo podía descifrar, ponía: DÓNUTS MONSTRUO.

Un ogro de tebeo le estaba dando un mordisco a la última «O». El sitio olía muy bien, nos llegaba el típico aroma de dónuts de chocolate recién hechos.

—Esto no debería estar aquí —susurró Annabeth—. Hay algo que no encaja.

—Es sólo una tienda de dónuts —dije.

—¡Chist!

—¿Por qué cuchicheas? Tyson ha entrado y ha comprado una docena. Y no le ha pasado nada.

—Él es un monstruo.

—Venga ya, Annabeth. Dónuts Monstruo no significa que sean sólo para monstruos. Es una cadena. En Nueva York hay varios.

—Una cadena —repitió ella—. ¿Y no te resulta extraño que aparezca un local así inmediatamente después de pedirle a Tyson que fuera a buscar dónuts? ¿Aquí, en medio del pantano?

Pensé en ello. Sí parecía un poquito raro, pero bueno, las tiendas de dónuts no ocupaban un puesto muy destacado en mi lista de amenazas siniestras.

—Podría ser una guarida —dijo Annabeth.

Tyson soltó un gemido. No creo que entendiese a Annabeth más de lo que yo la entendía (que no era mucho), pero su tono había conseguido ponerlo nervioso. Se había zampado media docena de dónuts de la caja y tenía la boca embadurnada de azúcar.

—Una guarida ¿para qué? —pregunté.

—¿Nunca te has preguntado por qué proliferan tan deprisa las tiendas que funcionan con una franquicia? —repuso—. Un día no hay nada y al otro día... ¡zas!, aparece una hamburguesería, o un café, o lo que sea. Primero un local, luego dos, cuatro... Réplicas exactas diseminándose por todo el país.

—Hummm... Pues nunca lo había pensado.

—Percy, si algunas cadenas se multiplican a tanta velocidad es porque sus sucursales están conectadas de un modo mágico a la fuerza vital de un monstruo. Algunos hijos de Hermes se las ingeniaron para hacerlo en la década de mil novecientos cincuenta. Criaron... —Se quedó petrificada.

—¿Qué? —pregunté—. ¿Qué criaron?

—No hagas... movimientos... bruscos —dijo como si su vida dependiera de ello—. Muuuy despacio, date la vuelta.

Entonces lo oí: una especie de roce, como de algo enorme arrastrándose entre el follaje.

Me di la vuelta y vi una cosa del tamaño de un rinoceronte deslizándose entre las sombras de los árboles. Emitía un potente silbido y su mitad delantera se retorcía en todas direcciones. Al principio no entendí lo que veía. Luego comprendí que aquella cosa tenía múltiples cuellos: al menos siete, cada uno rematado con una sibilante cabeza de reptil. Tenía la piel curtida y debajo de cada cuello lucía un babero de plástico con una leyenda: «¡Soy el Monstruo de los Dónuts!»

Saqué mi bolígrafo, pero Annabeth me sostuvo la mirada y me transmitió una silenciosa advertencia.

Todavía no.

Capté el mensaje. Muchos monstruos tienen una vista desastrosa. Era posible que aquella hidra pasara de largo, pero si destapaba la espada, el brillo del bronce llamaría su atención.

Aguardamos.

La hidra estaba a menos de un metro. Parecía husmear el terreno y los árboles como si buscara algo. Luego advertí que dos cabezas estaban desgarrando un trozo de lona amarilla: uno de nuestros petates. Aquella cosa había estado ya en nuestro refugio. Estaba siguiendo nuestro rastro.

Me palpitaba el corazón. En el campamento ya había visto una cabeza de hidra disecada, pero aquello no me había preparado en absoluto para enfrentarme con una de verdad. Cada cabeza tenía forma de diamante, como las serpientes de cascabel, pero en la boca contaba con una doble hilera de dientes de tiburón.

Tyson temblaba. Dio un paso atrás y partió sin querer una ramita. Al instante, las siete cabezas se volvieron silbando hacia nosotros.

—¡Dispersaos! —gritó Annabeth, y se lanzó hacia la derecha.

Yo rodé hacia la izquierda. Una cabeza de la hidra escupió un chorro de líquido verde que pasó junto a mi hombro y acabó rociando un olmo. El tronco empezó a echar humo y desintegrarse. El árbol entero se venía abajo sobre Tyson, que no se había movido de su sitio y permanecía paralizado frente al monstruo.

—¡Tyson! —Le hice un placaje con todas mis fuerzas y logré derribarlo justo cuando la hidra se lanzaba sobre él. El árbol se desplomó con estrépito sobre dos cabezas.

La bestia retrocedió dando tumbos, liberó de un tirón sus cabezas atrapadas y gimió enfurecida. Le escupió ácido al árbol con las siete cabezas a la vez, y el tronco se disolvió hasta convertirse en un humeante charco de desperdicios.

—¡Muévete! —le dije a Tyson. Me hice a un lado y destapé a *Contracorriente* con la esperanza de desviar la atención del monstruo.

Funcionó.

La visión del bronce celestial resulta odiosa para la mayoría de los monstruos. En cuanto apareció la hoja resplandeciente de mi espada, la hidra se abalanzó hacia ella con todas sus cabezas, silbando y mostrando los dientes.

La buena noticia era que Tyson estaba fuera de peligro por el momento. La mala era que yo estaba a punto de disolverme en un charco de materia viscosa.

Una cabeza hizo amago de morderme. Sin pensarlo, enarbolé la espada...

—¡No! —aulló Annabeth.

Demasiado tarde. Le rebané limpiamente la cabeza, que rodó sobre la hierba y dejó en su lugar un muñón palpitante: un muñón que enseguida dejó de sangrar y empezó a hincharse como un balón.

En cuestión de segundos, el cuello cercenado se ramificó en otros dos y cada uno creció hasta convertirse en una nueva cabeza. Ahora tenía ante mí a una hidra de ocho cabezas.

—¡Percy! —me regañó Annabeth—. ¡Acabas de abrir en alguna parte otra sucursal de Dónuts Monstruo!

Esquivé otro chorro de ácido.

—¿Estoy a punto de morir y eso es lo único que te preocupa? ¿Cómo podemos acabar con ella?

—¡Con fuego! —gritó Annabeth—. ¡Necesitamos fuego!

En cuanto lo dijo, recordé la historia. Las cabezas de la hidra sólo dejarían de multiplicarse si quemábamos los muñones antes de que volvieran a crecer. Eso, al menos, era lo que Hércules había hecho. Pero nosotros no teníamos fuego.

Retrocedí hacia el río. La bestia me siguió.

Annabeth se movió hacia mi izquierda e intentó distraer una de sus cabezas, manteniendo a raya aquellos dientes afiladísimos con su cuchillo. Pero otra cabeza se abalanzó de lado sobre ella y la derribó en el lodo.

—¡No lastimes a mis amigos! —Tyson se lanzó a la carga y se interpuso entre la hidra y Annabeth. Mientras ella se incorporaba de nuevo, Tyson empezó a aporrear con los puños las ocho cabezas a una velocidad increíble. Pero ni siquiera Tyson podría detenerlas por mucho tiempo.

Retrocedíamos poco a poco, esquivando chorros de ácido y desviando las acometidas de las cabezas sin cercenarlas. Pero era consciente de que no hacíamos más que aplazar una muerte segura. Al final cometeríamos un error y aquella cosa nos mataría a los tres.

Entonces oí un ruido extraño: un chuc-chuc-chuc que al principio tomé por los latidos de mi corazón. Sonaba con tanta fuerza que hacía temblar la orilla del río.

—¿Qué es ese ruido? —gritó Annabeth, sin quitar los ojos de la hidra.

—Motor de vapor —dijo Tyson.

—¿Qué? —Me agaché y la hidra escupió su ácido por encima de mi cabeza.

Entonces, del río que teníamos a nuestra espalda, nos llegó una voz femenina muy conocida:

—¡Allí! ¡Preparad la batería del treinta y dos!

No me atrevía a desviar la vista, pero si la chica que teníamos detrás era quien yo creía, ahora teníamos enemigos en dos frentes.

Una rasposa voz masculina dijo:

—¡Está demasiado cerca, señora!

—¡Malditos héroes! —dijo la chica—. ¡Avante a todo vapor!

—Sí, señora.

—Fuego a discreción, capitán.

Annabeth entendió lo que iba a ocurrir una fracción de segundo antes que yo.

—¡Al suelo! —gritó, y nos tiramos boca abajo justo cuando la explosión surgía del río y sacudía la tierra.

¡¡BUUUUUM!!

Hubo un fogonazo de luz y una gran columna de humo, y la hidra explotó allí delante, duchándonos con una repulsiva baba verde que se evaporaba de inmediato, como suele ocurrir con las vísceras de los monstruos.

—¡Qué asqueroso! —gritó Annabeth.

—¡Barco de vapor! —aulló Tyson.

Me puse de pie, tosiendo aún por la nube de pólvora que seguía flotando junto a la orilla.

Ante nosotros, resoplando penosamente, bajaba por el río el barco más extraño que he visto en mi vida. Navegaba muy hundido en el agua, como un submarino, y la cubierta era de hierro. En el centro había una torreta de forma trapezoidal con troneras a ambos lados para los cañones. Una bandera ondeaba encima: un jabalí salvaje y una lanza en un campo rojo de sangre. La cubierta estaba llena de zombis con uniforme gris: soldados muertos con una piel brillante que les recubría el cráneo sólo en parte, como los espíritus demoníacos que había visto en el inframundo montando guardia ante el palacio de Hades.

Era un acorazado. Un barco de la guerra de Secesión. Conseguí descifrar su nombre, escrito junto a la proa con letras mohosas: *CSS Birmingham*.

De pie junto al cañón humeante que por muy poco no había acabado con nosotros, estaba Clarisse con la armadura griega de combate.

—¡Pringados! —dijo con una sonrisa sarcástica—. Aunque supongo que debo rescataros. Venga, subid a bordo.

11

Clarisse lo hace saltar todo por los aires

—Estáis metidos en un lío tremendo —nos dijo Clarisse.

Acabábamos de terminar un pequeño tour por el barco, que habíamos hecho sin ningunas ganas a través de una serie de camarotes sombríos, atestados de marineros muertos. Habíamos visto el depósito de carbón, las calderas y máquinas, que resoplaban y crujían como si estuvieran a punto de explotar. Habíamos visto la cabina del piloto, la santabárbara y las torretas de artillería (los sitios preferidos de Clarisse): dos cañones Dahlgren a babor y estribor, y dos cañones Brooke a proa y popa, todos preparados para disparar bolas de bronce celestial.

Allá donde íbamos, los marineros confederados nos miraban fijamente, con aquellas caras fantasmales y barbudas que relucían bajo sus cráneos. Annabeth les cayó bien en cuanto les dijo que era de Virginia. Al principio también se interesaron por mí, por el hecho de llamarme Jackson, como el famoso general sudista, pero lo estropeé al decirles que era de Nueva York. Todos se pusieron a silbar y maldecir a los yanquis.

Tyson les tenía verdadero pánico. Durante todo el paseo insistió a Annabeth para que le diese la mano, cosa que a ella no le entusiasmaba demasiado.

Por fin, nos llevaron a cenar. El camarote del capitán del *CSS Birmingham* venía a tener el tamaño de una despensa, pero aun así era mucho mayor que los demás camarotes del barco. La mesa estaba preparada con manteles de lino y vajilla de porcelana; había mantequilla de cacahuete, sándwiches de gelatina, patatas fritas y SevenUp, todo ello servido por esqueléticos miembros de la tripulación. A mí no me apetecía nada ponerme a comer rodeado de fantasmas, pero el hambre acabó venciendo mis escrúpulos.

—Tántalo os ha expulsado para toda la eternidad —nos dijo Clarisse con un tonillo presuntuoso—. El señor D añadió que si se os ocurre asomaros otra vez por el campamento, os convertirá en ardillas y luego os atropellará con su deportivo.

—¿Han sido ellos los que te han dado este barco? —pregunté.

—Por supuesto que no. Me lo dio mi padre.

—¿Ares?

Clarisse me miró con desdén.

—¿O es que te crees que tu papi es el único con potencia naval? Los espíritus del bando derrotado en cada guerra le deben tributo a Ares. Es la maldición por haber sido vencidos. Le pedí a mi padre un transporte naval... y aquí está. Estos tipos harán cualquier cosa que yo les diga. ¿No es así, capitán?

El capitán permanecía detrás, tieso y airado. Sus ardientes ojos verdes se clavaron en mí con expresión ávida.

—Si eso significa poner fin a esta guerra infernal, señora, y lograr la paz por fin, haremos lo que sea. Destruiremos a quien sea.

Clarisse sonrió.

—Destruir a quien sea. Eso me gusta.

Tyson tragó saliva.

—Clarisse —dijo Annabeth—. Luke quizá vaya también tras el vellocino. Lo hemos visto; conoce las coordenadas y se dirige al sur. Tiene un crucero lleno de monstruos...

—¡Perfecto! Lo volaré por los aires, lo sacaré del mar a cañonazos.

—No lo entiendes —dijo Annabeth—. Tenemos que unir nuestras fuerzas. Deja que te ayudemos...

—¡No! —Clarisse dio un puñetazo en la mesa—. ¡Esta misión es mía, listilla! Por fin logro ser yo la heroína, y vosotros dos no vais a privarme de una oportunidad así.

—¿Y tus compañeros de cabaña? —pregunté—. Te dieron permiso para llevar a dos amigos contigo, ¿no?

—Pero... les dejé quedarse para proteger el campamento.

—¿O sea que ni siquiera la gente de tu propia cabaña ha querido ayudarte?

—¡Cierra el pico, niña repipi! ¡No los necesito! ¡Y a ti tampoco!

—Clarisse —dije—, Tántalo te está utilizando. A él le tiene sin cuidado el campamento. Le encantaría verlo destruido. ¡Te ha tendido una trampa para que fracases!

—¡No es verdad! Y me importa un pimiento que el Oráculo...

Se interrumpió bruscamente.

—¿Qué? —pregunté—. ¿Qué te dijo el Oráculo?

—Nada. —Enrojeció hasta las orejas—. Lo único que has de saber es que voy a llevar a cabo esta búsqueda sin tu ayuda. Por otro lado, tampoco puedo dejaros marchar...

—Entonces ¿somos tus prisioneros? —preguntó Annabeth.

—Mis invitados. Por el momento. —Clarisse apoyó los pies en el mantel de lino blanco y abrió otra botella de SevenUp—. Capitán, llévelos abajo. Asígneles unas hamacas en los camarotes. Y si no se portan como es debido, muéstreles cómo tratamos a los espías enemigos.

El sueño llegó en cuanto me quedé dormido.

Grover estaba sentado junto al telar, deshaciendo desesperadamente la cola de su vestido de novia, cuando la roca rodó hacia un lado y el cíclope bramó:

—¡Ajá!

Grover soltó un aullido.

—¡Cariño! No te había... ¡Has hecho tan poco ruido!

—¡Estás deshaciéndolo! —rugió Polifemo—. O sea que ése era el retraso.

—Oh, no. Yo no estaba…

—¡Venga! —Agarró a Grover por la cintura y, medio en volandas medio a rastras, lo condujo a través de los túneles de la cueva. Grover luchaba para que los zapatos de tacón no se le cayesen de las pezuñas. El velo le bailaba sobre la cara y poco faltaba para que se le cayera.

El cíclope lo metió en una caverna del tamaño de un almacén, decorada toda ella con despojos de oveja. Había un sillón reclinable recubierto de lana, un televisor forrado de lana y unos burdos estantes cargados de objetos ovinos de coleccionista: tazas de café con forma de cabeza de cordero, ovejitas de yeso, juegos de mesa, libros ilustrados, muñecos articulados… El suelo estaba plagado de huesos de cordero amontonados, y también de otros huesos distintos: seguramente, de los sátiros que habían llegado a la isla buscando a Pan.

Polifemo dejó a Grover en el suelo sólo el tiempo justo para mover otra roca enorme. La luz del día entró en la cueva a raudales y Grover gimió de pura nostalgia. ¡Aire fresco!

El cíclope lo arrastró fuera y lo llevó hasta la cima de una colina desde la que se dominaba la isla más bella que he visto en mi vida.

Tenía forma de silla de montar, aunque cortada por la mitad con un hacha. A ambos lados se veían exuberantes colinas verdes y en medio un extenso valle, partido en dos por un abismo sobre el que cruzaba un puente de cuerdas. Había hermosos arroyos que corrían hasta el borde del cañón y caían desde allí en cascadas coloreadas por el arco iris. Los loros revoloteaban por las copas de los árboles y entre los arbustos crecían flores de color rosa y púrpura. Centenares de ovejas pacían por los prados. Su lana relucía de un modo extraño, como las monedas de cobre y plata.

En el centro de la isla, al lado del puente de cuerdas, había un enorme roble de tronco retorcido que tenía algo resplandeciente en su rama más baja.

El Vellocino de Oro.

Aunque fuera un sueño, percibía cómo irradiaba su poder por toda la isla, haciendo que reverdeciera la hierba y las flores fueran más bellas. Casi podía oler aquella magia natural en plena efervescencia. Apenas podía imaginar lo intensa que debía de ser aquella fragancia para un sátiro.

Grover soltó un quejido.

—Sí —dijo Polifemo con orgullo—. ¿Lo ves allí? ¡El vellocino es la pieza más preciada de mi colección! Se lo robé a unos héroes hace mucho y desde entonces, ya lo ves, ¡comida gratis! Acuden sátiros de todo el mundo, como las polillas a una llama. ¡Los sátiros son comida rica! Y ahora...

Polifemo sacó unas horrorosas tijeras de podar.

Grover ahogó un aullido, pero Polifemo se limitó a agarrar a la oveja más cercana, como si fuese un animal disecado, y le esquiló toda la lana. Luego le tendió a Grover aquel amasijo esponjoso.

—¡Ponlo en la rueca! —le dijo orgulloso—. Es mágico. Ya verás como éste no se enreda.

—Ah... bueno...

—¡Pobre Ricura! —dijo Polifemo sonriendo de oreja a oreja—. No eres buena tejiendo. ¡Ja, ja! No te preocupes. Este hilo resuelve el problema. ¡Mañana tendrás terminada la cola!

—¡Qué... amable de tu parte!

—Je, je.

—Pero, cariño —Grover tragó saliva—, ¿qué pasaría si viniesen a resca... digo, a atacar esta isla? —Me miró fijamente mientras lo decía y yo comprendí que lo preguntaba para facilitarme el camino—. ¿Qué les impediría ascender y llegar hasta tu cueva?

—¡Mi mujercita, asustada! ¡Qué linda! No te preocupes. Polifemo tiene un sistema de seguridad ultramoderno. Tendrían que vencer primero a mis mascotas.

—¿Mascotas?

Grover miró por toda la isla, pero no había nada a la vista, salvo las ovejas paciendo tranquilamente en los prados.

—Y luego —gruñó Polifemo—, ¡tendrían que vencerme a mí!

Dio un puñetazo a la roca más cercana, que se resquebrajó y partió por la mitad.

—¡Y ahora, ven! —gritó—. Volvamos a la cueva.

Grover parecía a punto de llorar: tan cerca de la libertad y tan desesperadamente lejos. Mientras el cíclope hacía rodar la roca, encerrándolo otra vez en aquella cueva húmeda y apestosa, iluminada sólo por antorchas, los ojos se le llenaron de lágrimas.

Me despertó el ruido de las alarmas, que se habían disparado por todo el barco.

—¡Todos a cubierta! —Era la voz rasposa del capitán—. ¡Encontrad a la señora Clarisse! ¿Dónde está esa chica?

Luego apareció su rostro, mirándome desde arriba.

—Levántate, yanqui. Tus amigos ya están en cubierta. Nos acercamos a la entrada.

—¿La entrada de qué?

Él me dirigió una sonrisa esquelética.

—Del Mar de los Monstruos, por supuesto.

Metí mis escasas pertenencias —las que habían sobrevivido al ataque de la hidra— en una mochila de lona y me la eché al hombro. Tenía la ligera sospecha de que, pasara lo que pasase, no dormiría otra noche a bordo del *CSS Birmingham*.

Estaba subiendo las escaleras cuando algo me dejó helado. Una presencia cercana: algo conocido y muy chungo. Sin ningún motivo, me entraron ganas de buscar pelea. Quería darle un puñetazo a algún confederado. La última vez que había sentido aquella rabia...

En lugar de seguir subiendo, trepé hasta la rejilla de ventilación y atisbé en el interior de la sala de calderas.

Justo debajo de mí, Clarisse hablaba con una imagen trémula que resplandecía entre el vapor de la caldera: un hombre musculoso con un traje de cuero negro, corte de pelo militar, gafas de cristales rojos y un cuchillo en el cinto.

Apreté los puños. De todos los Olímpicos, aquél era el que peor me caía: Ares, el dios de la guerra.

—¡No me vengas con excusas, niña! —gruñó.

—S-sí, padre —musitó Clarisse.

—No querrás que me ponga furioso, ¿verdad?

—No, padre.

—«No, padre» —repitió Ares, imitándola—. Eres patética. Debería haber dejado esta búsqueda en manos de uno de mis hijos...

—¡Lo conseguiré! —prometió Clarisse con voz temblorosa—. ¡Haré que te sientas orgulloso!

—Será mejor que cumplas tu palabra —le advirtió—. Tú me pediste esta misión, niña. Si dejas que ese crío asqueroso te la arrebate...

—Pero el Oráculo dijo...

—¡¡Me tiene sin cuidado lo que dijera!! —Ares bramó con tal fuerza que incluso su propia imagen retembló—. Tú lo vas a conseguir. Y si no...

Alzó un puño. Aunque sólo fuese una imagen entre el vapor, Clarisse dio un paso atrás.

—¿Entendido? —gruñó Ares.

Las alarmas volvieron a sonar. Oí voces que venían hacia mí, oficiales ordenando a gritos que preparasen los cañones.

Me descolgué de la rejilla de ventilación y terminé de subir las escaleras para unirme a Annabeth y Tyson en la cubierta principal.

—¿Qué pasa? —me preguntó Annabeth—. ¿Otro sueño?

Asentí, pero no dije nada. No sabía qué pensar sobre lo que acababa de ver abajo. Casi me inquietaba tanto como mi sueño sobre Grover.

Clarisse subió las escaleras. Yo procuré no mirarla.

Tomó los prismáticos de un oficial zombi y escudriñó el horizonte.

—Al fin. ¡Capitán, avante a toda máquina!

Miré en la dirección que ella lo hacía, pero apenas se veía nada. El cielo estaba nublado. El aire era brumoso y húmedo, como el vapor de una plancha. Incluso entornando los ojos y forzando la vista, sólo divisaba a lo lejos un par de borrosas manchas oscuras.

Mi instinto náutico me decía que estábamos en algún punto frente a la costa norte de Florida. O sea que aquella noche habíamos recorrido una distancia enorme: muchísimo mayor de la que habría podido cubrir cualquier barco normal.

El motor crujía a medida que aumentábamos la velocidad.

—Demasiada tensión en los pistones —murmuró Tyson, nervioso—. No está preparado para aguas profundas.

Yo no tenía ni idea de cómo lo sabía, pero consiguió ponerme nervioso.

Tras unos minutos, las manchas oscuras del horizonte empezaron a perfilarse. Hacia el norte, una gigantesca masa rocosa se alzaba sobre las aguas: una isla con acantilados de treinta metros de altura, por lo menos. La otra mancha, un kilómetro más al sur, era una enorme tormenta. El cielo y el mar parecían haber entrado juntos en ebullición para formar una masa rugiente.

—¿Es un huracán? —preguntó Annabeth.

—No —dijo Clarisse—. Es Caribdis.

Annabeth palideció.

—¿Te has vuelto loca?

—Es la única ruta hacia el Mar de los Monstruos. Justo entre Caribdis y su hermana Escila.

Clarisse señaló a lo alto de los acantilados y tuve la sensación de que allá arriba vivía algo con lo que era mejor no tropezarse.

—¿Cómo que la única ruta? —pregunté—. Estamos en mar abierto. Nos basta con dar un rodeo.

Clarisse puso los ojos en blanco.

—¿Es que no sabes nada? Si trato de esquivarlas, aparecerán otra vez en mi camino. Para entrar en el Mar de los Monstruos, has de pasar entre ellas por fuerza.

—¿Y qué me dices de las Rocas Chocantes? —dijo Annabeth—. Ésa es otra entrada; la utilizó Jasón.

—No puedo volar rocas con mis cañones —respondió Clarisse—. A los monstruos, en cambio...

—Tú estás loca —sentenció Annabeth.

—Mira y aprende, sabionda. —Clarisse se volvió hacia el capitán—. ¡Rumbo a Caribdis!

—Muy bien, señora.

Gimió el motor, crujió el blindaje de hierro y el barco empezó a ganar velocidad.

—Clarisse —dije—. Caribdis succiona el agua del mar. ¿No es ésa la historia?

—Y luego vuelve a escupirla, sí.

—¿Y Escila?

—Ella vive en una cueva, en lo alto de esos acantilados. Si nos acercamos demasiado, sus cabezas de serpiente descenderán y empezarán a atrapar tripulantes.

—Elige a Escila entonces —dije—. Y que todo el mundo se refugie bajo la cubierta mientras pasamos de largo.

—¡No! —insistió Clarisse—. Si Escila no consigue su pitanza, quizá se ensañe con el barco entero. Además, está demasiado alta y no es un buen blanco. Mis cañones no pueden disparar hacia arriba. En cambio, Caribdis está en medio del torbellino. Vamos hacia ella a toda máquina, la apuntamos con nuestros cañones... ¡y la mandamos volando al Tártaro!

Lo dijo con tal entusiasmo que casi deseé creerla.

El motor zumbaba, y la temperatura de las calderas estaba aumentando de tal modo que noté cómo se calentaba la cubierta bajo mis pies. Las chimeneas humeaban como volcanes y el viento azotaba la bandera roja de Ares.

A medida que nos aproximábamos a los monstruos, el fragor de Caribdis crecía más y más. Era un horrible rugido líquido, como el váter más gigantesco de la galaxia al tirar de la cadena. Cada vez que Caribdis aspiraba, el barco era arrastrado hacia delante, entre sacudidas y bandazos. Cada vez que espiraba, nos elevábamos en el agua y nos veíamos zarandeados por olas de tres metros.

Traté de cronometrar el remolino. Según mis cálculos, Caribdis necesitaba unos tres minutos para succionar y destruirlo todo en un kilómetro a la redonda. Para evitarla, tendríamos que bordear los acantilados. Por mala que fuese Escila, a mí aquellos acantilados casi empezaban a parecerme bien.

Los marineros seguían tranquilamente con sus tareas en la cubierta. Como ellos ya habían combatido por una causa perdida, todo aquello les traía sin cuidado. O quizá no les preocupaba que los destruyeran porque ya estaban muertos. Ninguno de ambos pensamientos me reconfortaba.

Annabeth estaba a mi lado, aferrada a la barandilla.

—¿Todavía tienes ese termo lleno de viento?

Asentí.

—Pero es peligroso utilizarlo en medio de un torbellino. Con más viento, tal vez empeoren las cosas.

—¿Y si trataras de controlar las aguas? —preguntó—. Eres el hijo de Poseidón. Lo has hecho otras veces.

Tenía razón. Cerré los ojos e intenté calmar las aguas, pero no lograba concentrarme. Caribdis era demasiado ruidosa. Y demasiado poderosa. Las olas no respondían.

—N-no puedo —dije con desaliento.

—Necesitamos un plan alternativo —repuso Annabeth—. Esto no va a funcionar.

—Annabeth tiene razón —dijo Tyson—. Las máquinas no van bien.

—¿Qué quieres decir? —preguntó ella.

—La presión. Hay que arreglar los pistones.

Antes de que pudiera explicarse, oímos cómo la cisterna de aquel váter cósmico se vaciaba con un espantoso rugido. El barco se bamboleó, salí despedido y caí de bruces sobre la cubierta. Estábamos dentro del torbellino.

—¡Atrás a todo vapor! —gritaba Clarisse, desgañitándose para hacerse oír entre aquel estruendo. El mar giraba enloquecido a nuestro alrededor y las olas se estrellaban contra la cubierta. El blindaje de hierro estaba tan caliente que echaba humo.

—¡Acercaos hasta tenerla a tiro! ¡Preparad los cañones de estribor!

Los confederados muertos corrían de un lado a otro. La hélice chirriaba marcha atrás para frenar nuestro avance, pero el barco seguía deslizándose hacia el centro de la vorágine.

Un marinero zombi salió a escape de la bodega y corrió hacia Clarisse. Su uniforme gris echaba humo. Su barba estaba medio quemada.

—¡La sala de calderas se ha recalentado demasiado, señora! ¡Va a estallar!

—¡Bueno, baje y arréglelo!

—¡No puedo! —chilló el marinero—. ¡Nos estamos fundiendo con el calor!

Clarisse dio un puñetazo en un lado de la torreta.

—¡Sólo necesito unos minutos más! ¡Lo suficiente para tenerla a tiro!

—Vamos demasiado deprisa —dijo con aire sombrío el capitán—. Prepárense para morir.

—¡No! —bramó Tyson—. Yo puedo arreglarlo.

Clarisse lo miró incrédula.

—¿Tú?

—Es un cíclope —dijo Annabeth—. Inmune al fuego. Y sabe mucho de mecánica.

—¡Corre! —aulló Clarisse.

—¡No, Tyson! —dije agarrándolo del brazo—. ¡Es demasiado peligroso!

Él me dio un golpecito en la mano.

—Es la única salida, hermano. —Tenía una expresión decidida, confiada incluso. Nunca lo había visto de aquella manera—. Lo arreglaré; enseguida vuelvo.

Mientras lo contemplé seguir al marinero humeante por la escotilla, tuve una sensación espantosa. Quería correr tras él, pero el barco dio otro bandazo… Y entonces vi a Caribdis.

Apareció a unos centenares de metros, entre un torbellino de niebla, humo y agua. Lo primero que me llamó la atención fue el arrecife: un peñasco negro de coral con una higuera aferrada en lo alto. Una visión extrañamente pacífica en medio de aquel verdadero *maelstrom*. En torno al arrecife, el agua giraba en embudo, igual que la luz en un agujero negro. Justo por debajo de la superficie del agua vi aquella cosa horrible anclada al arrecife: una boca enorme con labios babosos y unos dientes grandes como remos y cubiertos de musgo. Peor: aquellos dientes tenían aparatos, unas bandas de metal asqueroso y corroído entre las cuales quedaban atrapados trozos de pescado, maderas y desperdicios flotantes.

Caribdis era la pesadilla de un técnico en ortodoncia. No era otra cosa que aquellas fauces oscuras y descomunales, que padecían una mala alineación dental y una grave tendencia de los incisivos superiores a montarse sobre los inferiores. Sin embargo, durante siglos no había hecho otra cosa que seguir comiendo sin cepillarse los dientes después de cada comida. Mientras miraba, todo lo que había alrededor fue tragado por el abismo: tiburones, bancos de peces, un calamar gigante... El *CSS Birmingham* iba a ser el siguiente en sólo cuestión de segundos.

—¡Señora Clarisse! —gritó el capitán—. ¡Los cañones de estribor y de proa están listos!

—¡Fuego! —ordenó Clarisse.

Tres bolas de cañón salieron disparadas hacia las fauces del monstruo. Una le saltó el borde de un incisivo, otra desapareció por su gaznate y la tercera chocó con una de las bandas de metal y rebotó hacia nosotros, arrancando la bandera de Ares de su asta.

—¡Otra vez! —ordenó Clarisse.

Los artilleros cargaron de nuevo, pero yo sabía que aquello era inútil. Habríamos tenido que machacar al monstruo un centenar de veces más para causarle verdadero daño, y no disponíamos de tanto tiempo. Nos estaba succionando a gran velocidad.

Pero entonces la vibración de la cubierta sufrió un cambio. El zumbido del motor se hizo más vigoroso, más regular. El barco entero trepidó y empezamos a alejarnos de la boca.

—¡Tyson lo ha conseguido! —dijo Annabeth.

—¡Esperad! —dijo Clarisse—. ¡Hemos de mantenernos cerca!

—¡Acabaremos todos muertos! —dije—. ¡Tenemos que alejarnos!

Me aferré a la barandilla mientras el barco luchaba para zafarse de aquella fuerza succionadora. La bandera rota de Ares pasó de largo a toda velocidad y se fue a enredar entre los hierros de Caribdis. No ganábamos mucho terreno, pero por lo menos manteníamos nuestra posición. Tyson había logrado de algún modo darnos el impulso suficiente para evitar que el barco fuese tragado por el torbellino.

Entonces la boca se cerró de golpe. El mar se sumió en una calma completa y el agua empezó a deslizarse sobre Caribdis.

Luego, con la misma rapidez con que se había cerrado, la boca se abrió de nuevo como en una explosión y empezó a escupir agua a borbotones, expulsando todo lo que no era comestible, incluidas nuestras bolas de cañón, una de las cuales se estrelló contra el flanco del *CSS Birmingham* con ese *dong* de la campana cuando golpeas fuerte con un martillo de feria.

Fuimos despedidos hacia atrás, montados en una ola que debía de tener quince metros de altura. Utilicé toda mi fuerza de voluntad para impedir que el barco volcara, pero aún así seguíamos girando sin control y precipitándonos hacia los acantilados al otro lado del estrecho.

Otro marinero humeante surgió de pronto de la bodega. Tropezó con Clarisse y a punto estuvo de llevársela por delante y caer ambos por la borda.

—¡Las máquinas están a punto de explotar!

—¿Y Tyson? —pregunté.

—Todavía está abajo. Impidiendo que las máquinas se caigan a pedazos, aunque no sé por cuánto tiempo.

—Debemos abandonar el barco —dijo el capitán.

—¡No! —gritó Clarisse.

—No tenemos alternativa, señora. ¡El casco se está partiendo! Ya no puede...

No logró terminar la frase. Una cosa marrón y verde, veloz como un rayo, llegó disparada del cielo, atrapó al capitán y se lo llevó por los aires. Lo único que dejó fueron sus botas de cuero.

—¡Escila! —aulló un marinero mientras otro trozo de reptil salía disparado de los acantilados y se lo llevaba a él.

Ocurría tan deprisa que era como intentar mirar a un rayo láser, no a un monstruo. Ni siquiera había podido verle la cara a aquella cosa: sólo un relámpago de dientes y escamas.

Destapé a *Contracorriente* y traté de asestarle un mandoble mientras nos arrebataba a otro marinero de la cubierta. Pero yo era demasiado lento para aquel monstruo.

—¡Todo el mundo abajo! —grité.

—¡No podemos! —Clarisse sacó su propia espada—. Abajo está todo en llamas.

—¡Los botes salvavidas! —dijo Annabeth—. ¡Rápido!

—No nos servirán para sortear los acantilados —dijo Clarisse—. Acabaremos todos devorados.

—Hemos de intentarlo. Percy, el termo.

—¡No puedo dejar a Tyson!

—¡Tenemos que preparar los botes!

Clarisse obedeció la orden de Annabeth. Con unos cuantos marineros muertos, destapó uno de los dos botes de remos. Las cabezas de Escila, mientras tanto, caían del cielo como una lluvia de meteoritos con dientes y se llevaban, uno a uno, a los confederados.

—Toma el otro bote —le dije a Annabeth lanzándole el termo—. Yo iré a buscar a Tyson.

—¡No lo hagas! —dijo—. ¡El calor acabará contigo!

No la escuché. Corría ya hacia la escotilla de la sala de calderas, cuando de repente mis pies dejaron de tocar la cubierta. Estaba volando, con el viento silbándome en los oídos y la roca del acantilado a sólo unos metros de mi cara.

Escila me había agarrado por la mochila y me estaba izando hacia su guarida. Sin pensármelo, agité mi espada hacia atrás y conseguí asestarle una estocada en su reluciente ojo amarillo. El monstruo dio un gruñido y me soltó.

La caída habría sido bastante mala, considerando que estaba a unos treinta metros de altura. Pero mientras me desplomaba, el *CSS Birmingham* explotó de repente a mis pies.

¡¡BRAAAAAM!1

Habían estallado las máquinas y los pedazos del acorazado volaban en todas direcciones como una ardiente bandada de metal.

—¡Tyson! —chillé.

Los botes salvavidas habían conseguido alejarse del barco, aunque no lo suficiente, y los restos en llamas les llovían encima. Clarisse y Annabeth acabarían aplastadas o carbonizadas, o bien se verían arrastradas al fondo por la fuerza de succión del barco al hundirse. Todo eso siendo muy optimista y dando por supuesto que lograran librarse de Escila.

Entonces oí otra clase de explosión: el sonido del termo mágico de Hermes al abrirse un poco más de la cuenta. Estallaron chorros de viento en todas direcciones, que dispersaron los botes y detuvieron mi caída libre, propulsándome hacia el océano.

No veía nada. Giré y giré en el aire, me di un porrazo con algo duro en la cabeza (sonó hueco) y me estrellé violentamente contra la superficie del mar. Desde luego, me habría roto todos los huesos de no haber sido el hijo del dios del mar.

Me hundí en unas aguas ardientes, pensando que Tyson se había ido para siempre y deseando poder ahogarme como cualquier mortal.

12

Nos alojamos en el balneario C. C.
de salud y belleza

Desperté en un bote de remos con una vela improvisada con la tela gris de un uniforme confederado. Annabeth, sentada a mi lado, iba orientando la vela para avanzar en zigzag.

Intenté incorporarme y de inmediato me sentí mareado.

—Descansa —me dijo—. Vas a necesitarlo.

—¿Y Tyson...?

Ella meneó la cabeza.

—Lo siento mucho, Percy.

Guardamos silencio mientras las olas nos sacudían.

—Quizá haya sobrevivido —dijo, aunque no muy convencida—. Ya lo sabes, el fuego no puede matarlo.

Asentí, pero no tenía ningún motivo para albergar esperanzas. Había visto cómo aquella explosión destrozaba el hierro blindado. Si Tyson estaba junto a las calderas en aquel momento, era imposible que hubiera sobrevivido.

Había dado su vida por nosotros, y yo no podía dejar de recordar todas las veces en que me había avergonzado de él y había negado que estuviéramos emparentados.

Las olas rompían contra el bote. Annabeth me enseñó algunas cosas que había logrado salvar del naufragio: el termo de Hermes (ahora vacío), una bolsa hermética llena de ambrosía, un par de camisas de marinero y una botella de SevenUp. Ella me había sacado del agua y también había encontrado mi mochila, aunque los dientes de Escila la habían desgarrado por la mitad. La mayor parte de mis cosas se habían perdido en el agua, pero todavía tenía el bote de vitaminas de Hermes. Y también mi espada *Contracorriente*, desde luego. No importaba dónde perdiera aquel bolígrafo: siempre volvía a aparecer en mi bolsillo.

Navegamos durante horas. Ahora que estábamos en el Mar de los Monstruos, el agua relucía con un verde todavía más brillante, como el ácido de la hidra. El aire era fresco y salado, pero tenía además un raro aroma metálico, como si se aproximara una tormenta eléctrica, o algo aún más peligroso. Yo sabía en qué dirección debíamos seguir. Y sabía que nos hallábamos exactamente a ciento trece millas náuticas de nuestro destino, en dirección oeste noroeste. Pero no por eso lograba sentirme menos perdido.

Sin importar en qué dirección virásemos, el sol siempre me daba en la cara. Compartimos unos sorbos de SevenUp y utilizamos la vela por turnos para guarecernos un poco con su sombra. También hablamos de mi último sueño con Grover.

Según Annabeth, teníamos menos de veinticuatro horas para encontrarlo, y eso dando por supuesto que mi sueño fuese fiable y que Polifemo no cambiara de idea e intentara casarse antes.

—Sí —dije amargamente—. Nunca puedes fiarte de un cíclope.

Annabeth fijó la vista en el agua.

—Lo siento, Percy. Me equivoqué con Tyson, ¿vale? Ojalá pudiera decírselo.

Traté de mantener mi enfado, pero no era fácil. Habíamos pasado juntos un montón de cosas; me había salvado la vida muchísimas veces y era una estupidez por mi parte seguir haciéndome el ofendido con ella.

Bajé la vista para examinar nuestras escasas pertenencias: el termo vacío, el bote de vitaminas. Me acordé de la mirada rabiosa de Luke cuando intenté hablarle de su padre.

—Annabeth, ¿cuál es la profecía de Quirón?

Ella frunció los labios.

—Percy, no...

—Ya sé que Quirón prometió a los dioses que no me lo diría. Pero tú no lo prometiste, ¿verdad?

—Saber no siempre es bueno.

—¡Tu madre es la diosa de la sabiduría!

—¡Ya lo sé! Pero cada vez que un héroe se entera de su futuro intenta cambiarlo, y nunca funciona.

—Los dioses están preocupados por algo que haré cuando crezca —aventuré—. O sea, cuando cumpla los dieciséis. ¿Es eso?

Annabeth retorció entre las manos su gorra de los Yankees.

—No conozco la profecía entera, Percy, pero sí sé que alerta a los dioses sobre un mestizo de los Tres Grandes: el próximo que viva hasta los dieciséis años. Ésa es la verdadera razón de que Zeus, Poseidón y Hades hicieran un pacto después de la Segunda Guerra Mundial y de que juraran no tener más hijos. El siguiente hijo de los Tres Grandes que llegue a cumplir los dieciséis se convertirá en un arma peligrosa.

—¿Por qué?

—Porque ese héroe decidirá el destino del Olimpo. Él o ella tomará una decisión y, con esa decisión, o bien salvará la Era de los Dioses o bien la destruirá.

Pasé un rato asimilando todo aquello. Nunca me mareo cuando navego, pero ahora me sentía mal.

—Por eso Cronos no me mató el verano pasado.

Ella asintió.

—Podrías resultarle muy útil. Si consigue que te pongas de su lado, los dioses estarán metidos en un grave aprieto.

—Pero si la profecía se refiere a mí...

—Sólo lo sabremos si sobrevives otros tres años. Lo cual puede llegar a ser mucho tiempo para un mestizo. Cuando Quirón oyó hablar por primera vez de Thalia, dio por supuesto que ella era la persona de la profecía. Por eso procuró tan desesperadamente que llegara a salvo al campamento. Luego ella cayó luchando y fue transformada en un pino, y ninguno de nosotros sabía ya qué pensar. Hasta que apareciste tú.

Una aleta verde y erizada de púas, de unos cinco metros de largo, salió contoneándose a la superficie por el lado de babor y enseguida volvió a desaparecer.

—El protagonista de la profecía... quiero decir, él o ella, ¿no podría ser como un cíclope, por ejemplo? —pregunté—. Los Tres Grandes tienen un montón de monstruos entre sus hijos.

Annabeth meneó la cabeza.

—El Oráculo dijo «mestizo». Y eso siempre significa medio humano medio divino. Realmente no hay nadie vivo que pudiera serlo, salvo tú.

—Entonces ¿por qué los dioses me han dejado vivir siquiera? Sería más seguro matarme.

—Tienes razón.

—Muchas gracias.

—Percy, no lo sé. Supongo que algunos dioses preferirían matarte, pero seguramente temen ofender a Poseidón. Otros dioses quizá te están observando aún, intentando decidir qué clase de héroe vas a ser. Podrías convertirte en un arma para su supervivencia, al fin y al cabo. La verdadera cuestión es qué harás dentro de tres años, qué decisión tomarás.

—¿La profecía daba alguna pista?

Annabeth vaciló.

Quizá me habría contado algo más, pero en ese momento una gaviota descendió de repente en picado, como salida de la nada, y se posó en nuestro mástil improvisado. Annabeth se sobresaltó cuando el pájaro dejó caer en su regazo un enredo de ramitas y hojas que debían habérsele enganchado.

—Tierra —dijo—. ¡Tiene que haber tierra cerca!

Me senté. No había duda: se veía una línea azul y marrón a lo lejos. Un minuto más tarde se divisaba una isla con una montañita en el centro, con un deslumbrante conjunto de edificios blancos, una playa salpicada de palmeras y un puerto que reunía un surtido bastante extraño de barcos.

• • •

—¡Bienvenidos! —dijo una mujer que sostenía un sujeta-papeles.

Parecía una azafata: traje azul marino, maquillaje impecable y cabello recogido en una cola de caballo. Nos estrechó la mano en cuanto pisamos el muelle. Por la deslumbrante sonrisa que nos dedicó, uno habría creído que acabábamos de descender del *Princesa Andrómeda*, no de un bote de remos bastante maltrecho.

Pero ya digo que la nuestra no era la única embarcación extraña del puerto. Además de una buena colección de yates de recreo, había un submarino de la marina norteamericana, muchas canoas de troncos y un antiguo barco de vela de tres mástiles. Había también una pista para helicópteros, con un aparato del Canal 5, y otra para aviones en la que se veía un jet ultramoderno junto a un avión de hélice que parecía un caza de la Segunda Guerra Mundial. Quizá eran réplicas para que las visitaran los turistas, o algo así.

—¿Es la primera vez que nos visitan? —preguntó la mujer del sujetapapeles.

Annabeth y yo nos miramos.

—Hummm… —dijo Annabeth.

—Primera… visita… al balneario —dijo la mujer mientras lo anotaba—. Veamos…

Nos miró de arriba abajo con aire crítico.

—Hummm… Para empezar, una mascarilla corporal de hierbas para la dama. Y desde luego un tratamiento completo para el caballero.

—¿Qué? —dije.

Ella estaba demasiado ocupada tomando notas para responder.

—¡Perfecto! —dijo con una animada sonrisa—. Estoy segura de que C. C. querrá hablar con ustedes personalmente antes del banquete hawaiano. Por aquí, por favor.

Ése era el problema: que Annabeth y yo ya nos habíamos acostumbrado a que nos tendieran trampas. Y normalmente esas trampas tenían al principio buen aspecto. O sea que ya me esperaba que la mujer con el sujetapapeles de repente se convirtiera en una serpiente, un demonio o algo así. Pero, por otro lado, llevábamos casi todo el día flotando en un bote de remos. Estaba acalorado, cansado y hambriento, y cuando aquella mujer mencionó un banquete hawaiano, mi estómago se sentó sobre sus patas traseras y empezó a jadear como un perro con la lengua fuera.

—No perdemos nada —murmuró Annabeth.

Vaya si podíamos perder, pero aun así seguimos a aquella mujer. Mantuve las manos en los bolsillos, donde atesoraba mis únicas defensas mágicas, o sea, las vitaminas de Hermes y mi bolígrafo. Pero a medida que nos internábamos en el balneario, me fui olvidando de ellos.

El lugar era alucinante. Allí donde mirases había mármol blanco y agua azul. La ladera de la montaña se iba escalonando en amplias terrazas, con piscinas en cada nivel conectadas entre sí mediante toboganes, cascadas y pasadizos sumergidos que podías cruzar buceando. Había fuentes con surtidores que rociaban el aire de agua y adoptaban formas imposibles, como águilas volando o caballos al galope.

A Tyson le encantaban los caballos y sabía que le habrían molado un montón aquellas fuentes. Casi me di la vuelta para ver su expresión, antes de recordar que ya no estaba.

—¿Te sientes bien? —me preguntó Annabeth—. Te veo pálido.

—Estoy bien —mentí—. Es sólo… Sigamos andando.

Vimos toda clase de animales domesticados. Una tortuga de mar dormitaba sobre un montón de toallas. Las clientas del balneario —sólo mujeres jóvenes, por lo que iba viendo— ganduleaban tiradas en tumbonas, tomando combinados de fruta o leyendo revistas, mientras se les secaban en la cara las mascarillas de hierbas y les hacían las uñas unas manicuras con uniforme blanco.

Al subir por una escalera hacia lo que parecía el edificio principal, oí a una mujer cantando. Su voz flotaba perezosamente como si estuviese entonando una nana. Cantaba en un idioma que no era griego clásico, pero sí igual de antiguo: lengua minoica tal vez, o algo parecido. Entendía más o menos de qué iba la canción: hablaba de la luz de la luna entre los olivos, de los colores del amanecer, y también de magia. De algo relacionado con la magia. Su voz parecía elevarme del suelo y transportarme hacia ella.

Llegamos a una gran estancia cuya pared frontal era toda de cristal. La pared del fondo estaba cubierta de espejos, de modo que el lugar parecía extenderse hasta el infinito. Había una serie de muebles blancos de aspecto muy caro, y sobre una mesa situada en un rincón, una enorme jaula para mascotas. Parecía fuera de lugar allí, pero no me detuve a pensar en ello, porque justo en ese momento vi a la dama que había estado cantando... ¡Uau!

Estaba sentada junto a un telar del tamaño de una pantalla de televisión gigante, tejiendo hilos de colores con las manos con una destreza asombrosa. El tapiz tenía un brillo trémulo, como si fuera en tres dimensiones, y representaba una cascada tan vívidamente que se veía cómo se movía el agua y cómo se desplazaban las nubes por un cielo de tela.

Annabeth contuvo el aliento.

—Es precioso.

La mujer se volvió. Ella era más preciosa aún que su tapiz. Su largo cabello oscuro estaba trenzado con hilos de oro; tenía unos penetrantes ojos verdes y llevaba un vestido de seda negra con estampados que parecían moverse también. Eran sombras de animales en negro sobre negro, creo que ciervos corriendo por un bosque nocturno.

—¿Te gusta tejer, querida? —preguntó la mujer.

—Sí, señora —dijo Annabeth—. Mi madre es...

Se detuvo en seco. Y con razón. No puedes ir por ahí explicando que tu mamá es Atenea, la diosa que inventó el telar. La mayoría de la gente te encerraría de inmediato en una celda acolchada.

Nuestra anfitriona se limitó a sonreír.

—Tienes buen gusto, querida. Me alegra mucho que estés aquí. Me llamo C. C.

Los animales en la jaula del rincón empezaron a dar chillidos. Debían de ser cobayas, por el ruido que hacían.

Nosotros nos presentamos también. Me miró con cierta desaprobación, como si hubiese fallado en alguna prueba, y eso me hizo sentir mal. Por alguna razón, deseaba complacer a aquella dama.

—Ah, querido —dijo con un suspiro—. Tú sí necesitas mi ayuda.

—¿Señora? —dije.

C. C. llamó a la mujer con traje de azafata.

—Hylla, hazle un tour completo a Annabeth, ¿quieres? Muéstrale todos los servicios disponibles. Habrá que cambiarle la ropa, y el pelo ¡cielos! Solicitaremos una consulta exhaustiva de imagen en cuanto haya hablado con este caballero.

—Pero... —Annabeth pareció dolida—. ¿Qué pasa con mi pelo?

C. C. sonrió con benevolencia.

—Eres encantadora, querida. ¡De veras! Pero no estás sacando partido de ti misma ni de tus encantos. En absoluto. ¡Semejante potencial desperdiciado!

—¿Desperdiciado?

—Bueno, seguro que no estás contenta con tu aspecto actual. Cielos, no hay una sola persona que lo esté, pero no te preocupes. Aquí, en el balneario, mejoramos a cualquiera. Hylla te mostrará a qué me refiero. ¡Has de liberar tu auténtico ser, querida!

Los ojos de Annabeth brillaban anhelantes. Nunca la había visto tan desconcertada.

—Pero... ¿y Percy?

—Claro —dijo C. C., lanzándome una triste mirada—. A Percy tengo que atenderlo personalmente. Él requiere más trabajo.

Normalmente, si alguien me hubiera dicho eso me habría enfadado. Pero al oírlo de C. C. me sentí abatido. La había decepcionado. Tenía que buscar el modo de mejorar.

Las cobayas chillaban como si estuviesen hambrientas.

—Bueno... —dijo Annabeth—. Supongo...

—Por aquí, querida —dijo Hylla. Y Annabeth se dejó llevar hacia los jardines llenos de cascadas.

C. C. me tomó del brazo y me guió hacia la pared de los espejos.

—Verás, Percy... Para liberar tu potencial necesitas mucha ayuda; ahora bien, el primer paso es admitir que no estás contento con actual tu forma de ser.

Me moví nervioso ante el espejo. No soportaba tener que pensar en mi aspecto: por ejemplo, en el primer grano que me había salido en la nariz a principios de curso, o en mis dos incisivos, que no estaban nivelados a la perfección, o en mi pelo, que nunca permanecía en su sitio y tenía tendencia a dispararse hacia cualquier lado.

La voz de C. C. me hacía pensar en todas esas cosas, como si me estuviera observando al microscopio. Y mi ropa no era guay. Eso ya lo sabía.

«¿Qué más da?», pensaba una parte de mí mismo. Pero allí de pie, frente al espejo de C. C., resultaba difícil ver en mí algo positivo.

—Bueno, bueno —dijo C. C. en tono de consuelo—. ¿Qué te parece si probamos... esto?

Chasqueó los dedos y sobre el espejo se desplegó una cortina azul celeste. Tenía un brillo tembloroso, como el tapiz del telar.

—¿Qué ves? —preguntó.

Miré el paño azul, sin saber a qué se refería.

—No sé...

Entonces hubo un cambio de colores. Me vi a mí mismo en una especie de reflejo, pero no era un reflejo. Temblando en medio de aquel paño se veía una versión superguay de Percy Jackson, con ropa adecuada y una sonrisa de confianza. Los dientes perfectamente alineados, ni un solo grano, un bronceado ideal, más atlético, quizá tres o cuatro centímetros más alto. Era yo, pero sin ningún defecto.

—¡Uau! —logré decir.

—¿Te gusta así? —preguntó C. C.—. ¿O probamos un tipo diferente...?

—No; así está bien. Esto es... increíble. ¿De veras puede...?

—Puedo ofrecerte un tratamiento completo —me aseguró C. C.

—¿Cuál es el truco? ¿Tengo que seguir una dieta especial?

—Oh, es muy fácil. Mucha fruta fresca, un programa ligero de ejercicios y, desde luego... esto.

Se acercó al mueble bar y llenó un vaso de agua. Luego abrió un paquete de algo efervescente y vertió en el vaso un polvo rojo. La mezcla adquirió un resplandor momentáneo. Cuando se desvaneció, la bebida tenía el aspecto de un batido de fresa.

—Uno de éstos equivale a una comida completa —dijo C. C.—. Te garantizo que verás los resultados de inmediato.

—¿Cómo es posible?

Ella se echó a reír.

—¿Para qué hacer preguntas? Quiero decir, ¿no deseas convertirte sin más en tu «yo» perfecto?

No lograba acallar una sensación de sospecha.

—¿Por qué no hay chicos en este balneario?

—Ah, pero sí los hay —me aseguró—. Los conocerás muy pronto. Tú prueba el combinado y verás.

Miré el paño azul y aquel reflejo mío que no era yo.

—Mira, Percy —me reprendió C. C.—, la parte más difícil del proceso es dejar de querer controlarlo todo. Tienes que decidirte: ¿te vas a fiar de tu criterio sobre cómo deberías ser, o te vas a fiar del mío?

Tenía la garganta seca. Me oí decir:

—Del suyo.

Ella sonrió y me tendió el vaso. Y yo me lo llevé a los labios.

Tenía el sabor que era de esperar por su aspecto: como un batido de fresa. Casi de inmediato, una cálida sensación me inundó las tripas: una sensación placentera, al principio; luego dolorosa y ardiente, abrasadora, como si el combinado estuviera a punto de hervir en mi interior.

Me doblé y dejé caer el vaso.

—¿Qué me ha...? ¿Qué ocurre?

—No te preocupes, Percy —dijo C. C.—. El dolor pasará. ¡Mira! Tal como te he prometido. Resultados inmediatos.

Algo había ido mal, espantosamente mal.

Cayó la cortina y vi en el espejo cómo se me arrugaban y retorcían las manos y me crecían unas uñas largas y delicadas, y me brotaba pelo por toda la cara, bajo la camisa y en los rincones más chungos. Sentía los dientes demasiado pesados, mi ropa se agrandaba por momentos, o quizá era C. C. la que estaba creciendo demasiado... No: yo estaba encogiendo.

Y súbitamente, me encontré sumido en una caverna de tela oscura. Me había quedado enterrado bajo mi propia camisa. Traté de correr, pero me agarraron unas manos tan grandes como mi propio cuerpo. Intenté pedir ayuda a gritos, pero lo único que salía de mi boca era:

—¡*Rit, rit, rit!*

Aquellas manos gigantes me estrujaban por la mitad y me izaban en el aire. Yo forcejeaba y daba golpes con piernas y brazos, que ahora tenían un aspecto muy achaparrado. Y de repente, me encontré mirando con horror la cara enorme de C. C.

—¡Perfecto! —retumbó su voz. Me retorcí alarmado, pero ella se limitó a apretarme más por el vientre, también cubierto de pelo—. ¿Lo ves, Percy? ¡Ahora has liberado tu verdadero ser!

Me sostuvo ante el espejo y lo que vi me hizo aullar de puro terror.

—¡*Rit, rit, rit!*

Allí estaba C. C., hermosa y sonriente, sosteniendo a una criatura peluda con dientes de conejo, con uñas diminutas y un pelaje blanco y naranja. Si yo me retorcía, el bicho peludo se retorcía también en el espejo. Yo era... era...

—Una cobaya —dijo C. C.—, también llamada «cerdito de Guinea». ¿Adorable, verdad? Los hombres son unos cerdos, Percy. Yo solía convertirlos en cerdos de verdad, pero olían mal, ocupaban demasiado espacio y daban mucho trabajo. O sea, no muy distintos de como eran antes, la verdad. Los cerditos de Guinea resultan más adecuados. Y ahora, ven a conocer a los demás hombres.

—¡*Rit!* —protesté, tratando de arañarla, pero C. C. me agarró con tanta fuerza que poco me faltó para desmayarme.

—Nada de eso, pequeñín —me reprendió—, o te echaré de comida a las lechuzas. Ahora entra en la jaula como una buena mascota. Mañana, si te portas bien, te pondrás en camino. Siempre hay algún colegio que necesita una nueva cobaya.

Mi mente se movía a tanta velocidad como mi corazón diminuto. Tenía que regresar a donde yacía mi ropa amontonada en el suelo. Si pudiera llegar allí, sacaría a *Contracorriente* del bolsillo y... ¿y qué? No podría destapar el bolígrafo. E incluso si pudiese, no sería capaz de sostener la espada.

Me retorcía totalmente imposibilitado, mientras C. C. me llevaba a la jaula de las cobayas y abría la puerta.

—Te presento a mis problemas de disciplina, Percy —dijo en tono de advertencia—. Nunca llegarán a ser buenas mascotas en un colegio, pero quizá te sirvan para aprender modales. La mayoría llevan en esta jaula más de trescientos años. Si no quieres quedarte con ellos de modo permanente, te sugiero...

—¿Señora C. C.? —Era la voz de Annabeth.

C. C. soltó una maldición en griego antiguo. Me dejó en la jaula y cerró la puerta. Yo daba alaridos y arañaba los barrotes, pero en vano. C. C. metió mi ropa bajo el telar de una patada justo cuando llegaba Annabeth.

Apenas la reconocí. Llevaba un vestido de seda blanca sin mangas, como el de C. C. Tenía el pelo rubio recién lavado y peinado, y también trenzado con hilos de oro, pero lo peor era... que la habían maquillado. Nunca habría creído que Annabeth se dejara pillar en semejante estado ni muerta. Vamos a ver: tenía buen aspecto. Muy buen aspecto. Se me habrían atragantado las palabras seguramente, en caso de que hubiera sido capaz de decir otra cosa que «rit, rit». Pero, por otra parte, había en su aspecto algo del todo equivocado. Aquélla no era Annabeth, sencillamente.

Ella miró alrededor y frunció el ceño.

—¿Dónde está, Percy?

Yo me desgañitaba gritando, pero ella no parecía oírme.

C. C. sonrió.

—Le están aplicando uno de nuestros tratamientos, querida. No te preocupes. ¡Estás preciosa! ¿Qué te ha parecido el *tour*?

Los ojos de Annabeth se iluminaron.

—¡Su biblioteca es impresionante!

—Sí, desde luego. Todo el conocimiento de los tres últimos milenios. Cualquier cosa que quieras estudiar, o cualquier cosa que desees ser, querida.

—¿Arquitecto, por ejemplo?

—¡Puaggg! —exclamó C. C.—. Tú, querida, tienes madera de hechicera, como yo.

Annabeth dio un paso atrás.

—¿Hechicera?

—Sí, querida —C. C. alzó la mano y una llama surgió de su palma y bailó por la punta de sus dedos—. Mi madre es Hécate, la diosa de la magia. Reconozco a una hija de Atenea en cuanto la veo. Tú y yo no somos tan diferentes; las dos buscamos el conocimiento, las dos admiramos la grandeza y ninguna necesita permanecer a la sombra de los hombres.

—No... no acabo de comprender.

Grité una vez más con todas mis fuerzas, tratando de llamar la atención de Annabeth, pero ella no podía oírme o no creía que aquellos ruidos tuvieran importancia. Mientras tanto, las demás cobayas habían ido saliendo de sus cubículos para echarme un vistazo. No sabía que las cobayas pudieran tener un aspecto tan chungo, pero aquéllas me demostraron que sí. Había media docena, y todas tenían el pelaje sucio, los dientes roídos y los ojos enrojecidos. Estaban cubiertas de virutas y olían como si realmente llevaran allí trescientos años sin que nadie limpiara la jaula.

—Quédate conmigo —le decía C. C. a Annabeth—. Estudia conmigo. Puedes unirte a nuestro equipo, convertirte en hechicera, aprender a dominar la voluntad de los demás. ¡Te volverás inmortal!

—Pero...

—Eres demasiado inteligente, querida. Demasiado para confiar en ese estúpido campamento para héroes. Dime, ¿cuántas grandes heroínas mestizas serías capaz de enumerar?

—Bueno... Atalanta, Amelia Earhart...

—¡Bah! Son los hombres los que se llevan siempre toda la gloria —Apretó el puño y extinguió aquella llama mágica—. El único camino que les queda a las mujeres para adquirir poder es la hechicería. ¡Medea y Calipso son ahora muy poderosas! Y yo, desde luego. La más grande de todas.

—Usted... ¡C. C. es Circe!

—Sí, querida.

Annabeth retrocedió y Circe se echó a reír.

—No temas. No voy a hacerte ningún daño.

—¿Qué le ha hecho a Percy?

—Sólo ayudarlo a encontrar su auténtica forma.

Annabeth escudriñó la estancia. Finalmente, reparó en la jaula y me vio arañando con desesperación los barrotes, rodeado de cobayas. Abrió unos ojos como platos.

—¡Olvídalo! —dijo Circe—. Únete a mí y aprende los caminos de la hechicería.

—Pero...

—Tu amigo estará bien atendido. Será enviado a tierra firme, a un nuevo hogar maravilloso. Los niños del jardín de infancia lo adorarán. Y tú, entretanto, te harás más sabia y más poderosa, tendrás todo lo que siempre has deseado.

Annabeth seguía mirándome, pero con una expresión soñadora. La misma que yo debía de tener cuando Circe me había embelesado para que bebiera aquel batido maléfico. Chillé y arañé con todas mis fuerzas, tratando de sacar a Annabeth de su ensueño, pero me sentía del todo impotente.

—Déjeme pensarlo —murmuró Annabeth—. Sólo un minuto... a solas. Para despedirme.

—Claro que sí, querida —susurró Circe—. Un minuto. Ah, y para que dispongas de completa intimidad... —Hizo un ademán con la mano y descendieron de golpe unas barras de hierro sobre las ventanas. Luego se deslizó fuera y cerró la puerta con llave.

La expresión embelesada de Annabeth se desvaneció en el acto. Se acercó corriendo a la jaula.

—Bueno, ¿cuál eres?

Me puse a chillar, pero lo mismo hicieron las demás cobayas. Annabeth parecía desesperada; escudriñó la estancia con la mirada y divisó las perneras de mis tejanos asomando bajo el telar.

¡Sí!

Corrió hacia allí y hurgó en mis bolsillos.

Pero, en lugar de sacar a *Contracorriente*, encontró el bote de vitaminas de Hermes y empezó a forcejear con el tapón.

Yo quería gritarle que no era momento de tomar vitaminas. ¡Tenía que sacar la espada!

Se metió en la boca un limón masticable justo cuando se abría la puerta de golpe y entraba Circe de nuevo, acompañada por dos azafatas.

—Bueno —suspiró—, ¡qué rápido pasa un minuto! ¿Cuál es tu respuesta, querida?

—Ésta —dijo Annabeth y sacó su cuchillo de bronce.

La hechicera dio un paso atrás, pero enseguida se recobró. Sonrió con desdén.

—¿De veras, pequeña? ¿Un cuchillo contra toda mi magia? ¿Te parece sensato?

Circe se volvió hacia sus ayudantes, que sonrieron. Alzaron las manos, como disponiéndose a lanzar un conjuro.

«¡Corre!», habría querido decirle a Annabeth, pero lo único que lograba emitir eran ruiditos de roedor. Las demás cobayas chillaban y se escabullían hacia los rincones. Yo también sentía el mismo pánico y el impulso de correr a esconderme... ¡Pero tenía que pensar en algo! No podría soportarlo si perdía a Annabeth como había perdido a Tyson.

—¿Cuál sería la forma adecuada para Annabeth? —dijo Circe con aire pensativo—. Una cosa pequeña y malhumorada... ¡Ya sé, una musaraña!

De sus dedos surgieron espirales de fuego azul, que se retorcieron como serpientes alrededor de Annabeth.

La miré paralizado de horror, pero no sucedió nada. Annabeth seguía siendo Annabeth, sólo que ahora más furiosa. Dio un salto y le puso a Circe la punta del cuchillo en el cuello.

—¿Y por qué no convertirme en una pantera? ¡Una que te ponga las zarpas en el cuello!

—¿Cómo demonios...? —aulló Circe.

Annabeth alzó el bote de vitaminas para que lo viese la hechicera.

Circe dio un alarido de frustración.

—¡Maldito sea Hermes y sus vitaminas! ¡No son más que una moda pasajera! ¡No te aportan ningún beneficio!

—¡Devuélvele a Percy su forma humana! —dijo Annabeth.

—¡No puedo!

—Tú lo has querido.

Las ayudantes de Circe dieron un paso adelante, pero su jefa las detuvo.

—¡Atrás! ¡Es inmune a la magia mientras dure el efecto de esa maldita vitamina!

Annabeth arrastró a Circe hasta nuestra jaula, le arrancó el techo y vertió en su interior el resto de las vitaminas.

—¡No! —gritó Circe.

Yo fui el primero en atrapar una gragea, y todas las demás cobayas salieron corriendo de sus escondrijos para probar aquella nueva comida.

Me bastó un bocadito para sentir un ardor por dentro. Seguí royendo y, de pronto, la vitamina dejó de parecerme enorme, la jaula empezó a achicarse y... ¡bang! La jaula explotó y me encontré sentado en el suelo, otra vez con mi forma humana (también con mi ropa puesta, gracias a los dioses), rodeado de seis tipos que parpadeaban con aire desorientado mientras se sacudían las virutas del pelo.

—¡No! —gritó Circe—. ¡Tú no lo entiendes! ¡Éstos son los peores!

Uno de ellos se puso en pie: era un tipo enorme con una barba negra, larga y enredada, y con los dientes negros también. Vestía de un modo bastante incongruente, con ropa de lana y cuero, botas altas y un sombrero de ala flexible. Los otros vestían de modo más sencillo, con calzones y camisas blancas llenas de manchas. Todos iban descalzos.

—¡Argggg! —bramó aquel tipo—. ¿Qué me ha hecho esta bruja?

—¡No! —gimió Circe.

Annabeth ahogó un grito.

—¡Te conozco! ¿No eres Edward Teach, el hijo de Ares?

—Sí, muchacha —gruñó él—. ¡Aunque todos me llaman Barbanegra! Y ésa es la hechicera que nos capturó. Vamos a cortarla en pedazos y luego me zamparé una buena ensalada de apio. ¡Argggg!

Circe echó a gritar y salió corriendo con sus ayudantes, perseguida por los piratas.

Annabeth envainó su cuchillo y me miró.

—Gracias... —dije con voz temblorosa—. Lo siento mucho...

Antes de que se me ocurriese algún modo de excusarme por haber sido tan idiota, ella se acercó y me dio un abrazo. Luego se separó de mí con la misma rapidez.

—Me alegro de que no seas una cobaya.

—Yo también. —Confiaba en no tener la cara tan roja como la sentía.

Ella deshizo los hilos de oro que tenía trenzados en el pelo.

—Vamos, sesos de alga —dijo—. Tenemos que largarnos mientras Circe esté distraída.

Corrimos colina abajo, atravesando terrazas y dejando atrás a los empleados del balneario, que gritaban desesperados mientras los piratas se entregaban al saqueo. Los hombres de Barbanegra rompían las antorchas dispuestas para el banquete hawaiano, arrojaban a la piscina los emplastos de hierbas y derribaban las mesas.

Casi me sentí mal por dejar sueltos a aquellos piratas tan revoltosos, pero también pensé que después de trescientos años encerrados se merecían algo más entretenido que la rueda para cobayas de la jaula.

—¿Qué barco? —preguntó Annabeth cuando llegamos al muelle.

Miré con desesperación en todas direcciones. No podíamos tomar otra vez el bote de remos. Teníamos que abandonar la isla de inmediato. ¿Pero qué nos convenía más? ¿Un submarino? ¿Un avión de combate? Bueno, tampoco es que supiera pilotar esa clase de cacharros...

Entonces lo vi.

—Allí —dije.

Annabeth parpadeó

—Pero...

—Podría hacerlo funcionar.

—¿Cómo?

No podía explicárselo, pero de algún modo sabía que un viejo barco de vela era la apuesta más segura. Tomé a Annabeth de la mano y la arrastré hacia la embarcación de tres mástiles. En la proa lucía el nombre que sólo más tarde descifraría: *Vengador de la Reina Ana.*

—¡Arggg! —aulló Barbanegra a lo lejos—. ¡Esos sinvergüenzas están abordando mi buque! ¡Detenedlos, muchachos!

—¡No lograremos salir a tiempo! —gritó Annabeth mientras nos encaramábamos a bordo.

Cuando llegamos arriba, miré el desesperante tinglado de velas y sogas que tenía alrededor. Para ser un buque de trescientos años, estaba en perfectas condiciones. Aun así, habría hecho falta una tripulación de cincuenta marineros y muchas horas de trabajo para ponerlo en movimiento. Nosotros no teníamos tanto tiempo. Los piratas bajaban corriendo las escaleras, agitando antorchas hawaianas y tallos de apio.

Cerré los ojos y me concentré en las olas que chapoteaban contra el casco, en las corrientes del mar, en los vientos que me rodeaban. Y de pronto me vino a la mente la palabra adecuada:

—¡Palo de mesana! —grité.

Annabeth me miró como si me hubiese vuelto loco, pero en un segundo el aire se llenó de un silbido de sogas que se tensaban, ruido de velas que se desplegaban y crujido de poleas.

Annabeth se agachó justo para esquivar un cable que pasó por encima de su cabeza y fue a arrollarse en el bauprés.

—Percy, ¿cómo...?

No tenía respuesta, pero sentía que el barco me respondía como si fuese parte de mi cuerpo. Ordené que las velas se izaran con la misma facilidad con que flexionaba un brazo. Y luego ordené que girase el timón.

El *Vengador de la Reina Ana* se apartó con una sacudida del muelle, y cuando los piratas llegaron por fin a la orilla, nosotros ya navegábamos hacia el Mar de los Monstruos.

13

Annabeth intenta volver a nado

Por fin había encontrado algo en lo que era bueno de verdad.

El *Vengador de la Reina Ana* respondía a todas mis órdenes. Yo sabía qué cabos tensar, qué velas izar y en qué dirección navegar. Avanzábamos entre las olas a unos diez nudos, según calculé. Y lo bueno es que incluso comprendía qué velocidad era ésa. Para un barco de vela, bastante rápido.

Todo parecía perfecto: el viento a favor, las olas rompiendo contra la proa... Pero ahora que nos encontrábamos fuera de peligro, sólo conseguía pensar en lo mucho que echaba de menos a Tyson y en la inquietante situación de Grover.

Tampoco conseguía quitarme de la cabeza mi estúpida manera de complicar las cosas en la isla de Circe. De no ser por Annabeth, todavía sería un pequeño roedor agazapado en aquella jaula junto a un puñado de piratas peludos. Pensé en lo que Circe me había dicho: «¿Lo ves, Percy? Has liberado tu verdadero ser.»

Aún me sentía cambiado. No sólo porque tenía un repentino deseo de comer lechuga, sino que, además, me notaba asustadizo, como si el instinto de un animalito despavorido formase ahora parte de mí. O quizá siempre había estado allí. Aquello era lo que me preocupaba de verdad.

Navegamos toda la noche.

Annabeth intentó echarme una mano en el puesto de mando, pero navegar no era lo suyo. Tras unas cuantas horas de balanceo, su cara se puso de color guacamole y bajó a tumbarse en una hamaca.

Yo observaba el horizonte. Divisé monstruos más de una vez. Vi un penacho de agua tan alto como un rascacielos elevándose a la luz de la luna. Luego una hilera de púas verdes se deslizó entre las olas: un reptil, o algo así, de unos treinta metros de largo. No tenía muchas ganas de averiguarlo.

También llegué a ver nereidas, los brillantes espíritus femeninos del agua. Les hice señas, pero desaparecieron en las profundidades, dejándome con la duda de si me habían visto o no.

Poco después de medianoche, Annabeth subió a cubierta. Precisamente en aquel momento pasábamos junto a una isla con un volcán humeante. El agua en torno a la orilla burbujeaba y despedía vapor.

—Una de las fraguas de Hefesto —dijo Annabeth—. Donde construye sus monstruos de metal.

—¿Como los toros de bronce?

Ella asintió.

—Da un rodeo. Y ponte a una buena distancia.

No necesité que me lo repitiera. Nos alejamos de la isla y muy pronto no fue más que un borrón de neblina roja a popa.

Miré a Annabeth.

—El motivo de que odies tanto a los cíclopes... o sea, la historia de cómo murió Thalia de verdad... Cuéntame, ¿qué ocurrió?

Apenas veía su expresión en la oscuridad.

—Está bien. Tal vez tengas derecho a saberlo —dijo por fin—. Aquella noche, mientras Grover nos llevaba al campamento, se confundió y tomó varios desvíos equivocados. ¿Recuerdas que te lo contó una vez?

Asentí.

—Bueno, pues el peor de esos desvíos nos llevó a la guarida de un cíclope en Brooklyn.

—¿Cíclopes en Brooklyn? —pregunté.

—No podrías creer la cantidad de cíclopes que hay, pero ésa no es la cuestión. Aquel cíclope nos tendió una trampa; logró que nos separásemos en el laberinto de pasillos de una vieja casa de la zona de Flatbush. Además, era capaz de imitar la voz de cualquiera, Percy. Igual que Tyson a bordo del *Princesa Andrómeda*. Uno a uno, nos hizo caer en la trampa. Thalia creyó que corría a salvar a Luke. Éste creyó que me había oído gritar a mí pidiendo socorro. Y yo… yo estaba sola en la oscuridad. Tenía siete años. No sabía cómo encontrar la salida.

Se apartó el pelo de la cara.

—Recuerdo que llegué a la habitación principal. El suelo estaba cubierto de huesos. Y allí estaban Thalia, Luke y Grover, atados y amordazados, colgando del techo como jamones. El cíclope había empezado a encender una hoguera en medio de la habitación. Saqué mi cuchillo, pero él me oyó. Se volvió y sonrió; empezó a hablar, y de algún modo averiguó cómo era la voz de mi padre. Supongo que la arrebató de mi mente. Me dijo: «No te preocupes, Annabeth. Yo te quiero. Puedes quedarte conmigo. Puedes quedarte para siempre.»

Me eché a temblar. El modo que tenía Annabeth de contarlo, incluso ahora, seis años después, logró asustarme más que el cuento de fantasmas más espantoso que hubiera oído en mi vida.

—¿Qué hiciste?

—Le clavé el cuchillo en un pie.

La miré fijamente.

—¿Me tomas el pelo? ¿Tenías siete años y apuñalaste a un cíclope enorme?

—Él me habría matado, pero conseguí sorprenderlo. Me dio el tiempo justo para correr hacia Thalia y cortarle las cuerdas de las manos. Ella se encargó del resto.

—Bueno, pero… eso fue muy valiente de tu parte, Annabeth.

Ella sacudió la cabeza.

—Nos salvamos por los pelos. Todavía tengo pesadillas, Percy. Con el cíclope hablándome con la voz de mi padre. Si nos costó tanto llegar al campamento fue por su culpa. Todos los monstruos que nos habían estado persiguiendo aprovecharon para darnos alcance. Ésa es la verdadera razón de que Thalia muriese. De no haber sido por ese cíclope, aún viviría.

Permanecimos sentados en la cubierta, contemplando cómo ascendía la constelación de Hércules por el cielo.

—Ve a echarte un rato —me dijo Annabeth por fin—. Necesitas descansar.

Asentí. Me pesaban los ojos. Pero cuando bajé y me tendí en una hamaca, me costó mucho conciliar el sueño. Seguía pensando en la historia de Annabeth. Me preguntaba si yo en su lugar habría tenido el valor de continuar aquella búsqueda, de navegar directamente hacia la guarida de otro cíclope.

No soñé con Grover.

En cambio, me encontré de nuevo en el camarote de Luke, a bordo del *Princesa Andrómeda*. Las cortinas estaban abiertas. Fuera era de noche, y el aire se fue llenando de sombras, de voces que susurraban a mi alrededor. Eran los espíritus de los muertos.

«¡Cuidado! —murmuraban—. Trampas. Engaños.»

El sarcófago de oro de Cronos emitía un leve resplandor. Era la única luz en todo el camarote.

Una fría risa me sobresaltó. Parecía proceder de un lugar situado muy por debajo del barco.

«No tienes el valor suficiente, joven. No podrás detenerme.»

Sabía lo que debía hacer. Tenía que abrir aquel ataúd.

Destapé a *Contracorriente* y los fantasmas se arremolinaron en torno a mi cuerpo como un tornado.

«¡Cuidado!»

El corazón me palpitaba. No conseguía que mis pies se movieran, pero tenía que detener a Cronos. Debía destruir lo que hubiese en aquella caja.

Entonces oí la voz de una chica a mi lado.

—¿Y bien, sesos de alga?

Me di la vuelta, pensando que sería Annabeth. Pero no lo era. Llevaba ropa punk, con cadenas plateadas en las muñecas. Tenía el pelo negro erizado de púas, una gruesa raya en torno a sus ojos azules y turbulentos, y un puñado de pecas esparcidas por la nariz. Me resultaba conocida, pero no sabía de qué.

—¿Y bien? —preguntó—. ¿Vas a detenerlo, sí o no?

Yo no podía responder. Ni moverme.

La chica puso los ojos en blanco.

—Perfecto. Déjamelo a mí y a la Égida.

Se dio un golpecito en la muñeca y sus cadenas plateadas se transformaron —aplanándose y expandiéndose— en un enorme escudo. Era de plata y bronce, con la monstruosa cabeza de la Medusa sobresaliendo en el centro. Parecía una máscara mortuoria, como si la verdadera cabeza de la Gorgona hubiera quedado impresa en el metal. No sabía si aquello era cierto, y tampoco si el escudo podía petrificarme, pero desvié la mirada; sólo su proximidad me dejaba helado de miedo. Tuve la sensación de que, en un combate real, el portador de aquel escudo sería casi invencible. Cualquier enemigo en sus cabales le daría la espalda y echaría a correr.

La chica sacó su espada y avanzó hacia el sarcófago. Las sombras fantasmales le abrieron paso y se dispersaron ante el aura terrible de su escudo.

—No —dije, tratando de advertirla.

Pero ella no me escuchó. Se fue directa al sarcófago y apartó su tapa dorada.

Por un instante, permaneció con la vista fija en el contenido de la caja.

El ataúd adquirió un resplandor más intenso.

—No. —La voz de la chica temblaba—. No puede ser.

Desde las profundidades del océano, Cronos se reía con tal estruendo que se estremeció el barco entero.

—¡Noooo! —La chica chilló mientras el sarcófago se la tragaba en una explosión de luz dorada.

Me senté en la hamaca gritando.

Annabeth me zarandeaba por el hombro.

—Percy, era una pesadilla. Vamos. Tienes que levantarte.

—¿Qué... qué pasa? —dije frotándome los ojos—. ¿Cuál es el problema?

—Tierra —dijo con un tono lúgubre—. Nos acercamos a la isla de las sirenas.

Apenas podía divisar la isla en el horizonte. Sólo veía un borrón entre la niebla.

—Quiero que me hagas un favor —dijo Annabeth—. Las sirenas... pronto estaremos al alcance de sus cantos.

Recordé las historias sobre las sirenas: cantaban de un modo tan dulce que encantaban a los marineros con sus voces y los atraían a una muerte segura.

—No hay problema —le aseguré—. Podemos taparnos los oídos. En la bodega hay un barreño lleno de cera para velas...

—Es que yo quiero oírlas.

Parpadeé.

—¿Cómo?

—Dicen que las sirenas cantan la verdad sobre lo que deseas. Te revelan cosas sobre ti mismo de las que ni siquiera te has dado cuenta. Por eso te embelesan. Si sobrevives, te vuelves más sabio. Yo quiero oírlas. ¿Cuándo volveré a tener una ocasión como ésta?

Viniendo de cualquier otra persona, aquello no habría tenido ningún sentido. Pero tratándose de Annabeth... Bueno, si ella era capaz de leer libros sobre arquitectura de la antigua Grecia o de disfrutar de los documentales del canal Historia, era comprensible que las sirenas pudieran atraerle.

Me contó su plan. A regañadientes, la ayudé a prepararse.

En cuanto tuvimos a la vista la orilla rocosa de la isla, ordené a una de las sogas que atara a Annabeth por la cintura al palo mayor.

—No me desates —dijo—. Pase lo que pase. Por mucho que suplique. Porque yo desearé saltar sin más, y si lo hago me ahogaré.

—¿Quieres tentarme?

—Ja, ja.

Le prometí que la mantendría a salvo. Luego tomé dos bolas de cera, las amasé hasta convertirlas en tapones y me las metí en los oídos.

Annabeth asentía, sarcástica, como diciéndome que aquellos tapones me quedaban muy chulos. Le hice una mueca y me volví hacia el timón.

El silencio era espeluznante. No oía nada, salvo el latido de la sangre en mis sienes. A medida que nos aproximábamos a la isla, iban asomando rocas dentadas entre la niebla. Ordené al *Vengador de la Reina Ana* que las sorteara; si nos acercábamos demasiado, aquellas rocas harían trizas nuestro casco como las cuchillas de una licuadora.

Miré a mi espalda. Al principio, Annabeth parecía completamente normal. Luego apareció en su rostro una expresión perpleja. Abrió unos ojos como platos y empezó a forcejear con las cuerdas. Me llamaba por mi nombre: lo veía en sus labios. Su expresión era muy clara; tenía que liberarla, era cuestión de vida o muerte. Debía soltarla ahora mismo.

Parecía tan afligida que costaba mucho resistirse y no dejarla libre.

Me obligué a desviar la vista. Apremié al *Vengador de la Reina Ana* para que aumentase la velocidad.

Aún no podía ver gran cosa de la isla: sólo niebla y rocas. Pero en el agua flotaban trozos de madera y fibra de vidrio, restos de naufragios, incluso chalecos salvavidas de líneas aéreas comerciales.

¿Cómo era posible que la música hubiese hecho descarrilar tantas vidas? Sí, vale, había canciones en el Top Ten que me daban ganas de lanzarme en picado, pero aun así... ¿Qué podrían cantar las sirenas?

Durante un peligroso segundo comprendí la curiosidad de Annabeth. Sentí la tentación de quitarme los tapones, sólo para probar un sorbo de aquella música misteriosa. Notaba cómo las voces vibraban en la madera del barco, cómo añadían su latido al rugido de la sangre en mis oídos.

Annabeth seguía suplicándome. Las lágrimas corrían por sus mejillas. Luchaba con las cuerdas, como si le impidieran reunirse con lo que más le importaba en este mundo.

«¿Cómo puedes ser tan cruel? —parecía preguntarme—. Creía que eras mi amigo.»

Miré con furia aquella isla envuelta en niebla. Deseaba sacar mi espada, pero no había nada con lo que luchar. ¿Cómo vas a combatir una canción?

Procuré no mirar a Annabeth. Lo conseguí durante unos cinco minutos.

Ése fue mi gran error.

Cuando ya no pude resistirlo más, me di media vuelta y vi... un montón de cuerdas cortadas. El mástil vacío. El cuchillo de bronce de Annabeth tirado sobre la cubierta. De algún modo se las había arreglado para colocarlo al alcance de su mano, y a mí se me había olvidado desarmarla.

Corrí a la barandilla y la divisé chapoteando frenéticamente para llegar a la orilla, mientras las olas la empujaban hacia las rocas.

La llamé a gritos, pero en caso de que me oyera, no sirvió de nada. Estaba en trance y nadaba hacia la muerte.

Me volví hacia el timón y grité:

—¡Espera aquí!

Me lancé sin más por la borda.

En cuanto me zambullí, ordené a las corrientes que se retorcieran en torno a mi cuerpo y formasen un flujo en chorro que me propulsó hacia delante.

Salí a la superficie y vi a Annabeth, pero en ese mismo momento la atrapó una ola y se la llevó entre dos afilados salientes.

No tenía alternativa. Me lancé tras ella.

Buceé bajo el casco destrozado de un yate y avancé serpenteando entre unas bolas metálicas flotantes, sujetas con cadenas, que sólo después comprendí que eran minas. Me veía obligado a utilizar todo mi poder sobre el agua para no acabar aplastado contra las rocas o enredado en las redes de alambre de espino tendidas justo a ras de superficie.

Pasé a toda velocidad entre los dos salientes y de pronto me hallé en una bahía con forma de media luna. El agua también estaba sembrada de rocas, restos de barcos y minas flotantes. La playa era de arena volcánica negra.

Miré alrededor, desesperado, buscando a Annabeth.

Allí estaba.

Por suerte o por desgracia, era una buena nadadora. Había logrado atravesar el cerco de minas y rocas y poco le faltaba para llegar a la playa negra.

Entonces la niebla se aclaró y vi a las sirenas.

Imaginaos una bandada de buitres del tamaño de una persona, con un sucio plumaje negro, garras grises y cuellos rosados llenos de arrugas. Y ahora imaginaos que en lo alto de esos cuellos hubiera cabezas humanas, pero unas cabezas en continua transformación.

No podía oírlas, pero veía que estaban cantando. Y a medida que movían la boca, sus rostros se convertían en los rostros de personas que conocía: mi madre, Poseidón, Grover, Tyson, Quirón. O sea, las personas a las que más deseaba ver. Me sonreían de un modo tranquilizador, como invitándome a acercarme, pero, fuera cual fuese el aspecto que adoptaran, siempre tenían la boca grasienta y manchada con restos de comida. Como los buitres, debían comer metiendo toda la cara. Y no en la tienda de Dónuts Monstruo precisamente.

Annabeth seguía nadando hacia ellas.

No podía permitir que saliera del agua. El mar era mi única ventaja. De un modo u otro, siempre me había protegido. Me propulsé hacia delante y la agarré por el tobillo.

En cuanto la toqué, sentí una descarga por todo el cuerpo y vi las sirenas tal como Annabeth debía estar viéndolas.

Había tres personas sentadas en una manta de picnic en Central Park, con un verdadero festín ante ellas. Reconocí al padre de Annabeth por las fotos que ella me había enseñado: un tipo atlético, de unos cuarenta años y pelo rubio rojizo. Estaba acariciando las manos a una mujer muy guapa que se parecía un montón a Annabeth e iba vestida en plan informal, con vaqueros, camisa tejana y botas de montaña, pero había algo en ella que irradiaba una sensación de poder. Comprendí que tenía ante mis ojos a la diosa Atenea. Junto a ellos había un joven sentado. Era Luke.

La escena resplandecía con una luz cálida. Los tres hablaban y reían y, al ver a Annabeth, sus rostros se iluminaron de alegría. Su madre y su padre abrieron los brazos en señal de bienvenida. Luke le sonreía y le hacía gestos para que fuera a sentarse a su lado: como si nunca la hubiera traicionado, como si todavía fuesen amigos.

Tras los árboles de Central Park se dibujaba el contorno de los rascacielos. Contuve el aliento, porque era Manhattan, sí, pero no la de siempre. La ciudad había sido reconstruida totalmente con un mármol blanco deslumbrante; se veía más grande, más esplendorosa que nunca con aquellas ventanas doradas y aquellos jardines en las azoteas. Era mejor que Nueva York, mejor que el monte Olimpo.

Comprendí al instante que era Annabeth quien la había diseñado. Ella era la arquitecta de un nuevo mundo; había vuelto a reunir a sus padres, había salvado a Luke, había hecho lo que siempre había deseado.

Parpadeé con fuerza. Cuando abrí los ojos, lo único que vi fueron las sirenas: buitres andrajosos con rostro humano, listos para devorar a otra víctima.

Tiré de Annabeth y la arrastré hacia el agua. No la oía, pero sabía que estaba gritando. Me dio una patada en la cara, pero no la solté.

Ordené a las corrientes que nos sacaran de allí. Annabeth me aporreaba y me daba patadas, y a mí me resultaba más difícil concentrarme. Se retorcía con tal violencia que poco faltó para que chocáramos con una mina flotante. Ya no sabía qué hacer: si ella continuaba forcejeando, no llegaríamos vivos al barco.

Entonces nos sumergimos y Annabeth dejó casi enseguida de luchar. Su expresión parecía desorientada. Cuando salimos a la superficie, empezó a forcejear otra vez.

¡Era el agua!

El sonido no se transmitía bien debajo del agua. Si la sumergía el tiempo suficiente, conseguiría romper el hechizo. Annabeth tampoco podría respirar, desde luego, pero aquello parecía de momento un problema menor.

La agarré por la cintura y ordené a las olas que nos empujasen hacia el fondo.

Nos zambullimos en las profundidades: tres metros, seis metros... Sabía que debía andarme con cuidado, porque yo podía resistir mucha más presión que Annabeth. Cuando empezaron a ascender burbujas a nuestro alrededor, ella luchó y forcejeó buscando aire.

¡Burbujas!

Estaba desesperado; tenía que mantener con vida a Annabeth. Pensé en todas las burbujas del mar, siempre agitándose y ascendiendo; me las imaginé unidas, viniendo hacia mí.

El mar obedeció. Noté una avalancha blanca, una sensación de cosquilleo por todo el cuerpo y, cuando la visión se me aclaró, vi que estábamos rodeados por una enorme burbuja. Sólo teníamos las piernas sumergidas en el agua.

Ella jadeó y tosió. Sentía escalofríos en todo el cuerpo. Pero en cuanto me miró supe que el hechizo se había roto.

Prorrumpió en unos sollozos terribles, que te partían el corazón. Apoyó la cabeza en mi hombro y la abracé.

Los peces se agolpaban alrededor para mirarnos, un banco de barracudas, algunos peces aguja.

«¡Largo de aquí!», les dije.

Se alejaron a regañadientes. Habría jurado que conocía sus intenciones: se disponían a hacer correr por los mares el rumor de que el hijo de Poseidón y cierta chica habían sido vistos en el fondo de la bahía de las sirenas...

—Voy a hacer que volvamos al barco —le dije—. Todo saldrá bien. Tú aguanta.

Annabeth asintió, dándome a entender que ya se sentía mejor, y murmuró algo que no pude oír porque llevaba los tapones de cera en los oídos.

Ordené a la corriente que guiara nuestra peculiar burbuja submarina entre las rocas y el alambre de espino, hasta el *Vengador de la Reina Ana*, que había empezado a alejarse de la isla a un ritmo lento y regular, para que pudiéramos darle alcance.

Seguimos al barco por debajo del agua, hasta que me pareció que los cantos de las sirenas ya no podrían llegar a nuestros oídos. Entonces salimos a la superficie y la burbuja explotó.

Ordené a la escala de cuerda que se desenrollara por el flanco del barco y subimos a bordo.

Aún tenía puestos mis tapones, por si acaso. Continuamos navegando hasta que perdimos la isla de vista definitivamente. Annabeth se había acurrucado con una manta en cubierta. Finalmente, levantó la vista, triste y todavía aturdida, y dijo sólo con los labios: «Salvados.»

Entonces me quité los tapones: ya no se oía ningún canto. La tarde estaba tranquila, salvo por el sonido de las olas contra el casco; la niebla se había disuelto y había dejado un cielo del todo azul, como si la isla de las sirenas no hubiese existido jamás.

—¿Estás bien? —le pregunté. En cuanto lo dije, me di cuenta de lo torpe que sonaba. Por supuesto que no estaba bien.

—No sabía —murmuró.

—¿Qué?

Sus ojos tenían el mismo color que la niebla que cubría la isla de las sirenas.

—Lo poderosa que sería la tentación.

No quería contarle que había visto lo que las sirenas le habían prometido, me sentía como un intruso en un territorio íntimo, pero también pensé que tenía que ser sincero. Se lo debía.

—He visto cómo habías reconstruido Manhattan —le dije—. He visto a Luke y a tus padres.

Ella se sonrojó.

—¿Has visto todo eso?

—Aquello que te dijo Luke en el *Princesa Andrómeda*, lo de reconstruir el mundo partiendo de cero... te tocó la fibra íntima, ¿no?

Ella se arrebujó en la manta.

—Mi defecto fatídico. Eso es lo que me mostraron las sirenas. Mi defecto fatídico es la *hibris*.

Parpadeé.

—¿Esa cosa marrón que ponen en los sándwiches vegetarianos?

Ella puso los ojos en blanco.

—No, sesos de alga. Eso es *hummus*. La *hibris* es peor.

—¿Qué puede ser peor que el *hummus*?

—*Hibris* significa orgullo desmedido, un orgullo mortal, Percy. Creer que puedes hacer las cosas mejor que nadie... incluso mejor que los dioses.

—¿Tú te sientes así?

Ella bajó la mirada.

—¿Nunca has sentido eso, que el mundo tal vez sea un verdadero desastre? ¿Y no te has preguntado qué pasaría si pudiésemos rehacerlo partiendo de cero? Sin guerras, sin pobres, sin libros obligatorios para leer en verano.

—Continúa.

—Vale, se supone que Occidente representa en buena parte los mayores logros de la humanidad, por eso sigue ardiendo la llama, por eso el Olimpo continúa existiendo. Pero, a veces, lo único que ves es la parte más negativa, ¿sabes? Y empiezas a pensar igual que Luke: «Si pudiese anularlo, yo sería capaz de hacerlo mejor.» ¿Nunca has sentido eso? ¿Qué si tú gobernaras el mundo podrías hacerlo mejor?

—Eh... pues no. Si yo gobernase el mundo sería una especie de pesadilla.

—Tienes suerte. La *hibris* no es tu defecto fatídico.

—¿Cuál es, entonces?

—No lo sé, Percy, pero cada héroe tiene el suyo. Si no lo averiguas y no aprendes a controlarlo... Bueno, por algo lo llaman «fatídico».

Pensé en todo aquello y no me sirvió para levantarme el ánimo precisamente.

También me di cuenta de que Annabeth no me había hablado de las cosas personales que habría cambiado, como reunir otra vez a sus padres o salvar a Luke. La comprendía perfectamente; aunque me costara admitirlo, también había soñado un montón de veces que volvía a reunir a mis padres.

Me imaginé a mi madre, sola en nuestro pequeño apartamento de la parte alta del East Side. Intenté recordar el olor de sus gofres azules en la cocina. Pero ahora todo aquello parecía muy lejano.

—Así pues, ¿ha valido la pena? —le pregunté a Annabeth—. ¿Te sientes... más sabia?

Ella miró el horizonte.

—No lo sé. Pero tenemos que salvar el campamento. Si no detenemos a Luke...

No tenía que terminar la frase. Si el modo de pensar de Luke podía resultar tentador incluso para Annabeth, a saber la cantidad de mestizos que estarían dispuestos a unirse a él.

Pensé en mi sueño sobre la chica y el sarcófago dorado. No estaba seguro de su significado, pero tenía la sensación de que algo se me escapaba, algo terrible que Cronos estaba planeando. ¿Qué habría visto la chica cuando abrió la tapa del ataúd?

De repente, Annabeth abrió los ojos de par en par.

—Percy.

Me di la vuelta.

A lo lejos se divisaba otra mancha de tierra: un isla en forma de silla de montar, con colinas boscosas, playas de arena blanca y verdes prados: tal como la había visto en sueños.

Mis sentidos náuticos se encargaron de confirmarlo: 30 grados, 31 minutos norte; 75 grados, 12 minutos oeste.

Habíamos llegado a la guarida del cíclope.

14

Nos encontramos con las ovejas asesinas

Si piensas en la «isla del monstruo», te imaginas un montón de rocas escarpadas y huesos esparcidos por la playa, como en la isla de las sirenas.

Pero la isla del cíclope no tenía nada de eso. Sí, vale, había un puente de cuerdas sobre un abismo, lo cual no era buena señal. Venía a ser lo mismo que poner una valla publicitaria que advirtiese: «Algo maligno vive aquí.» Pero el lugar, aparte de eso, parecía una postal caribeña. Tenía prados verdes, árboles de frutas tropicales y playas de arena blanquísima. Mientras navegábamos hacia la orilla, Annabeth inspiró profundamente aquel aire perfumado.

—El Vellocino de Oro —dijo.

Asentí. No lo veía aún, pero percibía su poder. Ahora sí podía creer que el Vellocino era capaz de curar cualquier cosa, incluso el árbol envenenado de Thalia.

—¿Se morirá la isla si nos lo llevamos?

Annabeth meneó la cabeza.

—Perderá su exuberancia, eso sí. Y volverá a su estado anterior, fuera cual fuese.

Me sentí un poco culpable por destrozar aquel paraíso, pero me recordé que no teníamos alternativa. El Campamento Mestizo corría peligro, y Tyson aún seguiría con nosotros de no haber sido por aquella misión.

En el prado que había al pie del barranco, se agolpaban varias docenas de ovejas. Parecían pacíficas, aunque eran enormes, tan grandes como hipopótamos. Más allá,

185

un camino subía hacia las colinas. En lo alto de ese camino, cerca del borde del abismo, se levantaba el roble descomunal que había visto en sueños. Había algo dorado que relucía en sus ramas.

—Esto es demasiado fácil —dije—. ¿Subimos allí caminando y nos los llevamos?

Annabeth entornó los ojos.

—Se supone que hay un guardián. Un dragón o...

Justo en ese momento surgió entre los arbustos un ciervo. Trotó por el prado, seguramente en busca de pasto, y de repente todas las ovejas se pusieron a balar y se abalanzaron sobre él. Ocurrió tan deprisa que el ciervo se tambaleó y desapareció en un mar de lana y pezuñas.

Hubo un revuelo de hierba y mechones de pelaje marrón.

Unos segundos más tarde, las ovejas se dispersaron y volvieron a deambular pacíficamente. En el sitio donde había estado el ciervo sólo quedaban un montón de huesos blancos.

Annabeth y yo nos miramos.

—Son como pirañas —dijo ella.

—Pirañas con lana. ¿Cómo vamos...?

—¡Percy! —Annabeth ahogó un grito y me agarró del brazo—. Mira.

Señaló hacia la playa, justo debajo del prado, donde un bote había sido arrastrado hasta la arena... El otro bote salvavidas del *CSS Birmingham*.

Llegamos a la conclusión de que era imposible atravesar aquel cerco de ovejas caníbales. Annabeth quería deslizarse por el camino con su gorra de invisibilidad y hacerse con el vellocino, pero la convencí de que no saldría bien. Las ovejas podían olerla, o aparecería otro guardián, cualquier cosa. Y si ocurría algo así, yo estaría demasiado lejos para ayudarla.

Además, nuestra primera tarea tenía que ser encontrar a Grover y a quienes hubieran llegado a la orilla con aquel bote. Eso suponiendo que hubiesen logrado sortear a las ovejas. Estaba demasiado nervioso para decir en voz alta lo que aún esperaba en secreto... o sea, que Tyson siguiera vivo.

Fuimos a amarrar el *Vengador de la Reina Ana* a la parte de atrás de la isla, donde los acantilados se alzaban en vertical a unos sesenta metros de altura. Se me ocurrió que allí sería menos probable que el barco fuera visto.

Aquellos acantilados parecían escalables. Debían de ser tan difíciles, más o menos, como el muro de lava del campamento. Al menos, no había ovejas por aquel lado. Confié en que Polifemo no tuviera también cabras montesas carnívoras.

Remamos en un bote hasta el borde de la roca y empezamos a subir muy despacio. Annabeth iba delante, porque ella era mejor escaladora que yo.

Sólo estuvimos a punto de matarnos seis o siete veces, lo cual me pareció bastante aceptable. Una de ellas, perdí pie y me encontré colgado de una sola mano de una cornisa a quince metros de las rocas que sobresalían entre las olas. Menos mal que encontré otro punto de apoyo y seguí escalando. Un minuto más tarde, Annabeth puso el pie sobre un trozo de musgo y resbaló. Por suerte, consiguió afirmar el pie un poco más abajo. Por desgracia, fue en mi cara.

—Perdona —murmuró.

—No... pasa nada —gruñí, aunque nunca había tenido el menor interés en probar el sabor de sus zapatillas.

Por fin, cuando ya tenía los dedos como de acero derretido y todos los músculos me temblaban de puro agotamiento, alcanzamos la cresta del acantilado y nos derrumbamos desfallecidos.

—¡Uf! —dije.

—Aggg —gimió Annabeth.

—¡Grrrrr! —bramó otra voz.

Si no hubiese estado tan cansado, habría dado un brinco de otros sesenta metros. Miré alrededor, pero no vi a nadie.

Annabeth me tapó la boca con una mano e hizo señas con la otra.

La cresta sobre la que nos hallábamos era más estrecha de lo que me había parecido. Por el otro lado terminaba bruscamente, y era de allí de donde venía aquella voz: del terraplén que había debajo.

—¡Eres peleona! —bramó aquella voz ronca.

—¡Atrévete a desafiarme! —La voz de Clarisse, sin la menor duda—. ¡Devuélveme mi espada y lucharé contigo!

El monstruo se echó a reír con gran estruendo.

Annabeth y yo nos arrastramos hasta el borde. Estábamos encima mismo de la entrada de la cueva. Polifemo y Grover, que aún iba con su vestido de novia, se hallaban justo a nuestros pies. Clarisse estaba atada y colgada boca abajo sobre una olla de agua hirviendo. Yo tenía la esperanza de ver también a Tyson allí. Aunque fuera corriendo peligro, al menos habría sabido que estaba vivo, pero no había ni rastro de él.

—Hummm —murmuró Polifemo mientras reflexionaba—. ¿Me como a esta bocazas ahora mismo o la dejo para el banquete de boda? ¿Qué opina mi novia?

Se volvió hacia Grover, que retrocedió y casi tropezó con su cola nupcial, por fin terminada.

—Eh, bueno, yo no estoy hambrienta ahora mismo, querido. Quizá…

—¿Cómo que novia? —preguntó Clarisse—. ¿Quién? ¿Grover?

Annabeth susurró a mi lado.

—Cierra el pico, idiota… Tiene que cerrar esa bocaza.

Polifemo frunció el ceño.

—¿Qué Grover?

—¡El sátiro! —aulló Clarisse.

—¡Ay! —gimió Grover—. El cerebro de la pobre ya se ha puesto a hervir con el agua caliente. ¡Bájala, querido!

Polifemo entornó el párpado sobre su siniestro ojo nublado, tratando de ver a Clarisse con mayor claridad.

El cíclope era incluso más horrible que en mis sueños. En parte porque ahora me llegaba su rancio hedor desde muy cerca, y en parte porque iba con su traje de boda: una falda escocesa y un chal cosidos chapuceramente sobre un esmoquin azul celeste. Como si hubiese desvalijado a todos los invitados de una boda.

—¿De qué sátiro hablas? —preguntó Polifemo—. Los sátiros son buena comida. ¿Me has traído un sátiro?

—¡No, maldito idiota! —bramó Clarisse—. ¡Ese sátiro! ¡Grover! ¡El que lleva el vestido de novia!

Quería retorcerle el cuello a Clarisse, pero ya era demasiado tarde; lo único que podía hacer era mirar a Polifemo, que se dio la vuelta y le arrancó el velo a Grover, descubriendo su pelaje ensortijado, su desaliñada barbita adolescente y sus cuernos diminutos.

El cíclope respiró pesadamente, tratando de contener su furia.

—No veo demasiado bien desde hace muchos años —refunfuñó—, cuando aquel otro héroe me pinchó en el ojo. Pero aun así... ¡¡tú no eres una cíclope!!

Y le desgarró el vestido por completo. Debajo, apareció el viejo Grover con sus tejanos y su camiseta. Soltó un aullido y se agachó justo cuando el monstruo lanzaba un golpe a su cabeza.

—¡Espera! —suplicó Grover—. ¡No vayas a comerme crudo! ¡Tengo una buena receta!

Busqué mi espada, pero Annabeth me detuvo con un siseo:

—¡Quieto!

Polifemo, con una roca preparada para aplastar a la que había sido su novia, pareció dudar.

—¿Una receta? —preguntó.

—¡Oh, sí! No vas a comerme crudo, ¿verdad? Te agarrarías una colitis, el botulismo, un montón de cosas horribles. Tendré mucho mejor sabor asado a fuego lento. ¡Con salsa picante de mango! Podrías ir ahora mismo a buscar unos mangos, allá en el bosque. Yo te espero aquí.

El monstruo se puso a reflexionar. El corazón me retumbaba contra las costillas. Imaginé que acabaría muerto si atacaba, pero no podía permitir que el monstruo matase a Grover.

—Sátiro asado con salsa de mango —musitaba Polifemo. Se volvió hacia Clarisse, que seguía colgada sobre la olla de agua hirviendo.

—¿Tú también eres un sátiro?

—¡No, maldito montón de estiércol! —chilló—. ¡Yo soy una chica! ¡La hija de Ares! ¡Ahora desátame para que pueda rebanarte los brazos!

—Para rebanarme los brazos —repitió Polifemo.

—¡Y para metértelos por la boca!

—Tú sí que tienes agallas.

—¡Bájame de aquí, pedazo de animal!

Polifemo agarró a Grover y lo izó como si fuera un perrito desobediente.

—Ahora hay que apacentar las ovejas. La boda la aplazamos hasta la noche. ¡Entonces comeremos sátiro como plato fuerte!

—Pero... ¿es que todavía piensas casarte? —Grover sonaba ofendido—. ¿Y quién es la novia?

Polifemo miró con el rabillo del ojo hacia la olla hirviendo.

Clarisse ahogó un grito.

—¡Oh, no! No lo dirás en serio. Yo no...

Antes de que Annabeth o yo pudiésemos hacer algo, Polifemo la arrancó de la cuerda como si fuera una manzana madura y los arrojó a ella y a Grover al interior de la caverna.

—¡Poneos cómodos! ¡Estaré de vuelta cuando se ponga el sol para el gran acontecimiento!

Luego dio un silbido y un rebaño de cabras y ovejas —más pequeñas que las devoradoras de hombres— empezó a salir de la cueva. Mientras desfilaban para ir a pastar, Polifemo les daba palmaditas a algunas y las llamaba por su nombre: Chuleta, Lanita, Superburger...

Cuando pasó la última, Polifemo hizo rodar una roca frente a la entrada, con la misma facilidad con que yo cerraría la puerta de la nevera, y ahogó de golpe los gritos de Clarisse y Grover.

—Mangos —refunfuñó Polifemo—. ¿Qué son mangos?

Se alejó caminando montaña abajo con su traje de boda azul celeste y nos dejó en compañía de una olla de agua hirviendo y una roca de seis toneladas.

• • •

Lo intentamos durante lo que me parecieron horas, pero sin ningún éxito. La roca no se movía. Chillamos por las grietas, dimos golpes, hicimos todo lo que puedas imaginarte para mandarle una señal a Grover, pero no nos llegó el menor indicio de que nos hubiese oído.

Incluso si se producía un milagro y lográbamos matar a Polifemo, no nos serviría de nada. Grover y Clarisse morirían en el interior de aquella cueva herméticamente cerrada. El único modo de mover la roca era conseguir que el cíclope lo hiciera.

Por pura frustración, destapé a *Contracorriente* y le asesté un mandoble a la roca. Saltaron chispas, pero nada más. Una roca enorme no es la clase de enemigo que puedas combatir con una espada mágica.

Annabeth y yo nos sentamos en la cumbre y observamos desesperados la silueta azul celeste del cíclope moviéndose entre su rebaño. Había separado juiciosamente el ganado normal de las ovejas devoradoras de hombres, situando cada grupo a un lado de la profunda sima que dividía la isla. Sólo era posible cruzarla por el puente de cuerdas, y las tablas estaban demasiado separadas para las pezuñas de una oveja.

Observamos a Polifemo mientras visitaba también a su rebaño carnívoro en el otro lado. Por desgracia, no se lo comieron. De hecho, se movía entre aquellas ovejas con total despreocupación; les daba de comer una carne misteriosa que llevaba en una gran cesta de mimbre, lo cual no hizo más que reforzar un sentimiento que albergaba desde que Circe me convirtiera en cobaya: o sea, la idea de que ya iba siendo hora de imitar a Grover y hacerme vegetariano.

—Con artimañas —decidió Annabeth—. Si no podemos vencerlo con la fuerza, tendremos que hacerlo con alguna artimaña.

—De acuerdo —dije—. ¿Qué artimaña?

—Esa parte aún no se me ha ocurrido.

—Estupendo.

—Polifemo tendrá que mover la roca para dejar pasar al rebaño.

—Al ponerse el sol —dije—. Que es cuando se casará con Clarisse y se zampará a Grover. No se cuál de las dos cosas me parece más repugnante.

—Yo podría volverme invisible —dijo— y meterme dentro.

—¿Y yo qué?

—Las ovejas —musitó Annabeth. Y me lanzó una de aquellas miradas astutas que siempre me inspiraban un enorme recelo—. ¿Hasta qué punto te gustan las ovejas?

—¡Sobre todo no te sueltes! —dijo Annabeth, ya invisible, desde algún punto a mi derecha.

Era fácil decirlo. Ella no estaba colgada del vientre de una oveja.

De acuerdo, reconozco que no era tan difícil como había pensado al principio. Una vez ya me había metido a rastras debajo del coche de mi madre para cambiarle el aceite. Aquello no era muy distinto. A la oveja le daba igual, e incluso la más pequeña del rebaño era lo bastante grande para soportar mi peso, y todas tenían una lana muy espesa. Retorcí la lana con las manos hasta transformarla en un par de asas, afirmé los pies en los huesos de la cadera y listo... Me sentía como un bebé canguro mientras me paseaba abrazado al pecho del animal, procurando que no me entrara lana por la boca ni la nariz.

Y por si os lo estáis preguntando, los bajos de una oveja no huelen especialmente bien. Imagínate un suéter de invierno arrastrado por el barro y luego abandonado en la cesta de la ropa sucia durante una semana. Algo así.

El sol se estaba poniendo.

Apenas había encontrado la posición más adecuada, cuando oí rugir al cíclope:

—¡Eh, cabritas! ¡Ovejitas!

El rebaño, obedientemente, empezó a subir la cuesta hacia la caverna.

—¡Allá vamos! —susurró Annabeth—. Estaré cerca, no te preocupes.

Entonces hice en silencio una promesa a los dioses: si salíamos vivos de aquel lío, le reconocería a Annabeth que era genial.

Mi oveja empezó a subir la cuesta penosamente. Tras unos cien metros ya me dolían las manos y los pies. Me aferré con más fuerza a la lana y la oveja dio un gruñido. No podía culparla. A mí tampoco me gustaría que alguien practicara la escalada por mi anatomía. Pero si no me agarraba bien me caería allí mismo, a los pies del monstruo.

—¡Estofado! —dijo el cíclope, dándole palmadas a una oveja que iba más adelante—. ¡Manchada! ¡Trasto...! ¡Eh, Trasto!

Polifemo le dio unas palmaditas a mi oveja y poco faltó para que me cayera al suelo.

—¿Qué, engordando un poquito esa panza?

«¡Uf! —pensé—. Ahora me descubrirá.»

Pero Polifemo se limitó a reír y a darle un empujón en los cuartos traseros que nos propulsó hacia delante.

—¡Vamos, gordita! ¡Pronto serás un buen desayuno!

Y así, sin más, me encontré en el interior de la cueva.

Observé cómo entraba la última oveja. Annabeth tenía que apresurarse a poner en práctica su maniobra de distracción.

El cíclope ya estaba a punto de volver a colocar la roca en su sitio, cuando ella gritó desde fuera:

—¡Hola, bicho horrible!

Polifemo se irguió de golpe.

—¿Quién ha dicho eso?

—¡Nadie! —chilló Annabeth.

Aquello provocó exactamente la reacción que ella había esperado: la cara del monstruo enrojeció de rabia.

—¡Nadie! —rugió Polifemo—. ¡Ya me acuerdo de ti!

—¡Eres demasiado estúpido para acordarte de alguien! —se mofó Annabeth—. Y mucho menos de Nadie.

Yo rezaba a los dioses para que ella se fuera moviendo mientras hablaba, porque Polifemo empezó a bramar furioso, agarró la primera roca que encontró (que resultó la de la entrada) y la arrojó hacia donde sonaba la voz de Annabeth. Oí cómo se hacía añicos con gran estruendo.

Durante un momento terrible hubo un silencio. Luego Annabeth gritó:

—¡Ni siquiera has aprendido a tirar piedras, so inepto!

Polifemo aulló:

—¡Ven aquí! ¡Ven que te mato, Nadie!

—¡No puedes matar a Nadie, estúpido zoquete! —volvió a mofarse Annabeth—. ¡Ven a buscarme!

Polifemo corrió ladera abajo siguiendo su voz.

Lo de llamarse «Nadie» no habría funcionado con ningún otro ser, pero Annabeth me había explicado que aquél había sido el nombre que utilizó Ulises para engañar a Polifemo siglos atrás, justo antes de pincharle el ojo con un palo al rojo vivo. Annabeth había supuesto que aquel nombre despertaría instantáneamente su rencor, y no se había equivocado. En su frenesí por atrapar a su antiguo enemigo, el cíclope olvidó cerrar la entrada de la cueva. Por lo visto, ni siquiera se detuvo a pensar que la voz de Annabeth era de mujer, mientras que el primer Nadie había sido hombre. También era cierto, por otro lado, que había querido casarse con Grover. O sea que no era muy avispado en todo el asunto masculino-femenino.

Confiaba en que Annabeth se mantuviera a salvo y lo distrajera lo suficiente mientras yo buscaba a Grover y Clarisse.

Me descolgué por fin, le di una palmadita a Trasto y me disculpé por mi atrevimiento. Busqué en la cueva principal, pero allí no había ni rastro de ellos. Me abrí paso entre el rebaño de cabras y ovejas hasta el fondo de la cueva.

Había soñado con aquel lugar, pero me costó mucho orientarme por el laberinto de galerías. Crucé corredores sembrados de huesos, pasé por estancias llenas de alfombras de lana y ovejas de cemento tamaño natural, que reconocí como obras de la Medusa. Había también colecciones de camisetas con ovejas estampadas; barreños de aceite de lanolina; chaquetas y calcetines de lana y sombreros adornados con cuernos de carnero.

Finalmente encontré la habitación del telar. Allí estaba Grover, acurrucado en un rincón, intentando cortar con unas tijeras romas los nudos que aún mantenían atada a Clarisse.

—Es inútil —decía ella—. ¡Estas cuerdas parecen de hierro!

—¡Sólo unos minutos más!

—¡Maldición, Grover! —gritó exasperada—. ¡Llevas horas intentándolo!

Entonces me vieron.

—¿Percy? —dijo Clarisse—. ¡Se suponía que habías saltado por los aires!

—Yo también me alegro de verte. Ahora no te muevas mientras...

—¡Perrrrrcy! —Grover se puso a balar y me dio un abrazo cabruno, una especie de placaje—. ¡Oíste mis mensajes! ¡Has venido!

—Sí, amigo —dije—. Claro que he venido.

—¿Dónde está Annabeth?

—Fuera —dije—. Pero no hay tiempo para hablar. Clarisse, estate quieta.

Destapé a *Contracorriente* y corté las cuerdas. Ella se puso de pie con cierta rigidez mientras se frotaba las muñecas. Me miró con hostilidad un momento; luego bajó la vista y murmuró:

—Gracias.

—De nada —contesté—. ¿Había alguien más en tu barco?

Clarisse me miró sorprendida.

—No, sólo yo. El resto de la tripulación del *Birmingham*... Bueno, ni siquiera sabía que vosotros os habíais librado.

Miré al suelo. Me negaba a admitir que mi última esperanza de ver vivo a Tyson acababa de evaporarse.

—Está bien. Vamos. Tenemos que ayudar...

Se oyó un estruendo, cuyo eco fue rebotando por toda la cueva, y luego un grito que me hizo temer que llegáramos tarde. Era Annabeth la que gritaba de pánico.

15

Nadie consigue el Vellocino de Oro

—¡He atrapado a Nadie! —decía Polifemo, regodeándose.

Nos deslizamos hasta la entrada de la caverna y al asomarnos vimos al cíclope, que sonreía con aire malvado y sostenía un puñado de aire. El monstruo agitó el puño y una gorra de béisbol cayó al suelo planeando. Allí estaba Annabeth, sujeta por las piernas y retorciéndose boca abajo.

—¡Ja! —dijo Polifemo—. ¡Repulsiva niña invisible! Ya tengo otra muy peleona para casarme. ¡A ti te voy a asar con salsa picante de mango!

Annabeth forcejeaba, pero parecía aturdida. Tenía un corte muy feo en la frente y los ojos vidriosos.

—Voy a atacarlo —susurré a Clarisse—. Nuestro barco está en la otra parte de la isla. Tú y Grover...

—Ni hablar —dijeron los dos al unísono. Clarisse iba armada con una lanza rematada con un cuerno de cordero que había sacado de la colección del cíclope. Grover había encontrado un hueso de muslo de oveja con el que no parecía demasiado contento, pero lo blandía como si fuese una porra.

—Atacaremos juntos —gruñó Clarisse.

—Sí —dijo Grover. Y pestañeó atónito, como si no pudiera creer que hubiese coincidido en algo con Clarisse.

—Está bien —dije—. Plan de ataque Macedonia.

Ellos asintieron. Los tres habíamos pasado los mismos cursos de entrenamiento en el Campamento Mestizo.

Sabían de qué estaba hablando. Ellos se deslizarían a hurtadillas y atacarían al cíclope por los flancos mientras yo atraía su atención por el frente. Seguramente, aquello significaba que moriríamos todos, y no sólo yo, pero no por eso dejaba de agradecer su apoyo.

Blandí mi espada y grité:

—¡Eh, tú, bicho horrible!

El gigante giró en redondo.

—¿Otro? ¿Tú quién eres?

—Deja a mi amiga. Soy yo el que te insultó.

—¿Tú eres Nadie?

—¡Eso es, apestoso barril de moco! —No sonaba tan bien como los insultos de Annabeth, pero fue lo único que se me ocurrió—. ¡Yo soy Nadie y a mucha honra! Ahora, déjala en el suelo y ven aquí. Quiero sacarte el ojo otra vez.

—¡¡Raaaarrr!! —rugió.

La buena noticia: soltó a Annabeth. La mala: la dejó caer de cabeza sobre unas rocas, donde quedó inmóvil como un muñeco de trapo.

Otra mala noticia: Polifemo corrió hacia mí, quinientos apestosos kilos de cíclope que debía combatir con mi pequeña espada.

—¡Por Pan! —Grover surgió por la derecha y lanzó su hueso de oveja, que rebotó, inofensivo, en la frente del monstruo. Clarisse apareció por la izquierda, colocó la lanza contra el suelo, justo a tiempo para que el cíclope la pisara, y se echó a un lado para no quedar atrapada. Polifemo soltó un aullido de dolor, pero se arrancó la lanza como si fuese una astilla y siguió avanzando.

Aguardé con la espada preparada.

El monstruo trató de agarrarme con su mano gigantesca. Yo rodé de lado y le lancé un tajo en el muslo.

Tenía la esperanza de ver cómo se desintegraba, pero aquel monstruo era demasiado grande y poderoso.

—¡Encárgate de Annabeth! —le grité a Grover.

Corrió hacia ella, recogió su gorra de invisibilidad y la alzó en brazos, mientras Clarisse y yo tratábamos de distraer a Polifemo.

Tenía que reconocerlo: Clarisse era muy valiente. Atacaba una y otra vez al cíclope, que intentaba pisotearla y echarle mano sin ningún éxito. Era demasiado rápida para dejarse atrapar. Y en cuanto ella lanzaba un ataque, yo la secundaba pinchándole al cíclope un dedo del pie, el tobillo o la mano.

Pero no podíamos seguir así eternamente. Al final acabaríamos exhaustos o el monstruo tendría suerte y daría en el blanco. Le bastaba un solo golpe para matarnos.

Con el rabillo del ojo, vi que Grover había llegado al puente y empezaba a cruzarlo con Annabeth en brazos. Yo quizá no habría elegido aquel trayecto, teniendo en cuenta que al otro lado estaban las ovejas carnívoras, pero en aquel momento cualquier cosa parecía mejor que quedarse de nuestro lado. Lo cual me dio una idea.

—¡Retirada! —le grité a Clarisse.

Ella rodó por el suelo mientras el puño del cíclope aplastaba un olivo que había junto a la entrada.

Echamos a correr colina abajo con el monstruo siguiéndonos de cerca. Él cojeaba a causa de las heridas y los cortes que tenía por todo el cuerpo. Habíamos logrado volverlo algo más lento, pero también enloquecerlo de furia.

—¡Os voy a hacer picadillo! —chillaba—. ¡Maldito seas mil veces, Nadie!

—¡Más rápido! —le dije a Clarisse.

Bajamos corriendo por la ladera. El puente era nuestra única posibilidad. Grover ya estaba al otro lado y había dejado a Annabeth en el suelo. Teníamos que cruzar nosotros también, antes de que nos pillara el gigante.

—¡Grover! —aullé—. ¡Saca el cuchillo de Annabeth!

Abrió unos ojos como platos cuando vio al cíclope detrás de nosotros, pero asintió como si hubiera captado la idea. Mientras Clarisse y yo atravesábamos el puente, Grover empezó a cortar las cuerdas.

La primera se rompió con un chasquido.

Polifemo saltaba a nuestra espalda de una tabla a otra y hacía oscilar el puente de un modo brutal.

La mitad de las cuerdas ya estaban cortadas. Clarisse y yo saltamos en plancha para alcanzar tierra firme y aterrizamos junto a Grover. Lancé un mandoble a la desesperada y corté las cuerdas que quedaban.

El puente cayó en el abismo y el cíclope aulló... de felicidad, porque lo teníamos allí, a nuestro lado.

—¡Has fallado! —aulló eufórico—. ¡Nadie ha fallado!

Clarisse y Grover intentaron atacarlo, pero el monstruo los apartó de un golpe, como si fueran moscas.

Me puse furioso de veras. No podía creer que hubiéramos llegado tan lejos, que hubiese perdido a Tyson y pasado tantos apuros sólo para acabar fallando en el último minuto: para ser derrotado por un estúpido monstruo con falda escocesa y esmoquin azul. ¡Nadie iba a aplastar a mis amigos de aquella manera! Quiero decir... nadie, nadie, no Nadie. Bueno, ya me entendéis.

Sentí renovados bríos. Alcé la espada y me lancé al ataque, olvidando que era un combate absolutamente desigual. Le clavé la espada en la barriga, y cuando se dobló de dolor, le asesté un golpe en la nariz con la empuñadura. Rebané, coceé y aporreé con furia, y de repente Polifemo estaba en el suelo, aturdido y soltando gemidos, y yo encima de él, con la punta de la espada apuntando a su único ojo.

—¡Huy, huy, huy, huy! —gemía el monstruo.

—¡Percy! —jadeó Grover—. ¿Cómo has...?

—¡Noooo, por favor! —suplicaba el cíclope, mirándome lastimero. Le sangraba la nariz y por el rabillo del ojo le asomaba una lágrima—. Mis ovejitas me necesitan. ¡Yo sólo quiero proteger a mis ovejitas! —Y empezó a sollozar.

Yo había vencido. Ya sólo tenía que clavarle la espada. Un golpe seco y se acabó.

—¡Mátalo! —chilló Clarisse—. ¿A qué esperas?

El cíclope sonaba tan desolado. Igual... igual que Tyson.

—¡Es un cíclope! —me advirtió Grover—. ¡No te fíes de él!

Sabía que tenía razón. Y que Annabeth habría dicho lo mismo.

Pero Polifemo sollozaba... Y por primera vez caí en la cuenta de que él también era un hijo de Poseidón, como Tyson, como yo. ¿Cómo iba a matarlo a sangre fría?

—Sólo queremos el Vellocino de Oro —le dije—. ¿Dejarás que nos lo llevemos?

—¡No! —gritó Clarisse—. ¡Mátalo!

El monstruo se sorbió la nariz ruidosamente.

—Mi hermoso vellocino, la mejor pieza de mi colección. Llévatelo, hombre cruel. Tómalo y vete en paz.

—Voy a retroceder muy despacio —le dije al monstruo—. Un movimiento en falso y…

Polifemo asintió como si comprendiera.

Di un paso atrás y, rápido como una cobra, el monstruo me lanzó al borde de la sima de un manotazo.

—¡Estúpido mortal! —bramó mientras se incorporaba—. ¿Llevarte mi vellocino? ¡Ja! Primero he de comerte.

Abrió su bocaza y comprendí que sus muelas podridas iban a ser lo último que vería.

Entonces, algo silbó por encima de mi cabeza y… ¡zum!

Una piedra como una pelota de baloncesto se coló por la garganta de Polifemo. Un triple impresionante, directo a la canasta. El cíclope se atragantó e intentó deglutir aquella píldora inesperada. Se tambaleó hacia atrás. Sólo que no había espacio para tambalearse. Le resbaló un talón, se resquebrajó el borde de la sima y el gran Polifemo, aleteando con los brazos como una gallina, se desplomó en el abismo.

Me di la vuelta.

Hacia la mitad del camino que llevaba a la playa, completamente ileso aunque estuviera en medio de un rebaño de ovejas asesinas, divisé a un viejo amigo.

—¡Polifemo malo! —exclamó Tyson—. ¡No todos los cíclopes son tan buenos como parecemos!

Tyson nos dio una versión resumida de lo que había pasado: Rainbow el hipocampo, que por lo visto nos había seguido desde Long Island Sound con la esperanza de que Tyson jugase con él, lo había rescatado cuando se hundía bajo la chatarra del *CSS Birmingham* y había logrado ponerlo a salvo. Los dos juntos habían recorrido desde entonces el Mar de los Monstruos tratando de localizarnos, hasta que Tyson detectó un fuerte tufo a oveja y dio con la isla.

Quería abrazar al muy zoquete, pero estaba rodeado de ovejas asesinas.

—Tyson, gracias a los dioses. ¡Annabeth está herida!

—¿Das gracias a los dioses porque está herida? —preguntó desconcertado.

—¡No! —Me arrodillé junto a Annabeth y me asustó mucho lo que vi. El corte que tenía en la frente era mucho peor de lo que suponía. Tenía el nacimiento del pelo ensangrentado. Estaba pálida y sudorosa.

Grover y yo intercambiamos miradas nerviosas. Entonces se me ocurrió una idea.

—Tyson, el vellocino. ¿Me lo puedes traer?

—¿Cuál? —dijo Tyson, mirando a las docenas de ovejas que tenía a su alrededor.

—¡En el árbol! —le dije—. ¡El de oro!

—Ah. Qué bonito. Sí.

Se movió pesadamente, procurando no pisar las ovejas. Si alguno de nosotros hubiera intentado acercarse al vellocino, habría sido devorado vivo, pero supongo que Tyson olía igual que Polifemo, porque el rebaño ni siquiera le prestó atención. Seguían acurrucándose a su alrededor y balando cariñosamente, como si estuvieran esperando una golosina. Tyson extendió el brazo y levantó el vellocino de la rama de la que llevaba siglos colgando. Al instante, las hojas del roble se volvieron amarillas. Tyson empezó a caminar despacio hacia mí, pero yo le grité:

—¡No hay tiempo! ¡Tíramelo!

La dorada piel de cordero cruzó por los aires como un *frisbee* peludo y reluciente. Solté un bufido al atraparla. Era más pesada de lo que esperaba: unos treinta kilos de preciosa lana de oro.

La extendí sobre Annabeth, cubriéndole todo el cuerpo salvo la cara, y rogué en silencio a todos los dioses, incluso a los que me caían mal.

«Por favor. Por favor.»

Su rostro recuperó el color. Le temblaron los párpados y abrió los ojos. El corte en su frente empezó a cerrarse. Vio a Grover y le dijo débilmente:

—No te habrás... casado, ¿verdad?

Grover sonrió de oreja a oreja.

—No. Mis amigos me han convencido de que no lo hiciera.

—Annabeth —dije—, no te muevas.

Pese a nuestras protestas, ella se sentó y entonces advertí que el corte se le había curado casi del todo. Tenía mucho mejor aspecto. De hecho, parecía irradiar salud, como si le hubiesen inyectado un resplandor benéfico.

Entretanto, Tyson empezaba a tener problemas con las ovejas.

—¡Abajo! —les decía al ver que intentaban subírsele en busca de comida. Algunas husmeaban en nuestra dirección—. No, ovejitas. ¡Por aquí! ¡Venid!

Le hacían caso, pero era obvio que tenían hambre y empezaban a darse cuenta de que Tyson no tenía golosinas para ellas. No se iban a contener demasiado tiempo con tanta carne fresca a su alcance.

—Tenemos que irnos —dije—. Nuestro barco está...

El *Vengador de la Reina Ana* estaba demasiado lejos. La ruta más corta habría sido a través de la sima, pero acabábamos de destruir el único puente que la cruzaba. La única posibilidad que nos quedaba era pasar entre las ovejas.

—Tyson —le dije—, ¿podrías llevarte el rebaño lo más lejos posible?

—Las ovejas quieren comida.

—¡Ya lo sé! ¡Quieren carne humana! Intenta alejarlas del camino. Danos tiempo para llegar a la playa y luego reúnete con nosotros.

Tyson parecía indeciso, pero dio un silbido.

—¡Vamos, ovejitas! ¡La carne está por allí!

Se alejó trotando hacia el prado, con todas las ovejas detrás.

—Sigue con el vellocino encima —le dije a Annabeth—. Por si no estás totalmente curada. ¿Puedes ponerte de pie?

Hizo un intento, pero palideció en el acto.

—¡Uf! No del todo curada...

Clarisse se sentó a su lado y le examinó el pecho, lo que le arrancó un grito sofocado.

—Tiene un par de costillas rotas —dijo.

—¿Cómo lo sabes? —pregunté.

Clarisse me lanzó una mirada iracunda.

—Porque yo me las he roto más de una vez, enano. Voy a tener que cargar con ella.

Antes de que pudiese discutir, agarró a Annabeth como si fuera un saco, se la cargó sobre los hombros y la llevó hacia la playa.

En cuanto llegamos a la orilla, me concentré en el *Vengador de la Reina Anna*. Le ordené que levara el ancla y viniera a buscarnos. Tras unos minutos de ansiosa espera, lo vi rodeando el extremo de la isla.

—¡Ya vengo! —gritó Tyson, y bajó a saltos por el camino mientras las ovejas balaban frustradas, cincuenta metros más atrás, visto que su amigo se largaba sin darles de comer.

—No creo que nos sigan en el agua —les dije a los demás—. Lo único que tenemos que hacer es nadar hacia el barco.

—¿Con Annabeth en este estado? —protestó Clarisse.

—Podemos lograrlo —insistí. Empezaba a recuperar mi confianza. Me hallaba de nuevo en mi terreno, el agua—. Y una vez a bordo, estaremos fuera de peligro.

Estuvimos a punto de conseguirlo.

Íbamos vadeando por el agua junto a la entrada del barranco, cuando oímos un tremendo rugido y vimos a Polifemo, arañado y magullado pero todavía vivo, con su esmoquin azul hecho jirones, chapoteando hacia nosotros con una roca en cada mano.

16

Nos vamos a pique

—¿Es que no se le acaban nunca las rocas? —murmuré.

—¡Nademos hasta el barco! —dijo Grover.

Él y Clarisse se zambulleron entre las olas. Annabeth se agarraba del cuello de Clarisse e intentaba nadar con un brazo, aunque el peso del vellocino la abrumaba.

Pero lo que le interesaba al monstruo no era el vellocino.

—¡Tú, joven cíclope! —rugió Polifemo—. ¡Traidor a tu casta!

Tyson se quedó helado.

—¡No lo escuches! —le dije—. Vamos.

Tiré de su brazo, pero era como tirar de una montaña. Él se volvió y encaró al viejo cíclope.

—No soy ningún traidor.

—¡Sirves a los mortales! ¡A ladrones humanos! —gritó Polifemo, y le arrojó la primera roca.

Tyson la desvió con el puño.

—No soy traidor —dijo—. Y tú no eres de mi casta.

—¡Victoria o muerte! —Polifemo se adentró entre las olas, pero aún tenía el pie herido. Dio un traspiés y cayó de cabeza. Habría sido muy divertido si no hubiera empezado a levantarse otra vez, escupiendo agua salada y soltando gruñidos.

—¡Percy! —chilló Clarisse—. ¡Vamos!

Ya casi habían llegado al barco con el vellocino a cuestas. Si conseguía distraer al monstruo un poco más...

—¡Sigue! —me dijo Tyson—. Ya entretengo yo al Gran Feo.

—¡No! Te matará.

Ya había perdido a Tyson una vez. No quería perderlo de nuevo.

—Lucharemos juntos.

—Juntos —repitió él, asintiendo.

Saqué mi espada.

Polifemo avanzaba despacio, cojeando cada vez más, pero no tenía ningún problema en el brazo. Nos arrojó la segunda roca. Me lancé en plancha hacia un lado, pero me habría aplastado igualmente si Tyson no hubiese hecho añicos la roca con el puño.

Ordené al oleaje que se levantara y a continuación una ola de seis metros me alzó en su cresta. Cabalgué sobre ella hacia el cíclope, le di una patada en el ojo y salté por encima de su cabeza mientras el agua lo lanzaba hasta la playa.

—¡Te destruiré! —farfullaba Polifemo—. ¡Me has robado el vellocino!

—¡Fuiste tú el que robó el vellocino! —grité—. ¡Y lo has convertido en una trampa mortal para los sátiros!

—¿Y qué? ¡Los sátiros son buena comida!

—¡El Vellocino de Oro está hecho para curar! ¡Y pertenece a los hijos de los dioses!

—¡Yo soy hijo de los dioses! —Me lanzó un golpe, pero me hice a un lado a tiempo—. ¡Padre Poseidón, maldice a este ladrón!

Ahora parpadeaba sin parar, como si apenas viera nada, y me di cuenta de que apuntaba guiándose por el sonido de mi voz.

—Poseidón no va a maldecirme. —Di un paso atrás y el cíclope aferró un puñado de aire—. Yo también soy su hijo. Él no va a favorecer a ninguno de los dos.

Polifemo rugió. Arrancó un olivo que había echado raíces en la ladera del acantilado y lo aplastó justo en el lugar que yo ocupaba un momento antes.

—¡Los humanos no son lo mismo! ¡Malos, traidores, mentirosos!

Annabeth ya estaba subiendo a bordo con la ayuda de Grover. Clarisse me hacía señas frenéticas para que los siguiera.

Tyson rodeó a Polifemo y trató de ponerse a su espalda.

—¡Joven! —dijo el monstruo—. ¿Dónde estás? ¡Ayúdame!

Tyson se detuvo.

—¡No te criaron como es debido! —aulló Polifemo, agitando aún el olivo—. ¡Pobre hermanito huérfano! ¡Ayúdame!

Nos quedamos inmóviles. Por un instante no oí nada, salvo el fragor del océano y el de mi corazón. Entonces Tyson dio un paso adelante, cubriéndose con las manos por si acaso.

—No luches más, hermano cíclope. Deja ese...

Polifemo buscó su voz.

—¡Tyson! —grité.

El árbol lo golpeó con una fuerza que a mí me habría convertido en una pizza cuatro quesos. Tyson salió disparado hacia atrás, abriendo una zanja en la arena. Polifemo se echó sobre él.

—¡No! —grité. Y me lancé en tromba blandiendo a *Contracorriente*. Esperaba pinchar a Polifemo en la parte trasera del muslo, pero salté un poco más arriba de la cuenta.

—¡Aaaaaah!

Polifemo se echó a balar como sus ovejas y trató de atizarme con el árbol.

Me zambullí otra vez, aunque consiguió azotarme la espalda con aquellas ramas afiladas. Mi piel sangraba, estaba magullado y exhausto. La cobaya que había en mí quería salir huyendo, pero aun así me tragué el miedo.

Polifemo blandió de nuevo el árbol, pero esta vez me pilló preparado. Agarré una rama al vuelo, sentí un fuerte tirón en las manos al ser impulsado hacia arriba y dejé que el cíclope me alzara por los aires. Cuando alcancé el punto más alto, me solté y fui a caer sobre la cara del monstruo con los pies por delante, que aterrizaron en aquel ojo enorme y ya muy dañado.

Polifemo mugió de dolor. Tyson le hizo un placaje y lo derribó. Yo caí a su lado espada en mano, a la distancia perfecta para clavársela en el corazón. Pero miré fijamente a Tyson y comprendí que no podía hacerlo. No estaba bien, simplemente.

—Déjalo —le dije a Tyson—. Vamos, corre.

Con un último esfuerzo, apartó de un empujón al viejo cíclope, que no dejaba de soltar maldiciones, y corrimos hacia las olas.

—¡Os aplastaré! —aullaba Polifemo, doblándose de dolor y cubriéndose el ojo con sus manos enormes.

Tyson y yo nos zambullimos.

—¿Dónde estáis? —gritaba Polifemo. Recogió el árbol y lo lanzó al agua. Cayó salpicando a nuestra derecha.

Ordené a una corriente que nos arrastrara y empezamos a ganar velocidad. Casi creía que lograríamos llegar al barco, cuando Clarisse gritó desde cubierta:

—¡Muy bien, Jackson! ¡En tus propias narices, maldito cíclope!

«Cierra el pico», quise gritarle.

—¡Grrrrrrr! —rugió Polifemo. Agarró una roca y la lanzó orientándose por la voz de Clarisse, pero se quedó corto y no nos alcanzó por poco.

—¡Venga ya! —se mofaba Clarisse—. ¡Tiras como un cagueta! ¡Así aprenderás! ¡Por querer casarte conmigo, idiota!

—¡Clarisse! —aullé—. ¡Cierra el pico!

Demasiado tarde. Polifemo arrojó otra roca y esta vez contemplé, impotente, cómo pasaba por encima de mi cabeza y atravesaba el casco del *Vengador de la Reina Ana*.

No os creeríais lo rápido que puede hundirse un barco. El *Vengador de la Reina Ana* gimió, crujió y la proa se fue inclinando como a punto de deslizarse por un tobogán.

Solté una maldición y ordené al mar que nos impulsara más deprisa, pero el agua ya se estaba tragando hasta los mástiles.

—¡Sumérgete! —le dije a Tyson.

Y mientras volaba otra roca por encima de nuestras cabezas, nos zambullimos bajo el agua.

Mis amigos se hundían muy deprisa y trataban de nadar sin éxito en el burbujeante torbellino del naufragio.

No mucha gente sabe que cuando un barco se va a pique, se forma una especie de sumidero que se traga todo lo que hay alrededor. Clarisse era muy buena nadadora, pero ni siquiera ella lograba gran cosa. Grover daba coces frenéticas con sus pezuñas. Annabeth se aferraba al vellocino, que refulgía como un tesoro en el agua.

Nadé hacia ellos sabiendo que quizá no tendría la fuerza suficiente para sacarlos del apuro. Y consciente de algo peor todavía: había trozos de madera arremolinándose a su alrededor, y ninguno de mis poderes serviría de nada si uno de aquellos maderos me golpeaba en la cabeza.

«Necesitamos ayuda», pensé.

«Sí.» Era la voz de Tyson, sonando alta y clara en mi cabeza.

Lo miré atónito. Había oído alguna a vez a las nereidas y otros espíritus acuáticos bajo el agua, pero nunca se me habría ocurrido... Bueno, al fin y al cabo, Tyson era hijo de Poseidón. Podíamos comunicarnos.

«Rainbow», dijo Tyson.

Asentí. Cerré los ojos para concentrarme y uní mi voz a la de Tyson: «¡Rainbow! ¡Te necesitamos!»

Y casi de inmediato, temblaron unas siluetas en la oscuridad del fondo: tres caballos con cola de pez galopaban ya hacia nosotros, más veloces incluso que los delfines. Rainbow y sus compañeros nos miraron y parecieron leernos el pensamiento. Se zambulleron en el remolino del naufragio y momentos después surgieron entre una nube de burbujas con Grover, Annabeth y Clarisse aferrados cada uno al cuello de un hipocampo.

Rainbow, que era el más grande, cargaba con Clarisse. Corrió hasta nosotros y dejó que Tyson se agarrase a su crin. Lo mismo hizo conmigo el hipocampo que llevaba a Annabeth.

Salimos a la superficie y nos alejamos a escape de la isla de Polifemo. A nuestras espaldas, oí todavía al cíclope rugiendo victorioso:

—¡Lo conseguí! ¡He mandado a Nadie al fondo!

Espero que no haya descubierto que estaba equivocado.

Nosotros nos deslizamos sobre las olas mientras la isla se convertía en un punto y desaparecía por fin.

—Lo conseguimos —murmuró Annabeth, exhausta—. Hemos...

Se desplomó sobre el cuello del hipocampo y se quedó dormida en el acto.

No sabía si los hipocampos podrían llevarnos muy lejos. Tampoco sabía adónde nos dirigíamos. Acomodé a Annabeth para que no pudiera caerse, la cubrí con el Vellocino de Oro que tantos esfuerzos nos había costado y pronuncié una silenciosa oración de agradecimiento.

Lo cual me recordó que tenía una deuda pendiente con los dioses.

—Eres genial —le dije en voz baja a Annabeth.

Luego apoyé la cabeza en el vellocino y, antes de darme cuenta, ya estaba dormido.

17

Nos llevamos una sorpresa en Miami Beach

—Percy, despierta.

El agua salada me salpicaba la cara. Annabeth me sacudía por el hombro.

A lo lejos, el sol se ponía tras los rascacielos de una ciudad. Divisé una carretera flanqueada de palmeras junto a la playa, escaparates de tiendas con deslumbrantes neones de color rojo y azul, y un puerto abarrotado de cruceros y barcos de vela.

—Es Miami, me parece —dijo Annabeth—. Pero los hipocampos se están comportando de un modo raro.

Era cierto: nuestros amigos habían aminorado la marcha, relinchaban y nadaban en círculos mientras husmeaban el agua. No parecían muy contentos. Uno de ellos estornudó. Yo sabía lo que estaban pensando.

—No van a acercarse más —dije—. Demasiados humanos. Demasiada polución. Tendremos que nadar hasta la orilla.

A ninguno de nosotros le entusiasmaba la idea, pero nos resignamos y a Rainbow y sus amigos les dimos las gracias por el viaje. Tyson derramó unas lágrimas y desató a regañadientes el paquete que había usado como silla improvisada, donde guardaba sus herramientas y un par de cosas más que había logrado salvar del naufragio del Birmingham. Abrazó a Rainbow, rodeándole el cuello con los brazos, le dio un mango pasado que se había llevado de la isla y le dijo adiós.

Cuando las crines blancas de los hipocampos desaparecieron en el mar, nos pusimos a nadar hacia la orilla. Las olas nos empujaban, y en muy poco tiempo estábamos de vuelta en el mundo de los mortales. Recorrimos los muelles donde se alineaban los cruceros, abriéndonos paso entre un montón de gente que llegaba de vacaciones. Había mozos trajinando con carros llenos de maletas. Los taxistas hablaban a gritos en español e intentaban colarse en la fila para recoger clientes. Si alguien se fijó en nosotros, cinco chavales chorreando y con pinta de haberse peleado con un monstruo, nadie dio muestras de ello.

Ahora que estábamos de nuevo entre mortales, el único ojo de Tyson no se distinguía bien gracias a la niebla. Grover había vuelto a ponerse su gorra y sus zapatillas. E incluso el vellocino se había transformado y ya no era una piel de cordero, sino una chaqueta de instituto roja y dorada, con una Omega resplandeciente bordada sobre el bolsillo.

Annabeth corrió al expendedor de periódicos más cercano y comprobó la fecha del *Miami Herald*. Soltó una maldición.

—¡Dieciocho de junio! ¡Hemos estado diez días fuera del campamento!

—¡No es posible! —dijo Clarisse.

Yo sabía que sí lo era. El tiempo transcurría de otro modo en los lugares monstruosos.

—El árbol de Thalia debe de estar casi muerto —gimió Grover—. Tenemos que llegar allí con el vellocino esta misma noche.

Clarisse se dejó caer en el pavimento, abatida.

—¿Cómo demonios se supone que vamos a hacerlo? —dijo con voz temblorosa—. Estamos a miles de kilómetros. Sin dinero y sin vehículo. Es exactamente lo que dijo el Oráculo. ¡Tú tienes la culpa, Jackson! Si no te hubieses entrometido...

—¿Que es culpa de Percy? —estalló Annabeth—. ¿Cómo puedes decir eso, Clarisse? Eres la peor...

—¡Basta ya! —zanjé.

Clarisse se agarró la cabeza con las manos. Annabeth, frustrada, dio una patada al suelo.

Casi se me había olvidado, pero se suponía que aquella búsqueda era de Clarisse. Durante un momento espeluznante vi las cosas desde su punto de vista. ¿Cómo me habría sentido si un puñado de héroes se hubiese entrometido y me hubiera dejado en mal lugar?

Pensé en la conversación que había oído en la sala de calderas del *CSS Birmingham*: Ares hablándole a gritos a Clarisse y advirtiéndole que no fallara. A él le tenía sin cuidado el campamento, pero si Clarisse lo hacía quedar mal...

—Clarisse —pregunté—, ¿que te dijo exactamente el Oráculo?

Ella levantó la vista. Pensé que me iba mandar a paseo. Pero no: respiró hondo y recitó la profecía:

Navegarás en el buque de hierro con guerreros
de hueso, acabarás hallando lo que buscas y lo harás
tuyo, pero habrás de temer por tu vida sepultada
entre rocas, y sin amigos fracasarás
y no podrás volar sola a casa.

—¡Uf! —musitó Grover.

—No —dije yo—. Espera un momento... Ya lo tengo.

Busqué dinero en mis bolsillos, pero sólo encontré un dracma de oro.

—¿Alguien tiene dinero?

Annabeth y Grover menearon la cabeza, malhumorados. Clarisse sacó de su bolsillo un dólar confederado, todavía húmedo, y suspiró.

—¿Dinero? —preguntó Tyson vacilante—. ¿Quieres decir... papeles verdes?

Lo miré.

—Sí, eso.

—¿Como el que llevábamos en los petates?

—Sí, pero ésos los perdimos... —Me interrumpí al ver que Tyson hurgaba entre sus cosas y sacaba la bolsa impermeable llena de billetes que Hermes había incluido en nuestro equipaje—. ¡Tyson! —exclamé—. ¿Cómo...?

—Creí que era una bolsa de comida para Rainbow —dijo—. La encontré flotando en el mar, pero sólo había papeles.

Me tendió la bolsa. Al menos trescientos dólares en billetes de cinco y de diez.

Corrí a la parada y detuve un taxi que acababa de dejar a unos pasajeros.

—Clarisse —llamé—. Venga. Te vas ahora mismo al aeropuerto. Annabeth, dale el vellocino.

No sé cuál de las dos parecía más pasmada mientras yo le quitaba a Annabeth la chaqueta del vellocino, metía todo el dinero en el bolsillo y se la entregaba a Clarisse.

—¿Vas a dejarme...?

—Esta búsqueda es tuya —dije—. Y sólo hay dinero para un billete. Además, yo no puedo viajar en avión. Zeus me haría volar en mil pedazos. Eso es lo que significaba la profecía: fracasarás sin amigos, o sea, no podrás hacerlo sin nuestra ayuda, pero tendrás que volar tú sola a casa. Has de llevar allí el Vellocino sin falta.

Vi cómo trabajaba su mente, primero con suspicacia, preguntándose qué clase de trampa intentaba tenderle, y al final convencida de que hablaba en serio.

Subió al taxi.

—Cuenta conmigo. No fallaré.

—Convendría que no fallaras.

El taxi salió zumbando entre una nube de humo. El Vellocino de Oro ya estaba en camino.

—Percy —dijo Annabeth—, eso ha sido...

—¿Muy generoso? —propuso Grover.

—Una verdadera locura —lo corrigió Annabeth—. Te estás apostando la vida de toda la gente del campamento a una sola carta: que Clarisse llegue esta noche con el vellocino.

—Esta búsqueda era suya —dije—. Se merece una oportunidad.

—Percy es bueno —dijo Tyson.

—Percy es demasiado bueno —refunfuñó Annabeth.

Pero yo no pude dejar de pensar que tal vez, sólo tal vez, había logrado impresionarla un poquito. La sorprendí, en todo caso. Y eso no era fácil de conseguir.

—Venga —les dije a mis amigos—. Vamos a buscar otro modo de llegar a casa.

Y fue en ese momento cuando me volví y me encontré la punta de una espada en la garganta.

—Eh, colega —dijo Luke—. Bienvenido a Estados Unidos.

Sus matones de siempre, aquellos dos osos gemelos, se materializaron a ambos lados. Uno sujetó a Annabeth y a Grover por el cuello de la camiseta. El otro intentó agarrar a Tyson, pero éste lo derribó sobre un montón de maletas y le soltó un rugido a Luke.

—Percy —dijo Luke con calma—, o le dices a tu gigante que se aparte de mi vista o le pido a Oreius que compruebe cómo resuenan las dos cabezas de tus amigos.

Oreius sonrió de oreja a oreja y levantó del suelo a Annabeth y Grover, que pataleaban y gritaban.

—¿Qué quieres, Luke? —refunfuñé.

Esbozó una sonrisa que le deformaba la cicatriz de la cara.

Señaló el otro extremo del muelle y me di cuenta de una cosa que tendría que haberme saltado a la vista desde el principio: el crucero más grande del puerto era el *Princesa Andrómeda*.

—Bueno —dijo Luke—, lo que quiero es ofrecerte otra vez mi hospitalidad, por supuesto.

Los osos gemelos nos subieron a bordo del *Princesa Andrómeda* y nos llevaron a la cubierta de popa, frente a aquella piscina con surtidores que rociaban agua. Una docena de matones variados —reptiles, lestrigones, semidioses con armadura— se había reunido para brindarnos su «hospitalidad».

—Bueno —musitó Luke—. El vellocino. ¿Dónde está?

Nos examinó con atención. Me pinchó la camisa con la punta de su espada. Se asomó a los vaqueros de Grover.

—¡Eh! —protestó él—. ¡Eso es pelo de cabra natural!

—Perdona, viejo amigo —dijo Luke con una sonrisa—. Tú dame el vellocino y yo permitiré que reanudes la búsqueda que habías emprendido.

—¡Ja! —dijo Grover—. Conque «viejo amigo», ¿eh?

—Quizá no me has oído. —La voz de Luke sonaba peligrosamente tranquila—. ¿Dónde... está... el vellocino?

—Aquí no —dije. Seguramente no tendría que habérselo dicho, pero resultaba agradable soltarle la verdad en la cara—. Lo hemos enviado por delante. Esta vez la has pifiado, «amigo».

Luke entornó los ojos.

—Mientes. No puedes haber... —Se sonrojó repentinamente ante la espantosa posibilidad que se le estaba ocurriendo—. ¿Clarisse?

Asentí.

—¿Le has confiado...? ¿Le has dado...?

—Así es.

—¡Agrius!

El oso gigante retrocedió.

—¿S-sí?

—Baja y prepara mi corcel. Súbelo a cubierta. Tengo que irme volando al aeropuerto. ¡Rápido!

—Pero, jefe...

—¡Deprisa! —gritó Luke—. O te echaré de comida al dragón.

El oso tragó saliva y bajó pesadamente por las escaleras. Luke deambulaba junto a la piscina, soltaba maldiciones en griego antiguo y aferraba su espada con tal fuerza que los nudillos parecían a punto de estallarle.

El resto de la pandilla tenía un aire más bien incómodo. Quizá nunca habían visto a su jefe tan desquiciado.

Me puse a pensar... Si pudiera utilizar la furia de Luke, hacerle hablar de tal modo que todos vieran lo delirantes que eran sus planes...

Miré la piscina, los surtidores pulverizando el agua y formando un arco iris a la luz del crepúsculo. Y de pronto se me ocurrió una idea.

—Has estado jugando con nosotros desde el principio —le recriminé—. Pretendías que te trajéramos el vellocino y ahorrarte así el trabajo de encontrarlo tú.

—¡Por supuesto, idiota! —replicó ceñudo—. ¡Y tú has acabado estropeándolo todo!

—¡Traidor! —me saqué del bolsillo mi último dracma de oro y se lo arrojé. Tal como esperaba, él lo esquivó fácilmente. La moneda atravesó la cortina de agua iluminada por el arco iris.

Confié en que mi silenciosa oración fuese escuchada. Puse en ella todo mi corazón: «Oh, diosa, acepta mi ofrenda.»

—Nos engañaste a todos —lo increpé—. ¡Incluso a Dioniso en el Campamento Mestizo!

A su espalda, el surtidor empezó a temblar, pero yo debía acaparar la atención de todo el mundo, así que destapé a *Contracorriente*.

Luke sonrió con desdén.

—No es momento de hacerse el héroe, Percy. Tira tu miserable espadita o haré que te maten más pronto que tarde.

—¿Quién envenenó el árbol de Thalia, Luke?

—Yo, por supuesto —gruñó—. Ya te lo dije. Usé veneno de pitón vieja, traído directamente de las profundidades del Tártaro.

—¿Quirón no tuvo nada que ver en el asunto?

—¡Ja! Sabes muy bien que él nunca lo habría hecho. Ese viejo idiota no tiene agallas.

—¿Eso son agallas, según tú? ¿Traicionar a tus amigos? ¿Poner en peligro a todo el campamento?

Luke levantó su espada.

—Tú no entiendes ni la mitad de todo este asunto. Iba a dejar que te llevases el vellocino… una vez que yo lo hubiese utilizado.

Aquello me hizo vacilar. ¿Por qué habría de dejar que me llevase el vellocino? Seguramente mentía, pero en todo caso debía seguir captando su atención a cualquier precio.

—Pensabas reconstruir a Cronos —dije.

—¡Sí! Y la magia del vellocino habría acelerado diez veces su regeneración. Pero no creas que nos has detenido, Percy. Sólo has ralentizado un poco el proceso.

—O sea que envenenaste el árbol, traicionaste a Thalia y nos tendiste una trampa... todo para ayudar a Cronos a destruir a los dioses.

Luke apretó los dientes.

—¡Ya lo sabes! ¿Por qué me sigues preguntando?

—Porque quiero que te oiga toda la audiencia.

—¿Qué audiencia?

Entornó los ojos, miró atrás y todos sus matones hicieron lo mismo. Dieron un grito y retrocedieron un paso.

Sobre la piscina, en medio del arco iris nublado de vapor, temblaba la imagen de un mensaje Iris: Dioniso, Tántalo y el campamento entero en el pabellón del comedor. Todos permanecían sentados y en silencio, mirándonos atónitos.

—Bueno —dijo Dioniso secamente—, una inesperada distracción nocturna.

—Señor D, ya lo ha oído —dije—. Todos han oído a Luke. Quirón no tuvo ninguna culpa en el envenenamiento.

El señor D suspiró.

—Supongo que no.

—Ese mensaje Iris podría ser una trampa —sugirió Tántalo, aunque él tenía casi toda su atención puesta en una hamburguesa de queso, que estaba intentando acorralar con ambas manos.

—Me temo que no —dijo el señor D, mirando con repulsión a Tántalo—. Por lo visto, tendré que rehabilitar a Quirón como director de actividades; creo que echo de menos las partidas de pinacle con ese viejo caballo.

Tántalo atrapó la hamburguesa, que esta vez no se le escapó volando. La levantó del plato y la observó asombrado, como si fuese el mayor diamante del mundo.

—¡La tengo! —dijo riendo a carcajadas.

—Ya no necesitamos tus servicios, Tántalo —anunció el señor D.

Tántalo parecía estupefacto.

—¿Qué? Pero...

—Puedes regresar al inframundo. Estás despedido.

—¡No! Pero... ¡Nooooooooo!

Mientras se iba disolviendo en una niebla, asió con fuerza la hamburguesa y quiso llevársela a la boca, pero ya era demasiado tarde. Se desvaneció por completo y la hamburguesa cayó en el plato de nuevo. Los campistas estallaron en vítores.

Luke bramaba de rabia. Atravesó el surtidor con su espada y el mensaje Iris se disolvió. Pero ya había cumplido su misión.

Me sentí bastante satisfecho de mí mismo, hasta que Luke se volvió y me dirigió una mirada asesina.

—Cronos tenía razón, Percy. Eres poco fiable. Habrá que reemplazarte.

No estuve muy seguro de lo que quería decir, pero no tuve tiempo para reflexionar. Uno de sus hombres tocó un silbato de bronce y las puertas de la cubierta se abrieron de golpe. Aparecieron una docena de guerreros que formaron a nuestro alrededor un círculo erizado con las puntas de bronce de sus lanzas.

Luke me sonrió.

—No saldrás vivo de este barco.

18

La invasión de los ponis

—Uno contra uno —le dije a Luke, desafiándolo—. ¿De qué tienes miedo?

Luke apretó los labios. Los guerreros que estaban a punto de matarnos vacilaron, aguardando sus órdenes.

Antes de que pudiese decir nada, Agrius apareció de golpe en cubierta llevando de la brida a un caballo volador: el primer pegaso completamente negro que veía, con unas alas de cuervo gigantes. Era una yegua; daba brincos y relinchaba. Yo captaba sus pensamientos. A Agrius y Luke les dedicaba unos insultos tan tremendos que Quirón le habría lavado el hocico con jabón industrial.

—¡Señor! —dijo Agrius, esquivando un casco del pegaso—. Su corcel está listo.

Luke seguía con los ojos puestos en mí.

—Ya te lo dije el verano pasado, Percy. No vas a embaucarme para que pelee contigo.

—O sea que sigues rehuyéndome —respondí—. ¿Tienes miedo de que tus guerreros vean cómo te derroto?

Luke echó una mirada a sus hombres y comprendió que lo tenía atrapado. Si se echaba atrás, daría una impresión de debilidad. Si combatía conmigo, perdería un tiempo precioso para dar caza a Clarisse. En cuanto a mí, no podía esperar otra cosa que distraerlo y brindarles a mis amigos una oportunidad de huir. Si alguien podía idear un plan para sacarlos de allí era Annabeth. Por lo demás, sabía lo bueno que era Luke manejando la espada.

—Acabaré contigo deprisa —decidió, y alzó su espada *Backbiter*, unos treinta centímetros más larga que la mía. Su hoja relucía con un maligno brillo de un gris dorado en el punto donde el acero se había fundido con el bronce celestial. Casi se llegaba a percibir la tensión interna de aquella hoja. Era como si se hubieran unido a la fuerza dos imanes opuestos. No sabía cómo había sido fabricada, pero intuía una tragedia detrás de ella: alguien había muerto mientras la forjaban. Luke silbó a uno de sus hombres, que le arrojó un escudo redondo de cuero y bronce.

Esbozó una sonrisa malvada.

—Luke —dijo Annabeth—, proporciónale un escudo al menos.

—Lo siento, Annabeth. A esta fiesta, cada uno se trae su propio equipo.

El escudo no era ningún problema. Luchar sólo con una espada sujeta con ambas manos te da más fuerza, pero luchar sosteniendo la espada con una mano y el escudo con la otra te proporciona mejor defensa y también más flexibilidad. Tienes más movimiento, más opciones, más modos de alcanzar al contrario. Pensé otra vez en Quirón, que me había dicho que me quedase en el campamento, pasara lo que pasase, y que aprendiera a combatir. Ahora iba a pagar caro no haberle escuchado.

Luke embistió y por poco no acabó conmigo a la primera. Su espada pasó por debajo de mi brazo, me desgarró la camisa y me obsequió con una buena caricia en las costillas.

Retrocedí de un salto y contraataqué, pero Luke desvió mi hoja con un golpe de su escudo.

—Madre mía, Percy —dijo en tono de reproche—. Estás en baja forma.

Volvió otra vez a la carga y me lanzó un mandoble a la cabeza. Lo paré y ensayé una estocada, pero él se hizo a un lado sin problemas.

El corte en las costillas me dolía y el corazón me latía enloquecido. Cuando Luke embistió otra vez, salté hacia atrás y me sumergí en la piscina. Sentí una oleada de energía. Giré bajo el agua, creando un torbellino, y salí desde el fondo disparado directamente hacia él.

La fuerza del agua lo derribó y lo dejó farfullando y medio cegado. Pero antes de que pudiese darle una estocada, rodó hacia un lado y se puso otra vez en pie.

Volví al ataque y le rebané el borde del escudo, pero Luke ni se inmutó; se agazapó y me lanzó un mandoble a las piernas. El muslo empezó a arderme tanto que me derrumbé; me había desgarrado los tejanos por encima de la rodilla y tenía una herida, aunque no sabía si grave. Luke lanzó un tajo desde arriba y yo rodé por debajo de una tumbona. Traté de incorporarme, pero la pierna no me sostenía.

—¡Peeeercy! —baló Grover.

Eché a rodar otra vez, justo cuando Luke partía la tumbona en dos, incluidos los tubos metálicos.

Me arrastré hacia la piscina, haciendo un esfuerzo para no desmayarme. No iba a lograrlo. Y Luke lo sabía. Se me acercó despacio con una sonrisa. El filo de su espada estaba teñido de rojo.

—Quiero que veas una cosa antes de morir, Percy. —Le dirigió una mirada a Oreius, que aún tenía a Annabeth y Grover agarrados por el cuello—. Ya puedes zamparte tu cena, Oreius. Buen provecho.

—¡Je, je! —El oso alzó a mis amigos y mostró sus colmillos.

Y entonces se desató un lío del demonio.

¡Zas!

Una flecha con un penacho rojo apareció de golpe clavada en la boca de Oreius. Con una expresión de sorpresa en su rostro peludo, el oso se desmoronó sobre la cubierta.

—¡Hermanito! —aulló Agrius, y aflojó un poco las riendas del pegaso: lo justo para que el corcel le arrease una coz en la cabeza y echara a volar por la bahía de Miami.

Durante una fracción de segundo, los guardias de Luke se quedaron tan atónitos que no hicieron otra cosa que mirar cómo se disolvían en humo los cuerpos de los dos gemelos.

Enseguida se desató un coro enloquecido de gritos de guerra y cascos retumbando sobre la cubierta. Una docena de centauros apareció por la escalera principal.

—¡Ponis! —gritó Tyson, extasiado.

Mi mente no lograba procesar todo lo que veía. Quirón estaba entre los atacantes, pero la verdad es que sus parientes apenas se parecían a él. Había centauros con cuerpo negro de semental árabe, otros con el pelaje dorado de los palominos y otros con manchas blancas y anaranjadas, como caballos pintados. Algunos llevaban camisetas de brillantes colores con leyendas fosforescentes que ponían: «PONIS PARA FIESTAS Y CUMPLEAÑOS. ÁREA DE FLORIDA.» Unos iban armados con arcos, otros con bates de béisbol y algunos incluso con pistolas de pintura. Uno de ellos tenía la cara pintarrajeada como un guerrero comanche, otro iba a pecho descubierto y todo pintado de verde, y un tercero llevaba una gorra de béisbol y unas gafas con ojos de plástico colgando de dos largos muelles.

Irrumpieron sobre la cubierta con tal ferocidad y tanto colorido que hasta el mismísimo Luke pareció por un momento completamente flipado. Yo no estaba seguro de si venían de fiesta o en son de guerra.

Las dos cosas, al parecer. Mientras Luke alzaba su espada para reagrupar a sus tropas, un centauro disparó una flecha con un guante de boxeo en la punta. Con el golpe que le dio a Luke en la cara, lo mandó directo a la piscina.

Sus guerreros se dispersaban. No era para culparlos. Enfrentarse a los cascos de un caballo encabritado ya es suficiente para ponerte los pelos de punta, pero si resulta que encima se trata de un centauro armado con un arco y con ganas de juerga, hasta el guerrero más valeroso se batiría en retirada.

—¡A por ellos! —gritó uno de los ponis.

Dispararon sus pistolas de pintura. Una oleada de azul y amarillo explotó sobre los guerreros de Luke y los dejó ciegos y embadurnados de pies a cabeza. Intentaban echar a correr, pero lo único que conseguían era resbalar y caerse.

Quirón se acercó al galope a Annabeth y Grover, los alzó limpiamente y se los colocó en el lomo.

Yo traté de levantarme, pero la herida de la pierna me seguía ardiendo de dolor.

Luke se arrastraba fuera de la piscina.

—¡Atacad, idiotas! —gritaba a sus tropas. Por debajo de la cubierta, empezó a sonar una alarma enloquecida.

En cualquier momento nos veríamos desbordados por los refuerzos de Luke. De hecho, sus guerreros ya empezaban a recuperarse de la sorpresa y se enfrentaban a los centauros con sus lanzas y espadas.

Tyson apartó de un guantazo a media docena y los mandó por encima de la barandilla a la bahía de Miami. Pero ya llegaban más guerreros por las escaleras.

—¡Retirada, hermanos! —gritó Quirón.

—¡No te saldrás con la tuya, hombre caballo! —le gritó Luke. Alzó su espada furioso, pero volvió a recibir en plena cara otra flecha con un guante de boxeo y cayó sentado en una tumbona.

Un centauro de pelaje dorado me izó sobre su lomo.

—¡Llama a tu amigo el grandullón!

—¡Tyson! —grité—. ¡Vamos!

Tyson dejó caer a los dos guerreros que estaba a punto de retorcer en un solo nudo, corrió hacia nosotros y saltó sobre el lomo del centauro.

—¡Ostras, colega! —gruñó el centauro. Las patas casi se le doblaban bajo el peso de Tyson—. ¿No has oído hablar de una cosa llamada «dieta»?

Los guerreros de Luke se estaban reorganizando para adoptar una formación de falange. Pero cuando por fin estuvieron preparados para avanzar, los centauros ya galopaban hasta el borde de la cubierta y saltaban la barandilla sin ningún temor, como si aquello fuese la valla de una carrera de obstáculos y no la de un crucero de diez pisos de altura. Estaba convencido de que no saldríamos vivos de aquélla. Caímos en picado hacia el muelle y pensé que íbamos a estrellarnos. Pero los centauros aterrizaron en el asfalto con una simple sacudida y salieron al galope, dando gritos y soltando pullas contra el *Princesa Andrómeda* mientras cruzaban corriendo las calles del centro de Miami.

No tengo ni idea de lo que debió de pensar la gente de Miami al vernos pasar galopando.

Las calles y los edificios empezaron a hacerse borrosos a medida que los centauros cobraban velocidad. Parecía como si el espacio se estuviese comprimiendo, como si cada paso de centauro equivaliera a kilómetros y kilómetros. Atravesamos campos pantanosos llenos de hierbas, charcas y árboles raquíticos.

Finalmente, llegamos a un aparcamiento de caravanas al borde de un lago. Todas eran caravanas para caballos, provistas de televisores, minifrigoríficos y mosquiteras. Estábamos en un campamento de centauros.

—¡Colega! —dijo uno de los ponis mientras descargaba los bártulos—. ¿Te has fijado en aquel tipo que parecía un oso? Era como si estuviese diciendo: «¡Guau, tengo una flecha en la boca!»

El centauro que llevaba las gafas con ojos de plástico se echó a reír.

—¡Ha sido impresionante! ¡Choca esa cabeza!

Los dos centauros se embistieron de cabeza con todas sus fuerzas y luego se retiraron tambaleantes, cada uno por su lado, con una sonrisa alelada en la cara.

Quirón dio un suspiro y depositó a Annabeth y Grover a mi lado, sobre una manta de picnic.

—Ojalá no tuvieran mis primos esa manía de darse cabezazos. No es que les sobren demasiadas neuronas.

—Quirón —dije, todavía sin creerme que estuviera allí—. Nos has salvado.

Me dirigió una seca sonrisa.

—Bueno, no podía dejarte morir. Sobre todo después de que te ocuparas de dejar a salvo mi buen nombre.

—¿Pero cómo sabías dónde estábamos? —preguntó Annabeth.

—Eso era previsible, querida. Me figuré que acabaríais cerca de Miami si lograbais salir vivos del Mar de los

Monstruos. Casi todas las cosas raras acaban yendo a parar a Miami.

—Ya, muchas gracias —murmuró Grover.

—No, no —dijo Quirón—. Yo no quería decir… Bueno, da igual. Me alegro de verte, joven sátiro. La cuestión es que intercepté el mensaje Iris de Percy y conseguí rastrear la llamada. Iris y yo somos amigos desde hace siglos; le pedí que me avisara de cualquier mensaje importante enviado desde esta zona. Y luego no me resultó difícil convencer a mis primos para correr en vuestra ayuda. Como habéis visto, los centauros somos capaces de viajar bastante deprisa cuando queremos; las distancias para nosotros no son iguales que para los humanos.

Miré hacia la hoguera del campamento, donde tres ponis le enseñaban a Tyson a manejar una pistola de pintura. Esperaba que supieran en qué lío se estaban metiendo.

—¿Y ahora qué? —le dije a Quirón—. ¿Vamos a permitir que Luke se largue con su crucero? Tiene a Cronos a bordo, o al menos una parte de él.

Quirón se arrodilló, cruzando las patas delanteras bajo su cuerpo. Abrió el pequeño estuche que llevaba en el cinturón y empezó a ocuparse de mis heridas.

—Me temo, Percy, que hoy se ha producido una especie de empate. Nosotros no teníamos fuerzas suficientes para tomar ese barco, y Luke no estaba lo bastante organizado para perseguirnos. Nadie ha salido vencedor.

—¡Pero nosotros tenemos el vellocino! —dijo Annabeth—. Clarisse va ahora mismo con él camino del campamento.

Quirón asintió, pero aún parecía inquieto.

—Sois unos auténticos héroes. Y en cuanto curemos a Percy, tenéis que regresar a la colina Mestiza. Los centauros os llevarán hasta allí.

—Tú también vienes, ¿no? —pregunté.

—Sí, Percy. Para mí será un alivio volver a casa. Mis hermanos de aquí no aprecian mucho la música de Dean Martin. Además, tengo pendiente una conversación con el señor D., y queda el resto del plan de verano. Todavía tenemos mucho entrenamiento por delante. También quiero ver... Bueno, siento curiosidad por el vellocino.

No sabía exactamente a qué se refería, pero consiguió que volviese a preocuparme por lo que me había dicho Luke: «Iba a dejar que te llevaras el vellocino... una vez que yo lo hubiera utilizado.»

¿Era mentira? Para entonces, ya había aprendido que en el caso de Cronos siempre había un plan dentro del plan. El señor de los titanes no era conocido como el Retorcido porque sí, siempre se las arreglaba para encontrar personas que hacían lo que él quería sin que se dieran cuenta siquiera de sus verdaderas intenciones.

Junto a la hoguera, Tyson empezaba a armar jaleo con su pistola de pintura. Un proyectil azul estalló contra un centauro y lo impulsó hasta el lago. El centauro salió sonriendo del agua, cubierto de porquería y pintura azul, y le hizo a Tyson un gesto con el pulgar, como dándole su aprobación.

—Annabeth —dijo Quirón—, tú y Grover podríais ir a controlar a Tyson y a mis primos antes de... Bueno, antes de que adquieran demasiadas malas costumbres entre unos y otros.

Annabeth lo miró a los ojos. Se entendieron sin palabras.

—Desde luego —dijo ella—. Venga, niño cabra.

—¡A mí no me gustan las pistolas de pintura!

—Claro que te gustan. —Lo obligó a ponerse sobre sus pezuñas y se lo llevó hacia la fogata.

Quirón terminó de vendarme la pierna.

—Percy, tuve una charla con Annabeth de camino hacia aquí. Una charla sobre la profecía.

«¡Uf!», pensé.

—No fue culpa suya —le dije—. Yo la obligué a contármelo.

Parpadeó con irritación. Estaba convencido de que iba a regañarme, pero enseguida adoptó una expresión de cansancio.

—Supongo que no podía esperar que se mantuviera en secreto eternamente.

—Así pues, ¿soy yo el de la profecía?

Quirón guardó las vendas en su botiquín.

—Ojalá lo supiera, Percy. Aún no tienes dieciséis años. Por ahora, hemos de seguir entrenándote lo mejor posible y dejar el futuro a las Moiras.

Las Moiras. Hacía mucho que no pensaba en aquellas ancianas, pero en cuanto Quirón las mencionó, algo hizo clic en mi cabeza.

—Eso es lo que significaba... —dije.

Quirón frunció el ceño.

—¿El qué?

—El verano pasado. El presagio de las Moiras, cuando las vi cortar con sus tijeras el hilo de la vida de alguien. Pensé que quería decir que yo iba a morir de inmediato, pero no: es algo peor, tiene que ver con tu profecía. La muerte que presagiaban se producirá cuando cumpla los dieciséis.

Quirón sacudía nervioso su cola sobre la hierba.

—Muchacho, no puedes estar seguro de eso. Ni siquiera sabemos si la profecía se refiere a ti.

—Pero no hay otro mestizo que sea hijo de los Tres Grandes.

—Que nosotros sepamos.

—Y Cronos se está recuperando. ¡Destruirá el monte Olimpo!

—Lo intentará —asintió Quirón—. Y también tratará de destruir toda la civilización occidental, si no lo detenemos. Pero vamos a lograrlo. No estarás sólo en esta batalla.

Sabía que estaba haciendo lo posible para que me sintiera mejor, pero en aquel momento recordé lo que Annabeth me había dicho. Al final, todo se reduciría a un solo héroe. Una sola decisión que salvaría o destruiría Occidente. Y estaba seguro de que las Moiras me habían lanzado una especie de advertencia al respecto: algo terrible iba a ocurrir, conmigo o con alguien muy cercano a mí.

—Sólo soy un chico, Quirón —le dije con tristeza—. ¿Y de qué sirve un héroe piojoso frente a alguien como Cronos?

Quirón consiguió esbozar una sonrisa.

—«¿De qué sirve un héroe piojoso?» Joshua Lawrence Chamberlain me dijo una vez algo parecido, justo antes de que él solo cambiara el curso de la guerra civil.

Sacó una flecha de su carcaj e hizo girar su afilada punta para que destellara a la luz de la hoguera.

—Bronce celestial, Percy. Un arma inmortal. ¿Qué ocurriría si se la disparases a un humano?

—Nada —dije—. Lo atravesaría sin hacerle nada.

—Exacto —dijo—. Los humanos no existen en el mismo plano que los inmortales. Ni siquiera resultan heridos con nuestras armas. Pero tú, Percy, eres mitad dios, mitad humano, vives en ambos mundos, puedes ser herido por ambos y también puedes actuar en ambos. Eso es lo que convierte a los héroes en seres tan especiales. Tú llevas las esperanzas de la humanidad al reino de lo eterno. Los monstruos nunca mueren, renacen del caos y la barbarie que continúa bullendo siempre bajo la civilización: la materia misma que hace más fuerte a Cronos. Por eso deben ser derrotados una y otra vez, por eso hay que mantenerlos a raya. Los héroes encarnáis esa lucha interminable, libráis las batallas que la humanidad debe ganar, generación tras generación, para continuar siendo humana. ¿Entiendes?

—No sé…

—Tienes que intentarlo, Percy. Porque, seas o no el chico de la profecía, Cronos cree que podrías serlo. Después de lo de hoy, abandonará cualquier esperanza de atraerte a su bando. Ésa es la única razón de que no te haya matado aún, ¿sabes? En cuanto esté seguro de que no puede utilizarte, te destruirá.

—Hablas como si lo conocieses.

Quirón frunció los labios.

—Lo conozco.

Lo miré fijamente. A veces se me olvidaba lo viejo que era.

—¿Por esa razón el señor D te culpó cuando el árbol fue envenenado? ¿Por eso dijiste que había gente que no confiaba en ti?

—En efecto.

—Pero Quirón... ¡Venga ya! ¿Cómo pudieron creer que tú serías capaz de traicionar al campamento en favor de Cronos?

Los ojos de Quirón, de color castaño oscuro, parecían habitados por una tristeza de miles de años.

—Percy, recuerda tu entrenamiento, tus estudios de mitología. ¿Cuál es mi relación con el señor de los titanes?

Intenté hacer memoria, pero en cuestiones de mitología siempre me he hecho un lío. Incluso entonces, cuando había llegado a ser tan real, tan importante para mi vida, me costaba emparejar correctamente los nombres y las historias. Meneé la cabeza.

—Tú, eh... ¿le debías a Cronos un favor o algo así? ¿O te salvó la vida?

—Percy —dijo Quirón en voz muy baja—. El titán Cronos es mi padre.

19

La carrera de carros termina con fuegos artificiales

Gracias a la capacidad especial de los centauros para viajar, llegamos a Long Island poco después de que lo hiciera Clarisse. Cabalgué a lomos de Quirón, pero no hablamos mucho durante el trayecto, y menos aún de Cronos. Tenía que haber sido difícil para Quirón hablarme de él y no quería agobiarlo con más preguntas. O sea, antes ya me había tropezado con otros casos de parientes embarazosos. Pero... ¿te lo imaginas? ¿Cronos, el malvado señor de los titanes, el que pretendía destruir la civilización occidental? En fin, no era la clase de padre que invitarías al colegio el día de fin de curso.

Cuando llegamos al campamento, los centauros tenían muchas ganas de conocer a Dioniso. Le habían dicho que organizaba unas fiestas increíbles. Pero se llevaron una decepción, el dios del vino no estaba para fiestas precisamente cuando el campamento en pleno se reunió en lo alto de la colina Mestiza.

En el campamento habían pasado dos semanas muy duras. La cabaña de artes y oficios había quedado carbonizada hasta los cimientos a causa de un ataque de Draco Aionius (que, por lo que pude averiguar, era el nombre latino de un lagarto-enorme-que-escupe-fuego-y-lo-destruye-todo). Las habitaciones de la Casa Grande estaban a rebosar de heridos; los chicos de la cabaña de Apolo, que eran los mejores enfermeros, habían tenido que hacer horas extras para darles los primeros auxilios. Todos los que se agolpaban ahora en torno al árbol de Thalia parecían agotados y hechos polvo.

En cuanto Clarisse cubrió la rama más baja del pino con el Vellocino de Oro, la luna pareció iluminarse y pasar del color gris al plateado. Una brisa fresca susurró entre las ramas y empezó a agitar la hierba de la colina y de todo el valle, todo pareció adquirir más relieve: el brillo de las luciérnagas en los bosques, el olor de los campos de fresas, el rumor de las olas en la playa.

Poco a poco, las agujas del pino empezaron a pasar del marrón al verde.

Todo el mundo estalló en vítores. La transformación se producía despacio, pero no había ninguna duda: la magia del Vellocino de Oro se estaba infiltrando en el árbol, lo llenaba de nuevo vigor y expulsaba el veneno.

Quirón ordenó que se establecieran turnos de guardia las veinticuatro horas del día en la cima de la colina, al menos hasta que encontráramos al monstruo idóneo para proteger el vellocino. Dijo que iba a poner de inmediato un anuncio en *El Olimpo Semanal*.

Entretanto, los compañeros de cabaña de Clarisse la llevaron a hombros hasta el anfiteatro, donde recibió una corona de laurel y otros muchos honores en torno a la hoguera.

A Annabeth y a mí no nos hacían ni caso. Era como si nunca hubiésemos salido del campamento. Supongo que ése era su mejor modo de darnos las gracias, porque si hubieran admitido que nos habíamos escabullido del campamento para emprender la búsqueda, se habrían visto obligados a expulsarnos. Y la verdad, yo ya no quería más protagonismo, resultaba agradable ser un campista más, al menos por una vez.

Aquella noche, mientras asábamos malvaviscos y escuchábamos de labios de los hermanos Stoll una historia de fantasmas sobre un rey malvado que fue devorado por unos pastelillos demoníacos, Clarisse me empujó por detrás y me susurró al oído:

—Sólo porque te hayas comportado una vez como es debido, no vayas a creer que ya te has librado de Ares. Sigo esperando la ocasión para pulverizarte.

Sonreí de mala gana.

—¿Qué pasa? —preguntó.

—Nada —dije—. ¡Es tan agradable estar de vuelta en casa!

A la mañana siguiente, una vez que los ponis partieron para Florida, Quirón hizo un anuncio sorprendente: las carreras de carros continuarían como estaba previsto. Tras la marcha de Tántalo, todos creíamos que ya eran historia, pero a fin de cuentas parecía lógico volver a celebrarlas, en especial ahora que Quirón había regresado y el campamento estaba a salvo.

A Tyson no le entusiasmaba la idea de volver a subirse a un carro, después de nuestra primera experiencia, de modo que le pareció estupendo que formáramos equipo con Annabeth. Yo conduciría, Annabeth combatiría y Tyson sería nuestro mecánico. Mientras yo me cuidaba de los caballos, Tyson arregló el carro de Atenea y le introdujo un montón de modificaciones.

Pasamos dos días entrenándonos como locos. Annabeth y yo acordamos que si llegábamos a ganar, el premio, o sea, lo de librarse de las tareas domésticas durante el resto del mes, lo repartiríamos entre nuestras dos cabañas. Como Atenea tenía más campistas, ellos se llevarían la mayor parte de ese tiempo libre, algo que tampoco me importaba. A mí el premio me tenía sin cuidado. Yo lo que quería era ganar.

La noche antes de la carrera, me quedé hasta muy tarde en los establos. Estaba hablando con nuestros caballos y dándoles un último cepillado, cuando alguien dijo a mis espaldas:

—Estupendos animales, los caballos. Ojalá hubiera pensado en ellos.

Apoyado en la puerta del establo había un tipo de media edad con uniforme de cartero. Era delgado, de pelo oscuro y rizado bajo el salacot blanco y con una bolsa de correos colgada del hombro.

—¿Hermes? —balbuceé.

—Hola, Percy. ¿No me reconocías sin mi ropa de deporte?

—Bueno... —no sabía si debía arrodillarme o comprarle sellos o qué. Y entonces se me ocurrió por qué estaba allí—. Oiga, señor Hermes, en cuanto a Luke...

Él arqueó las cejas.

—Eh, lo vimos, sí. Pero...

—¿No lograste meterle un poco de sensatez en la mollera?

—Bueno, estuvimos a punto de matarnos en un duelo a muerte.

—Ya veo. Intentaste una aproximación diplomática.

—Lo lamento de veras, quiero decir que usted nos hizo todos esos regalos impresionantes y tal... Y ya sé que deseaba que Luke volviera al campamento, pero... la cuestión es que se ha vuelto malo, realmente malo. Me dijo que siente que usted lo abandonó.

Creí que Hermes se enfadaría, que me convertiría en un hámster o algo así, aunque, la verdad, no quería pasar más tiempo convertido en un roedor. Pero no: Hermes se limitó a suspirar.

—¿Has sentido alguna vez que tu padre te había abandonado, Percy?

Vaya pregunta.

«Sólo unos centenares de veces al día», tuve ganas de responder. No había hablado con Poseidón desde el verano anterior y nunca había ido a su palacio submarino. Además, estaba todo el asunto Tyson: sin advertencias, sin explicaciones. Sólo... ¡zas!, tienes un hermano. Uno diría que una cosa así merecería una llamadita de aviso o algo por el estilo.

Cuanto más pensaba en ello, más furioso me ponía. Me di cuenta de que sí deseaba un reconocimiento por la misión que había completado, pero no de los demás campistas, quería que mi padre me dijese algo, que me prestara un poco de atención.

Hermes se acomodó la bolsa de correos en el hombro.

—Percy, lo que resulta más duro cuando eres un dios es que a menudo tienes que actuar de modo indirecto, en especial en todo lo relacionado con tus propios hijos. Si hubiésemos de intervenir cada vez que nuestros hijos tuvieran un problema... Bueno, eso sólo serviría para generar más problemas y rencores. Pero estoy seguro de que, si lo piensas un poco, te darás cuenta de que Poseidón sí te ha prestado atención. Ha respondido a tus oraciones. No me queda sino esperar que Luke algún día se dé cuenta de eso mismo respecto a mí. Tanto si crees que lo conseguiste como si no, lo cierto es que le recordaste a Luke quién es. Hablaste con él.

—Traté de matarle.

Hermes se encogió de hombros.

—Las familias suelen ser un buen embrollo. Y Las familias inmortales, un embrollo eterno. A veces, lo mejor que podemos hacer es recordarnos unos a otros que estamos emparentados, para bien o para mal... y tratar de reducir al mínimo las mutilaciones y las matanzas.

No sonaba precisamente como una receta para la familia ideal, y sin embargo, al repasar mentalmente toda mi búsqueda, me di cuenta de que Hermes tenía razón. Poseidón había enviado a los hipocampos en nuestra ayuda, me había otorgado poderes sobre el mar, y en cuanto a Tyson, ¿no sería que Poseidón nos había reunido a propósito? ¿Cuántas veces me había salvado Tyson la vida aquel verano?

Sonó la caracola a lo lejos, marcando el toque de queda.

—Tienes que irte a la cama —dijo Hermes—. Ya te he ayudado a meterte en bastantes líos este verano; en realidad, sólo venía a hacer esta entrega.

—¿Una entrega?

—Soy el mensajero de los dioses, Percy. —Sacó una agenda electrónica de su bolsa y me la tendió.

—Firma aquí, por favor.

Tomé el lápiz sin darme cuenta de que tenía entrelazadas un par de diminutas culebras.

—¡Ay! —exclamé, soltando el lápiz y la agenda.

«¡Uf!», dijo George.

«La verdad, Percy —me regañó Martha—. ¿A ti te gustaría que te tirasen al suelo en un establo?»

—Oh, perdón. —Nunca me ha hecho mucha gracia tocar serpientes, pero recogí la agenda y el lápiz. Martha y George se retorcían bajo mis dedos.

«¿Me has traído una rata?», preguntó George.

—No —dije—. Hummm… No encontramos ninguna.

«¿Y una cobaya?»

«¡George! —lo reprendió Martha—. No le tomes el pelo al chico.»

Firmé y le devolví la agenda a Hermes.

A cambio, él me entregó un sobre azul.

Me temblaban los dedos. Incluso antes de abrirlo, ya sabía que era de mi padre. Percibía su poder en el fresco papel azul, como si el sobre mismo hubiese sido fabricado con una ola del océano.

—Buena suerte mañana —dijo Hermes—. Tienes unos buenos caballos, aunque, si me disculpas, yo animaré la cabaña de Hermes.

«Y no te desanimes cuando la leas, querido —me dijo Martha—. Él cuida de tus intereses y te lleva en su corazón.»

—¿Qué quieres decir? —pregunté.

«No le hagas caso —dijo George—. Y la próxima vez, recuerda: las serpientes viven de las propinas.»

—Ya basta —dijo Hermes—. Adiós, Percy. Por el momento.

Brotaron unas alitas blancas de su salacot y empezó a resplandecer. Ya conocía bastante a los dioses para saber que debía desviar la mirada antes de que él adoptase su verdadera forma divina. Desapareció con un deslumbrante fogonazo blanco y me dejó solo con mis caballos.

Miré el sobre azul que tenía en las manos. La dirección estaba escrita con la letra enérgica pero elegante que ya había visto una vez, en un paquete que me había enviado Poseidón el verano pasado.

Percy Jackson
Campamento Mestizo
Farm Road 3.141
Long Island, Nueva York 11954

Una carta de mi padre. Quizá me diría que había hecho un buen trabajo recuperando el Vellocino de Oro, o tal vez me explicaría lo de Tyson, o se disculparía por no haberse comunicado antes. Había un montón de cosas que quería que dijese aquella carta.

Abrí el sobre y desplegué el papel.

Una sola palabra figuraba en mitad de la página:

Prepárate

A la mañana siguiente, todos hablaban de la carrera de carros, aunque miraban con inquietud al cielo como si esperasen que apareciera una bandada de pájaros del Estínfalo. No apareció ninguno. Era un hermoso día de verano, con el cielo azul y un sol resplandeciente. El campamento empezaba a recuperar el aspecto de siempre: los prados, verdes y exuberantes; las blancas columnas de los edificios, reluciendo al sol, y las ninfas del bosque jugando alegremente entre los árboles.

Yo, en cambio, me sentía fatal. Me había pasado la noche despierto, pensando en la advertencia de Poseidón.

«Prepárate.»

Es decir: se toma la molestia de escribir una carta, ¿y escribe una sola palabra?

Martha, la culebra, me había dicho que no me desanimara. Quizá Poseidón tenía motivos para ser tan parco, quizá ni siquiera él sabía sobre qué me estaba advirtiendo, pero intuía que algo muy gordo estaba a punto de ocurrir: algo que me acabaría arrollando a menos que estuviese preparado. No era fácil, pero intenté centrar todos mis pensamientos en la carrera.

Mientras Annabeth y yo guiábamos nuestros caballos hacia la pista, no pude dejar de admirarme ante el trabajo que Tyson había hecho con el carro de Atenea. La carrocería, cubierta de refuerzos de bronce, estaba reluciente. Las ruedas contaban con una nueva suspensión mágica y no notábamos el menor traqueteo mientras avanzábamos. Los aparejos estaban tan bien equilibrados que

los dos caballos respondían a la menor señal de las riendas.

Tyson nos había fabricado también dos jabalinas, cada
una con tres botones en el asta. El primer botón dejaba la
jabalina lista para explotar al primer impacto y para lanzar un alambre de cuchillas que se enredaría en las ruedas del contrario y las haría trizas. El segundo botón hacía
aparecer en el extremo de la jabalina una punta roma
(pero no menos dolorosa), diseñada para derribar de su
carro al auriga. El tercer botón accionaba un gancho de
combate que podía servir para engancharse al carro del
enemigo o para mantenerlo alejado.

Pensaba que estábamos en buena forma para la carrera, pero Tyson me advirtió que tuviera cuidado. Los otros
equipos llevaban gran cantidad de trampas ocultas entre
las togas.

—Toma —me dijo antes de empezar la carrera. Y me
entregó un reloj de pulsera que no parecía tener nada de especial: sólo una esfera blanca y plateada y una correa de
cuero negro. Pero al mirarlo me di cuenta de que aquél era
el artilugio en que había pasado trabajando todo el verano.

Normalmente, no me gusta llevar reloj. ¿Qué más da
la hora? Pero a Tyson no podía rechazárselo.

—Muchas gracias, hombre. —Me lo puse y noté que
era sorprendentemente ligero y muy cómodo. Apenas me
daba cuenta de que lo llevaba puesto.

—No pude terminarlo a tiempo para el viaje —musitó
Tyson—. Lo siento, lo siento.

—Eh, Tyson, que no pasa nada.

—Si necesitas protección durante la carrera, aprieta
el botón.

—De acuerdo. —No veía de qué me iba a servir cronometrar la carrera, pero el interés de Tyson me conmovió.
Le prometí que lo tendría presente—. Oye, Tyson...

Él me miró.

—Quería decirte... —Intenté encontrar una manera
de disculparme por haberme avergonzado de él al principio, por decirle a todo el mundo que no era mi hermano de
verdad. No era fácil dar con las palabras apropiadas.

—Ya sé lo que me vas a decir —dijo él, avergonzado—. Que Poseidón se preocupó por mí, al fin y al cabo.

—Bueno...

—Te envió para ayudarme. Justo lo que le había pedido.

Parpadeé.

—¿Le pediste que me enviase a ayudarte?

—Que me enviara un amigo —dijo Tyson, retorciendo su camisa con las manos—. Los cíclopes jóvenes crecen solos en la calle, por eso aprenden a hacer cosas con chatarra, aprenden a sobrevivir.

—¡Es una gran crueldad!

Tyson meneó la cabeza con seriedad.

—No. Hace que apreciemos más cualquier bendición, y que no seamos glotones, mezquinos y gordos como Polifemo, pero yo me asusté. Los monstruos me habían perseguido tanto... me clavaron sus garras tantas veces...

—¿Esas cicatrices de la espalda?

Se le saltó una lágrima.

—Fue la Esfinge, en la calle Setenta y dos. Una abusona terrible. Yo recé a papá para que me ayudase, y muy pronto la gente de la Escuela Meriwether vino a buscarme, y te conocí. Ésa fue la mayor bendición. Siento haber dicho que Poseidón era malo; él me envió un hermano.

Miré el reloj que Tyson me había hecho.

—¡Percy! —gritó Annabeth—. ¡Vamos!

Quirón ya estaba en la línea de salida, listo para hacer sonar la caracola.

—Tyson... —dije.

—Ve —dijo él—. ¡Ganaréis!

—Yo... Sí, de acuerdo, grandullón. Ganaremos en tu honor. —Subí al carro y tuve el tiempo justo para situarme en la línea de salida antes de que Quirón diese la señal.

Los caballos sabían lo que tenían que hacer. Salimos disparados por la pista a tanta velocidad que me habría caído al suelo si no hubiese tenido las riendas de cuero enrolladas en los brazos. Annabeth se agarraba con fuerza de la barandilla. Las ruedas giraban maravillosamente. Dimos el primer giro con una buena ventaja sobre Clarisse, que estaba ocupada intentando zafarse del ataque con jabalinas de los hermanos Stoll, de la cabaña de Hermes.

—¡Ya los tenemos! —aullé. Pero me precipitaba un poco.

—¡Que vienen! —aulló Annabeth. Y lanzó su primera jabalina, en la modalidad «gancho de combate», librándonos de una red lastrada con plomos que nos habría atrapado. El carro de Apolo se había situado a nuestro lado. Antes de que Annabeth pudiera armarse de nuevo, el guerrero de Apolo lanzó una jabalina a nuestra rueda derecha. La jabalina acabó hecha añicos, pero no sin antes destrozarnos unos cuantos radios. Nuestro carro dio un bandazo y se tambaleó. Estaba seguro de que la rueda acabaría aplastándose, pero entretanto seguimos adelante.

Azucé los caballos para que mantuvieran la velocidad. Ahora estábamos a la par con los de Apolo. Hefesto nos seguía de cerca, Ares y Hermes se iban quedando atrás, el uno junto al otro, con Clarisse y Connor Stoll enzarzados en un combate de espada contra jabalina.

Sabía que bastaría otro golpe en la rueda para que volcáramos.

—¡Ya os tenemos! —chilló el auriga de Apolo. Era un campista novato, de primer año. No recordaba su nombre, pero parecía muy seguro de sí mismo.

—¡Eso te crees tú! —gritó Annabeth.

Echó mano de su segunda jabalina —lo cual era asumir un gran riesgo, pues aún nos quedaba una vuelta entera— y se la arrojó al auriga de Apolo.

Tenía una puntería perfecta. La jabalina le dio en el pecho, lo derribó sobre su compañero y, finalmente, los dos se cayeron del carro con un salto mortal de espaldas. Al notar que se aflojaban las riendas, los caballos enloquecieron y corrieron hacia los espectadores, que se apresuraron a trepar hacia arriba para ponerse a cubierto. Los dos caballos saltaron por un extremo de las gradas y acabaron volcando el carro dorado; luego galoparon hacia su establo, arrastrándolo con las ruedas al aire.

Conseguí que el nuestro saliera ileso del segundo giro, pese a los crujidos de la rueda derecha. Cruzamos la línea de salida y nos lanzamos tronando hacia nuestra última vuelta.

El eje chirriaba y gemía. La rueda tambaleante nos hacía perder velocidad, por mucho que los caballos respondieran a mis órdenes y corrieran como una máquina bien engrasada.

El carro de Hefesto nos iba ganando terreno.

Beckendorf sonrió malicioso mientras pulsaba un botón de su consola de mandos. Unos cables de acero salieron disparados de la parte frontal de sus caballos mecánicos y se nos enredaron en la barandilla trasera. Nuestro carro se estremeció en cuanto el torno que controlaba los cables empezó a girar, tirando de nosotros hacia atrás mientras Beckendorf aprovechaba para tomar impulso.

Annabeth soltó una maldición y sacó su cuchillo. Trató de cortar los cables, pero eran demasiado gruesos.

—¡No puedo cortarlos! —gritó.

Ahora teníamos al carro de Hefesto peligrosamente cerca y sus caballos estaban a punto de pisotearnos.

—¡Cámbiame el sitio! —le dije a Annabeth—. ¡Toma las riendas!

—Pero...

—¡Confía en mí!

Vino a la parte delantera y agarró las riendas. Yo me volví, tratando de mantener el equilibrio, y destapé a *Contracorriente*.

Bastó un mandoble para que los cables se partieran como el hilo de una cometa. Nos despegamos de ellos con una sacudida hacia delante, pero el conductor viró hacia la izquierda y se colocó a nuestro lado. Beckendorf desenfundó su espada y le lanzó un tajo a Annabeth; logré parar el golpe y desviarlo.

Estábamos llegando al último giro. No íbamos a conseguirlo. Tenía que inutilizar el carro de Hefesto y sacarlo de en medio, pero también tenía que proteger a Annabeth. Aunque Beckendorf fuese un buen tipo, eso no significaba que no estuviese dispuesto a mandarnos a la enfermería si bajábamos la guardia.

Ahora estábamos a la par. Clarisse se acercaba desde atrás y trataba de recuperar el tiempo perdido.

—¡Hasta la vista, Percy! —chilló Beckendorf—. ¡Ahí va un regalito de despedida!

Arrojó a nuestro carro una bolsa de cuero. En cuanto tocó el suelo, empezó a desprender un humo verde.

—¡Fuego griego! —gritó Annabeth.

Solté un juramento. Había oído hablar de los efectos del fuego griego y supuse que nos quedaban unos diez segundos antes de que explotara.

—¡Sácalo de ahí! —me gritó Annabeth, pero era más fácil decirlo que hacerlo.

El carro de Hefesto seguía pegado al nuestro, esperando hasta el último instante para asegurarse de que su regalito estallaba. Y Beckendorf me mantenía muy ocupado con su espada. Si bajaba la guardia para deshacerme del fuego griego, sería Annabeth la que resultaría herida y nos estrellaríamos igualmente. Intenté darle una patada a la bolsa de cuero, pero no lo lograba. Parecía pegada al suelo.

Entonces me acordé del reloj.

No sabía muy bien cómo podría ayudarme, pero me las arreglé para apretar el botón del cronómetro. El reloj se transformó en el acto. Empezó a expandirse rápidamente, con el borde metálico girando en espiral como el obturador de una cámara antigua. Una correa de cuero me envolvió el antebrazo al mismo tiempo. Y de repente me encontré sosteniendo un escudo redondo de más de un metro de diámetro. Por dentro era de cuero; por fuera de bronce pulido, con dibujos grabados que no tuve tiempo de examinar.

Tyson se había superado a sí mismo. Alcé el escudo: la espada de Beckendorf repicó sobre él como una campana y se hizo añicos.

—¿Qué dem...? —gritó—. ¿Cómo...?

No tuvo tiempo de decir más porque le aticé en el pecho con el escudo y lo mandé fuera del carro. Lo perdí de vista mientras daba volteretas por el barro.

Estaba a punto de lanzarle un tajo al auriga cuando Annabeth me gritó:

—¡Percy!

El fuego griego había empezado a chisporrotear. Metí la punta de la espada bajo la bolsa de cuero y la levanté de golpe como si fuera una espátula. La bolsa salió disparada por el aire y acabó a los pies del conductor de Hefesto, que empezó a chillar.

En una fracción de segundo tomó la decisión correcta, o sea, saltó del carro, que se fue escorando y explotó entre un surtidor de llamas verdosas. Los caballos metálicos parecieron sufrir un cortocircuito. Dieron media vuelta y arrastraron los restos del carro ardiendo hacia Clarisse y los hermanos Stoll, que se vieron obligados a virar bruscamente para esquivarlo.

Annabeth mantuvo bien sujetas las riendas para tomar la última curva. Yo contuve la respiración, convencido de que acabaríamos volcando, pero ella se las arregló para superar el giro y espoleó a los caballos hasta la línea de meta. La multitud estalló en un gran griterío.

Cuando nos detuvimos por fin, todos nuestros amigos se agolparon a nuestro alrededor. Empezaron a corear nuestros nombres, pero Annabeth gritó aún con más fuerza:

—¡Un momento! ¡Escuchad! ¡No hemos sido sólo nosotros!

La multitud no dejaba de gritar, pero Annabeth se las arregló para hacerse oír:

—¡No lo habríamos conseguido sin la ayuda de otra persona! ¡Sin ella no habríamos ganado esta carrera, ni recuperado el Vellocino de Oro, ni salvado a Grover, ni nada! ¡Le debemos nuestras vidas a Tyson!

—¡A mi hermano! —dije a voz en cuello, para que todos pudiesen oírme—. ¡A mi hermano pequeño!

Tyson se sonrojó hasta las orejas. La gente estalló en vítores. Annabeth me dio un beso en la mejilla, después de lo cual el rugido de la multitud aumentó bastante de volumen. La cabaña entera de Atenea nos subió a hombros a Annabeth, a Tyson y a mí, y nos llevó hasta la plataforma de los vencedores, donde Quirón aguardaba para entregarnos nuestras coronas de laurel.

20

La magia del vellocino
funciona demasiado bien

Aquella tarde fue una de las más felices que había pasado en el campamento, lo cual quizá sirva para demostrar que nunca puedes saber cuándo todo tu mundo se va a desmoronar en pedazos.

Grover anunció que pasaría el resto del verano con nosotros antes de reanudar la búsqueda de Pan. Tan impresionados tenía a sus jefes del Consejo de los Sabios Ungulados, por no haberse dejado matar y por haber allanado el camino de los futuros buscadores, que le concedieron un permiso de dos meses y un juego nuevo de flautas de junco. La única mala noticia era que Grover insistía en pasar las tardes tocando con aquellas flautas, porque sus dotes musicales no es que hubieran mejorado mucho, la verdad. Interpretaba una vieja canción de Village People titulada *YMCA* junto a los campos de fresas, y las plantas parecían enloquecer y se nos enredaban en los pies como si quisieran estrangularnos. Supongo que no podía culparlas por ello.

Grover me dijo que, ahora que estábamos frente a frente, podía disolver la conexión por empatía que había establecido entre nosotros, pero yo le contesté que, por mí, podía mantenerla. Él dejó su flauta y me miró fijamente a los ojos.

—¡Si me meto otra vez en un aprieto correrás peligro, Percy! ¡Podrías morir!

—Si te metes en un aprieto otra vez, prefiero saberlo. Y saldré de nuevo en tu ayuda, hombre cabra. No podría hacer otra cosa.

Al final, accedió a no romper el vínculo. Y volvió a la carga con *YMCA*. No me hacía falta una conexión por empatía con las plantas para saber cómo se sentían.

Más tarde, durante la clase de tiro con arco, Quirón me llevó aparte y me dijo que había arreglado mis problemas con la Escuela Preparatoria Meriwether. Ahora ya no me acusaban de destruir el gimnasio y la policía no seguía buscándome.

—¿Cómo lo has conseguido? —pregunté.

Sus ojos se iluminaron.

—Me limité a sugerirles que lo que habían visto aquel día era otra cosa, la explosión de un horno, en realidad, y que tú no habías tenido ninguna culpa.

—¿Y ellos se lo tragaron?

—Manipulé un poco la niebla. Algún día, cuando estés preparado, te enseñaré cómo se hace.

—¿Me estás diciendo que puedo volver a Meriwether el año que viene?

Quirón arqueó las cejas.

—Oh, no. Estás expulsado igualmente. Tu director, el señor Bonsái, dijo que tienes... ¿cómo era?, un karma, sí, un karma poco moderno que perturba la atmósfera educativa de la escuela. Pero bueno, al menos ya no tienes problemas legales, lo cual ha sido un alivio para tu madre. Ah, y hablando de tu madre...

Sacó de su carcaj el teléfono móvil y me lo tendió.

—Ya es hora de que la llames.

Lo peor fue el principio: «Percy Jackson... En qué estabas pensando... ¿Te haces una idea de lo preocupada...? Escaparte sin permiso del campamento... Una misión peligrosísima... Aquí muerta de miedo...» Toda esa parte.

Pero finalmente hizo una pausa para tomar aliento y dijo:

—¡Oh, Percy, cómo me alegro de que estés a salvo!

Eso es lo bueno de mi madre, que no consigue estar enfadada mucho tiempo; lo intenta, pero es evidente que no lo lleva en la sangre.

—Lo siento, mamá —le dije—. No volveré a darte más sustos.

—No se te ocurra prometérmelo, Percy. Sabes bien que esto no ha hecho más que empezar.

Hizo lo posible para decirlo en plan informal, pero me di cuenta de que estaba asustada. Me habría gustado decirle algo para que se sintiera mejor, pero sabía que ella tenía razón. Siendo un mestizo, no pararía de darle sustos a cada cosa que hiciera. Y a medida que creciese, los peligros serían todavía mayores.

—Iré a casa unos días —le propuse.

—No, no. Quédate en el campamento. Entrénate. Haz lo que tengas que hacer. Pero ¿vendrás a casa para el próximo curso?

—Sí, por supuesto. Bueno, si alguna escuela me acepta.

—Alguna encontraremos, cariño —dijo ella suspirando—. Alguna donde no nos conozcan aún.

En cuanto a Tyson, los campistas lo trataban como a un héroe. A mí me habría encantado tenerlo siempre como compañero de cabaña, pero aquella tarde, cuando nos sentamos en una duna desde la que se dominaba Long Island Sound, me dijo algo que me pilló desprevenido:

—Papá me envió un sueño anoche. Quiere que vaya a verlo.

Pensé que me tomaba el pelo, pero Tyson no sabía tomar el pelo.

—¿Poseidón te envió un mensaje en sueños?

Él asintió.

—Quiere que pase el resto del verano en el fondo del océano, que aprenda a trabajar en las fraguas de los cíclopes. Él lo llama un inter... un inter...

—¿Un internado?

—Eso.

Necesité un momento para asimilarlo. Reconozco que me sentí un poco celoso; a mí Poseidón nunca me había invitado al mundo submarino. Pero luego pensé: ¿Tyson se marcha? ¿Así como así?

—¿Cuándo te vas? —le pregunté.

—Ahora.

—¿Ahora-ahora?

—Ahora.

Miré las olas de Long Island Sound. El agua se teñía de rojo con la luz del crepúsculo.

—Me alegro por ti, grandullón —conseguí decir—. En serio.

—Es duro dejar a mi nuevo hermano. —La voz le temblaba—. Pero quiero hacer cosas, armas para el campamento; las necesitarás.

Por desgracia, tenía razón. El Vellocino de Oro no había solventado todos los problemas del campamento. Luke seguía por ahí, reuniendo un ejército a bordo del *Princesa Andrómeda*, y Cronos continuaba regenerándose en su ataúd de oro. Al final, tendríamos que combatir con ellos.

—Harás las mejores armas del mundo —le dije, mostrando orgulloso mi reloj—. Y apuesto a que darán la hora exacta, además.

Tyson se sorbió la nariz.

—Los hermanos han de ayudarse entre ellos.

—Y tú eres mi hermano —dije—. No hay ninguna duda.

Me dio unas palmaditas en la espalda con tanta fuerza que por poco eché a rodar por la pendiente; luego se secó una lágrima de la mejilla y se puso en pie.

—Usa el escudo.

—Así lo haré, grandullón.

—Algún día te salvará la vida.

Su modo de decirlo, como un hecho incuestionable, hizo que me preguntara si el ojo de un cíclope tendría la capacidad de ver el futuro.

Se dirigió hacia la playa y dio un silbido. Rainbow, el hipocampo, surgió entre las olas y enseguida los vi alejarse hacia el reino de Poseidón.

Una vez a solas, miré otra vez mi nuevo reloj. Pulsé el botón y el escudo se desplegó en espiral hasta adquirir su tamaño completo. Sobre la superficie de bronce había dibujos grabados al antiguo estilo griego, con escenas de nuestras aventuras de aquel verano: Annabeth, matando a uno de los lestrigones que jugaban al balón prisionero; yo, luchando con los toros de bronce en la colina Mestiza; Tyson, cabalgando con Rainbow hacia el Princesa Andrómeda. También aparecía el *CSS Birmingham* disparando sus cañones a Caribdis. Deslicé la mano por un dibujo de Tyson en el que aparecía combatiendo con la hidra mientras sostenía una caja de Dónuts Monstruo.

No pude evitar la tristeza. Tyson iba a pasárselo en grande bajo el océano, pero yo lo echaría de menos por un montón de razones, como la fascinación que sentía por los caballos, o su destreza para arreglar carros y moldear el metal con las manos desnudas, o su habilidad para agarrar a un par de malvados y hacer un nudo con ellos. Incluso echaría de menos sus ronquidos, que eran como tener un terremoto en la litera de al lado.

—Eh, Percy.

Me volví.

Annabeth y Grover aparecieron en lo alto de la duna. Supongo que me había entrado un poco de arena en los ojos, porque me puse a pestañear como un loco.

—Tyson... ha tenido que... —dije.

—Ya lo sabemos —repuso Annabeth en voz baja—. Nos lo ha dicho Quirón.

—Las fraguas de los cíclopes. —Grover se estremeció—. ¡Me han dicho que la comida de la cafetería es horrible! ¡No hay enchiladas, por ejemplo!

Annabeth me tendió una mano.

—Venga, sesos de alga. Es hora de cenar.

Regresamos hacia el pabellón del comedor; los tres juntos, como en los viejos tiempos.

Aquella noche se desató una tormenta tremenda, aunque dio un rodeo en torno al Campamento Mestizo, como siempre hacían las tormentas. Los relámpagos rasgaban el horizonte y las olas arreciaban en la playa, pero no cayó una sola gota de agua en todo el valle. Estábamos otra vez protegidos, gracias al Vellocino de Oro; aislados dentro de nuestras fronteras mágicas.

Aun así, mis sueños fueron agitados. Primero oí a Cronos mofándose de mí desde las profundidades del Tártaro: «Polifemo sigue ciego en su cueva, joven héroe, pero convencido de que ha obtenido una gran victoria. ¿No te da que pensar?»

La risa gélida del titán inundó la oscuridad.

Luego el sueño cambió. Yo seguía a Tyson hasta el fondo del mar y llegaba a la corte de Poseidón. Era una sala radiante inundada de luz azul y con el suelo cubierto de perlas. Allí, sentado en un trono de coral, se hallaba mi padre vestido como un simple pescador, con pantalones cortos caqui y una camiseta desteñida. Miré su rostro bronceado y curtido, sus profundos ojos azules, y él dijo una sola palabra: «Prepárate.»

Me desperté con un sobresalto.

Oí un golpe en la puerta y Grover entró sin esperar respuesta.

—¡Percy! —balbuceó—. Annabeth… en la colina…

La expresión de sus ojos me decía que algo iba espantosamente mal. Aquella noche Annabeth tenía turno de guardia para proteger el vellocino. Si había ocurrido algo…

Aparté la colcha de golpe. La sangre se me había helado en las venas. Me puse algo de ropa encima mientras Grover intentaba pronunciar una frase completa. Pero estaba demasiado estupefacto y no conseguía recuperar el aliento.

—Está allí tendida… tendida…

Salí de la cabaña corriendo y crucé el patio central seguido de Grover. Acababa de romper el alba, pero el campamento entero parecía en movimiento. Estaba corriendo la voz; tenía que haber sucedido algo tremendo. Algunos campistas se dirigían hacia la colina, en un desfile de sátiros, ninfas y héroes que formaban una extraña combinación de armaduras y pijamas.

Oí un ruido de cascos y apareció Quirón al galope, con una expresión lúgubre pintada en la cara.

—¿Es cierto? —le pregunté a Grover.

Él se limitó a asentir con aire aturdido.

Iba a preguntar qué ocurría, pero Quirón me tomó del brazo y sin esfuerzo aparente me izó del suelo y me depositó en su lomo. Galopamos hacia la cima de la colina, donde ya se había reunido una pequeña multitud.

Esperaba descubrir que el vellocino había desaparecido del árbol, pero no: se veía desde lejos, refulgiendo con las primeras luces del alba. La tormenta había amainado y el cielo estaba rojo.

—Maldito sea el señor de los titanes —dijo Quirón—. Nos ha engañado otra vez y se ha brindado a sí mismo otra oportunidad de controlar la profecía.

—¿Qué quieres decir? —pregunté.

—El Vellocino de Oro ha funcionado demasiado bien —dijo.

Seguimos galopando. Todos se apartaban a nuestro paso. Allí, al pie del árbol, yacía una chica inconsciente; arrodillada junto a ella, había otra chica con una armadura griega.

La sangre me retumbaba en los oídos. No lograba pensar con coherencia. ¿Habían atacado a Annabeth? ¿Y cómo es que seguía allí el vellocino?

El árbol estaba en perfectas condiciones, intacto y saludable, embebido de la esencia del Vellocino de Oro.

—Ha curado al árbol —dijo Quirón, con la voz quebrada—. Y no sólo le ha hecho expulsar el veneno.

Entonces me di cuenta de que no era Annabeth la que estaba tendida en el suelo. Ella era la que llevaba la armadura, la que se había arrodillado junto a la chica. En cuanto nos vio, Annabeth corrió hacia Quirón.

—Es ella... de repente...

Tenía los ojos anegados en lágrimas, pero yo aún no comprendía nada. Estaba demasiado alucinado para comprender el sentido de todo aquello. Salté del lomo de Quirón y corrí hacia la chica desmayada.

—¡Espera, Percy! —gritó Quirón.

Me arrodillé a su lado. Tenía el pelo corto y oscuro, y pecas por toda la nariz; era de complexión ágil y fuerte, como una corredora de fondo, y llevaba una ropa a medio camino entre el punk y el estilo gótico: camiseta negra, vaqueros negros andrajosos y una chaqueta de cuero con chapas de grupos musicales de los que no había oído hablar en mi vida.

No era una campista, no la identificaba con ninguna de las cabañas. Y sin embargo, tenía la extraña sensación de haberla visto antes.

—Es cierto —dijo Grover, jadeando aún por la carrera colina arriba—. No puedo creer...

Nadie más se acercaba a la chica.

Le puse una mano en la frente. Tenía la piel fría, pero la punta de los dedos me hormigueaban como si se me estuviesen quemando.

—Necesita néctar y ambrosía —dije. Campista o no, era una mestiza sin lugar a dudas; lo percibí con sólo tocarla. No entendía por qué todo el mundo estaba tan aterrorizado.

La tomé por los hombros y la levanté hasta sentarla, apoyando su cabeza en mi hombro.

—¡Venga! —grité a los demás—. ¿Qué os pasa? Vamos a llevarla a la Casa Grande.

Nadie se movía, ni siquiera Quirón. Estaban absolutamente atónitos.

Entonces la chica tomó aire con una especie de temblor. Luego tosió y abrió los ojos.

Tenía el iris de un azul asombroso: azul eléctrico.

Me miró desconcertada. Tiritaba y tenía una expresión enloquecida.

—¿Quién...?

—Me llamo Percy —dije—. Estás a salvo.

—El sueño más extraño...

—Todo va bien.

—Morir.

—No —le aseguré—. Estás bien. ¿Cómo te llamas?

Y entonces lo supe. Incluso antes de que lo dijera.

Sus ojos azules se clavaron en los míos y en aquel momento comprendí el verdadero sentido de la búsqueda del

Vellocino de Oro, del envenenamiento del árbol, de todo aquello. Cronos lo había hecho para poner en juego otra pieza de ajedrez, para darse «otra oportunidad de controlar la profecía».

Incluso Quirón, Annabeth y Grover, que deberían haber celebrado aquel momento, estaban demasiado trastornados pensando en las implicaciones que podría tener en el futuro. Y yo mismo sostenía a una chica destinada a ser mi mejor amiga, o acaso mi peor enemiga.

—Me llamo Thalia —dijo—. Hija de Zeus.

Agradecimientos

Muchas gracias a mis jóvenes «experimentadores» Geoffrey Cole y Travis Stoll, por leer el manuscrito y hacerme interesantes sugerencias; a Egbert Bakker, de la Universidad de Yale, por su ayuda con el griego antiguo; a Nancy Gallt por su solvente trabajo como representante; a mi editora Jennifer Besser por sus consejos y su perseverancia; a los estudiantes de las muchas escuelas que he visitado, por su apoyo entusiasta; y, por supuesto, a Becky, Haley y Patrick Riordan, que hacen posibles mis excursiones al Campamento Mestizo.

Percy Jackson

y los dioses del Olimpo

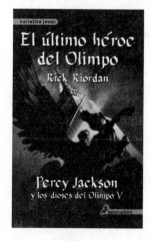